GOTTESDIENST PRAXIS SERIE A

Arbeitshilfen für die Gestaltung
der Gottesdienste im Kirchenjahr

Herausgegeben von Erhard Domay

Gütersloher Verlagshaus

GOTTESDIENST PRAXIS

IV. Perikopenreihe

Band 4: 10. Sonntag nach Trinitatis
bis Ewigkeitssonntag

Gütersloher Verlagshaus

Die Deutsche Bibliothek - CIP-Einheitsaufnahme

Gottesdienstpraxis. - Gütersloh : Gütersloher Verl.-Haus.

Ser. A, Arbeitshilfen für die Gestaltung
der Gottesdienste im Kirchenjahr.
Perikopenreihe 4 / hrsg. von Erhard Domay.
Bd. 4. 10. Sonntag nach Trinitatis bis Ewigkeitssonntag. - 2000
ISBN 3-579-02951-7

ISBN 3-579-02951-7

Umschlagentwurf: Franz Wollzenmüller, Oberhaching
Umschlagbild: © Johannes Schreiter, Langen, Fragmentraum-Bild 6/1980/GB
Die hier wiedergegebene Reproduktion entspricht dem Original:
Freies Glasbild, 63 x 87 cm
Satz: Fotosetzerei Steggemann, Herford
Druck und Bindung: Těšínska Tiskárna AG Český Těšín

Gedruckt auf chlorfrei gebleichtem Werkdruckpapier

Printed Czech Republic

Inhalt

10. Sonntag nach Trinitatis

Annäherungen an den Predigttext
Brief an die Gemeinde in Rom 9,1-5.31 bis 10,4

Hans-Jürgen Milchner

Das Gespräch führte ich erneut mit einer Gruppe älterer Jugendlicher, so zwischen 18 und 22 Jahren, die z. T. dem Lektorenkreis oder dem Einewelt-kreis der Gemeinde angehören. Diese Gruppe begleitet oft den Gottesdienst und stellt für mich auch für diese Aufgabe einen wichtigen Gesprächspartner dar.
Erstes Lesen des Textes zu Römer 9 in der Gruppe. Vorsichtiges Annähern und Fragen zum gelesenem Text: Schweigen. Zaghaft liest jemand aus dem Kreis die Überschrift aus der Lutherbibel vor: »Israels Gotteskindschaft«. Nachdenkliche Gesichter ringsherum - niemand will sich so recht blamieren, diesem Begriff doch eher fremd gegenüberzustehen. Also - exegetische Kleinarbeit ist angesagt. Wir schlagen hinten in der Bibel die Karte des Nahen Ostens auf und suchen das Land Israel. Tagespolitische Geschehen werden kurz in die Runde gegeben: Israel und die Palästinenser, Herr Nitanjahu und seine Siedlungspolitik, oder israelische Soldaten gehen in Stellung, weil sie Anfang Februar 1998 einen Angriff aus dem Irak erwarten. Also: Das Israel der Gegenwart bietet kein Problem. Ob man denn auch im Mittelmeer schön in den Wellen baden könne, war eher nur eine ironische Randbemerkung zum eiskalten Wetter in Norddeutschland.
Wir versuchen zu ergründen, was das Wort »Israel« wohl in seiner Geschichte bedeutet. Klar, eine Menge an Erzählungen und Berichten aus dem AT sind im Bewußtsein der Gruppe, Gotteserfahrungen- und Begegnungen sind noch aus der aktiven Konfizeit ein wenig vertraut. Aber »Israel« - was ist das Besondere an diesem Wort und an diesem Volk überhaupt? Diese Frage war eben doch schwer nachzuvollziehen. Hier setzen jetzt ein paar Erklärungen meinerseits ein: Israel als das auserwählte Volk Gottes, Israel als der Weg Gottes durch das AT, Israel und der Bund Gottes, Israel - das Volk der jüdischen Menschen. Ich spürte schon in dieser Auflistung, daß die Gruppe hier neugierig wurde. Fragen kamen auf: Was ist das Besondere an diesem Volk, warum hat Gott gerade sich dieses Volk ausgewählt und warum war das plötzlich mit dieser Erwählung aus und vorbei?

Als Gesprächsleiter nehme ich dankbar diese Frage auf, denn sie führt uns in das Herzstück unseres Predigttextes und in das Zentrum paulinischer Theologie und mitten hinein in die Sorge des Apostels, was denn aus seinem Volk im Neuen Bund nun werden solle? Ist alles aus, Gottes frühere Verheißung ex und hopp, aus und vergessen? Jemand aus dem Kreis fragt nachdenklich: Da baut sich Gott durch viele Jahrzehnte eine lange Beziehung zu (s)einem Volk auf und plötzlich ist diese Liebe verflossen? Ein zufriedenes Gelächter kam auf, als zwei aus der Gruppe bemerkten, daß sie noch vor Wochen tief umschlungen und arg verliebt durch den Ort gelaufen, jetzt sie aber nur noch gute Freunde seien. Mensch, dachte ich, das ist es! Christins alte Liebe, das stundenlange Händchenhalten, der Austausch von lieben Zärtlichkeiten - und jetzt - die große Liebe ist zwar vorbei, aber beide mögen sich noch!
Wir nahmen uns die Begriffe des Predigttextes vor, um nicht bei Christin und ihrem Liebesschmerz stehenzubleiben. Der Apostel scheint offenbar traurig zu sein, hilflos noch dazu, denn so eine Antwort will ihm nicht so recht rauskommen. Was ist los mit Paulus, sonst fehlen ihm doch nicht die Worte? »Das muß schon 'nen dickes Ding sein«, bemerkte jemand aus dem Kreis. Ich denke, dieses »dicke Ding« beschäftigt Paulus schon sehr. Ist es wirklich aus mit der großen Liebe - und wenn ja - was bleibt mit dieser großen Liebe? Wir gehen kurz die Argumentation des Paulus durch und wünschen uns, daß diese in der Predigt gut erklärt werden: Paulus sagt ja, daß seine Brüder - wir ergänzen natürlich die Schwestern - von Natur aus seine Stammesverwandten sind. Sie sind Juden und Jüdinnen - und bleiben das auch, bis auf den heutigen Tag. Ihnen gehört die Kindschaft, ihnen gehört die Herrlichkeit, dazu auch der Bund und das Gesetz, der Gottesdienst und all die Verheißungen. Im Gespräch erklären wir uns die einzelnen Begriffe. Spannend wir es, als ich erzähle, daß Jesus eben auch ein »Kind« dieses Volkes ist und es auch bleibt.
»Aber warum denn auf einmal« - so wollte jemand aus dem Kreis wissen - »warum ist denn Gottes Liebeswille auf einmal aus und vorbei?« Hat das Volk Israel soviel Dreck am Stecken, daß Gott davon die Nase voll hat? Ich erzähle davon, wie sich das Volk Israel oft gegen ihren Gott gewandt hat, wie Gott immer wieder neu um die Liebe und die Nähe zu diesem Volk »gebettelt« hat und wie Gott sicher auch eine Menge an Enttäuschungen einstecken mußte. Christin grinste die ganze Zeit dabei, das mit den Enttäuschungen mußte sie mit ihrem Ex auch so erlebt haben.
Ich bringe den Begriff »Gesetz« ins Spiel, erkläre diesen Begriff und versuche zu erzählen, daß die Israeliten aus der exakten Befolgung kleinlicher Gebote heraus vor Gott Gerechtigkeit finden wollten. Jens, mein kleiner Kirchengeschichtler kam jetzt zu seinem Glanzauftritt: »Dasselbe Problem hatte doch auch Martin Luther, dem ging es doch auch gegen die Gesetzlichkeit des Glaubens.« Tiefes Durchatmen - das war eben damals schon mein Vorzeige-Konfi.

Aber zurück zum Text: Israel wollte aus der strikten Befolgung von Gesetzen vor Gott leben und meinte, das sei ausreichend - und man könne Gott zwingen, hier nach den Wünschen der Menschen zu handeln. Christins Grinsen erstrahlte hierbei in der geheimnisvollen Röte ihres Angesichts - aber was ist jetzt mit dem Volk Israel? Jens bohrte weiter, »... sind die draußen, hat das was mit den vielen schrecklichen Verfolgungen dieses Volks zu tun?« Wir gehen kurz auf die leidenvolle Geschichte dieses Volkes in den letzten zwei Jahrtausenden ein, bis auf das, was uns in tiefe Scham an den grausamen Taten in unserem eigenem Volk führte.
Ist Gottes Liebe zu seinem Volk ex und hopp? Das wollen wir in der Predigt erfahren. Oder ist das so, wie mit Christin und ihrem Ex, die zwar keine tiefe Leidenschaft zueinander mehr spüren, sich aber doch als gute Freunde weiter in der Clique verstehen?
Ich versuche zu erklären: Christus ist der neue Weg Gottes für alle Menschen, aber deswegen hört Gottes Zuneigung zu seiner »alten Liebe« ja nicht auf. Die »alte Liebe« wird ja nicht abgehakt von Gott und verworfen, sondern irgendwie »läuft da ja noch was« - aber was? Davon würden wir gern in der Predigt hören: Was läuft da noch mit der alten Liebe innerhalb der neuen Liebe? Verhält sich das so ähnlich wie mit Christins Ex-Freund? Beide sind sich ja nicht spinnefeind, sondern beide gehen neue Wege, schwärmen auch von ihren gemeinsamen Wegen, fühlen sich offenbar aber auch auf dem neuen Weg ganz wohl. »Ihr Ex hat schon 'ne Neue« ... das mußte ja noch rauskommen!
Das wünschen wir uns von der Predigt am Israel-Sonntag: Ist Gottes »alte Liebe« dahin? Hat diese noch eine Chance? Wie sieht das mit der gegenseitigen Eifersucht aus und ist die »neue Liebe« nur der eine Weg? Fragen über Fragen - mit Spannung warten wir auf die Antworten, die uns in der Predigt begegnen werden.

Zum Gottesdienst

Gerhard Monninger

Theologisch-homiletische Skizze

Paulus hat mit den Adressaten des Römerbriefes keine gemeinsame Geschichte, er kennt nur wenige persönlich, er nimmt nicht zu konkreten Vorfällen Stellung. Es ist also naheliegend, den Römerbrief als eine systematische Darstellung seiner Grundeinsichten zu lesen. Umso erstaunlicher ist, wie emotional Paulus das Kapitel über »Gottes Weg mit Israel« einleitet (9,1-3). Er nähert sich der Frage nicht als ehemaliger Jude, sondern als

Jude, der vergleichbar einem alttestamentlichen Propheten um sein Volk ringt. Der Grund seines Schmerzes: Die Juden haben zum größeren Teil Jesus Christus nicht angenommen.

Danach tritt der Hauptgedanke seiner Theologie wieder in den Vordergrund: Der Weg der Selbstrechtfertigung durch Werke ist am Ende, gerechtfertigt werden wir von Gott um Christi willen durch den Glauben. »Die Juden« geraten ihm zum Antityp. Man fragt sich dabei: Wie kann Paulus, der doch ein intimer Kenner des Judentums seiner Zeit sein müßte, so pauschal von ihm sprechen? Werden dort wirklich Gesetz und Gnade gegeneinander ausgespielt? Paulus zwingt offenbar alle Einzelerfahrungen in das Raster seiner Erkenntnis, daß Christus das Ende des Gesetzes ist. Der Schmerz darüber, daß die Juden fern sind von Christus, überdeckt alle anderen Wahrnehmungen. Ihnen bleibt seiner Meinung nach, so verschieden sie auch sein mögen, nur der Weg der Selbstrechtfertigung.

Daß die Erwählung Israels weiter in Geltung ist, ist für Paulus völlig unstrittig. Keine Rede davon, daß der neue Bund in Christus den alten unwirksam gemacht hätte. Freilich beruht die Erwählung nicht einfach auf einer Generationenkette von Abraham her, sondern auf der freien Gnadenwahl Gottes. Sie knüpft nicht an menschliche Vorzüge an, ist kein Grund, Ansprüche auf Vorzugsbehandlung zu stellen, aber sie nimmt die Erwählten in Dienst, damit am Ende alle Völker einbezogen werden in Gottes Heil.

Wie denkt Paulus über die Notwendigkeit der Judenmission? Die Frage so zu stellen, ist in gewisser Weise unhistorisch, daber dennoch wichtig.

Die erste Antwort: Paulus ist Judenmissionar. Bei seinen Reisen sucht er zuerst die örtliche Synagoge auf. Er ist selbst einer der Freudenboten (Rö 10,14 f.), die das Evangelium von der Rechtfertigung aus Glauben verkündigen. Wie sollen sie sonst hören ohne Prediger? Israel ist der erste Adressat der Christuspredigt, weil ihnen ja die Verheißungen gehören, die mit Chrsitus erfüllt sind.

Zweite Antwort: Die Juden müssen nicht aufhören, Juden zu sein. Insofern unterscheiden sie sich fundamental von den Heiden. Gerade wenn sie an Christus glauben, sind sie wahrhaft Juden, Erben der Verheißung.

Dritte Antwort: Die Tatsache, daß Israel Jesus Christus nicht als den verheißenen Messias annimmt, kommt den Heiden zugute. Ihnen eröffnet sich nun auf unerwartete Weise die Chance, zum endzeitlichen Gottesvolk dazuzustoßen. Israel, das jetzt abseits steht, wird zuletzt auch zum Heil gelangen. Dies ist dann nicht das Ergebnis menschlicher Predigt und Mission. Der Judenmissionar Paulus überläßt Israel zuletzt der Barmherzigkeit Gott.

Welche Ansätze für eine Predigt ergeben sich daraus?

Ich sehe zwei Möglichkeiten, die beide das Ziel haben, unser Verhältnis zu den Juden zu klären und ggf. neu zu bestimmen:

1. Was bedeutet es, daß wir erkennen müssen: Wir sind nicht die ersten, denen Gott seine Liebe erklärt hat. »Gottes Zuneigung zu seiner alten Liebe hört ja nicht auf« (vgl. Annäherungen). Er »gehört« nicht uns allein. Als Analogie eignet sich die Liebesbeziehung zwischen einem Mann und einer Frau weniger gut, eher die zwischen Geschwistern zu ihren Eltern. Wir sind die jüngeren Geschwister. Wir verdanken den älteren viel und entwicklen uns doch weiter.
2. Der Kirchentag 1999 in Stuttgart hat eine neue Aktualität des Themas »Christliche Judenmission« mit sich gebracht. Bis in die Tagespresse hinein wurde das Thema kontrovers diskutiert. Synoden und Arbeitskreise haben in den letzten Jahren daran gearbeitet. Deswegen wähle ich diesen Ansatz und spitze den Bibelabschnitt thematisch zu.
Die Hörerinnen und Hörer werden dazu einen sehr unterschiedlichen Zugang haben. Angehörige der älteren Generation reagieren u. U. mit Beklemmung oder Abwehr. Die Jüngeren sind unbefangener und kennen Israel als Thema der Tagespolitik. Allen gemeinsam ist, daß sie keine oder nur sehr geringe Kontakte zum Judentum heute haben.
Ferner ist zu bedenken: Das Thema Mission hat es im Zeitalter des Individualismus und des »anything goes« generell schwer. Wer für Mission eintritt, ist des Fanatismus und der Intoleranz verdächtig. Dagegen gilt es festzuhalten: Eine Glaubensüberzeugung ist immer mehr als eine bloß persönliche Ansicht, die jederzeit zur Disposition steht. Was für mich wichtig ist zum Leben und Sterben, möchte in anderen mitteilen. So weit so gut. Was aber die Frage einer institutionalisierten Judenmission angeht, sieht die Sache ganz anders aus: Mit Herrmann von Loewenich (vgl. Kontexte) bin ich der Ansicht, daß Gott uns die Vollmacht dazu entzogen hat. Juden erleben christliche Judenmission als Bedrohung. Allein das muß uns verstummen lassen. Das unterscheidet unsere Situation von der des Paulus, der zu seiner Zeit als Jude diese Vollmacht hatte. Aber auch er kannte ja noch die andere Seite: das Heil für Israel dem Gott zu überlassen, der es lange vor uns zu seinem Volk erwählt hat.

Vorschläge zur Liturgie

Zum Zeichen der neu gewünschten Nähe zum Judentum werden am Israelsonntag manchmal Gebete aus jüdischen Liturgien gesprochen. Das ist nicht ohne Probleme. Zu prüfen ist, ob sich dadurch, daß ein jüdischer Text im christlichen Kontext erscheint, seine Bedeutung nicht ändert. Dann wäre er mißbraucht.

Eingangsgebet
Gott, Quelle des Lebens, deine erste Liebe galt dem Volk Israel, das du erwählt hast, damit alle Menschen von dir erfahren. Hilf uns, die wir auch

zu dir gehören, daß wir unsere Wurzeln in Israel nicht verleugnen. Schenke uns einen Neuanfang in unserem Verhältnis zu den Juden.

Fürbitten

Gott Abrahams, Isaaks und Jakobs, Gott der Mütter und Väter Israels.
Du hast das Volk Israel aus den Völkern erwählt als Zeichen deiner Liebe,
die größer ist als alles, was wir Menschen haben, sind und können.
Laß dein Volk in Frieden in seinem Land wohnen.
Laß Frieden und Gerechtigkeit von ihm ausgehen.
Wir bitten dich für alle, die religiöse und politische Macht haben,
daß sie nicht ihre eigenen Schäfchen ins Trockene bringen,
sondern denen nützen, die ihnen anvertraut wurden.
Laß sie die Wahrheit ernstnehmen, die Menschenrecht achten und den Frieden lieben.
Wir bitten dich für Israelis und Palästinenser, daß Furcht und Haß abnehmen
und jeder das Lebensrecht des anderen anerkennt.
Gib dieser Region und der ganzen Welt Frieden.
Vor dir denken wir an die Opfer des Judenhasses
und an die Fremdenfeindlichkeit in unserem Land.
Gib, daß wir das Leid, das Christen den Juden angetan haben,
nicht verharmlosen und nicht verdrängen, und laß deine Kirche trotz ihrer Schuld
immer wieder zum Werkzeug deiner Liebe werden.
Laß uns erkennen, wie sehr fremde Menschen unser Leben und unser Volk bereichern können.
Und gib und Zivilcourage, für ihr Recht und ihr Leben einzutreten, wo immer dies nötig ist.
Wir bitten dich für jeden von uns.
Für die Fröhlichen, daß sie dankbar bleiben.
Für die Traurigen, daß sie getröstet werden.
Für die Müden, daß sie Kraft erhalten.
Und für die Starken, daß die Besonnenheit und Güte lernen.
Herr wir glauben. Hilf unserem Unglauben.

Nach: Neue Eingangs und Fürbittengebete für die Sonn- und Feiertage des Kirchenjahres, hrsg. von Wolfgang Brinkel und Heike Hilgendiek, Gütersloh 1994, Seite 108.

Lieder

Gott hat das erste Wort, EG 199
Singet, singt dem Herren neue Lieder, EG 286
Nun danket Gott, erhebt und preiset, EG 290
Freunde, daß der Mandelzweig, EG 659 (Ausgabe für Bayern und Thüringen)

Vorschlag zur Predigt

Möglicher Predigtanfang

Salomo entstammte einer bürgerlich-jüdischen Familie in Deutschland. Die Religion spielte zuhause keine besondere Rolle. Aber das rettet ihn nicht. Mit den Seinen gerät er in den Todesrachen der nationalsozialistischen Judenpolitik. Nur der Junge selber, den sie abgekürzt Sally nennen, er kann seine Haut retten. In Nazi-Uniform, als Hitlerjunge überlebt er. Als der Krieg zuende ist, ist er am Leben geblieben, aber er hat seine jüdische Identität verloren, fast verloren. Er irrt durch die Straßen einer zerstörten Stadt und trifft auf einen ausgemergelten Mann, offenkundig ein Jude. Salomon wird überwältigt von dem Bedürfnis, sich diesem Mann gegenüber irgendwie auszudrücken, sich zu erkennen zu geben als der, der er ist. Aber wer ist er denn? Da formen sich in ihm hebräische Worte, tief aus seinem Inneren steigt auf, was er als Kind gelernt hat: »Sch'ma Israel, Adonai elohenu Adonai ächad« - Höre Israel, der Herr ist unser Gott, der Herr ist einer. Dieser Junge, der kaum ein Chance hatte, ein Jude zu werden, und der um ein Haar daran zugrunde gegangen war, weil er Jude war, bekennt sich dazu, Jude zu sein. Er benutzt die Worte, die Gott als den einen und einzigen bekennen. Und er rettet seine Seele.

Das ist, liebe Gemeinde, in kurzen Worten der Inhalt eines Romans von Sallik Perel mit dem Titel: Hitlerjunge Salomo.

Diese Geschichte kann man nur mit großer Betroffenheit und innerer Bewegung lesen. Aber vielleicht mischt sich bei einigen von Ihnen, liebe Gemeinde, auch noch dieser Gedanke ein: Hat es denn inmitten der Trümmer und des Zusammenbruches nirgends Christen gegeben, die den Jungen aufgenommen, behutsam umsorgt, vorbehaltlos geliebt haben? Warum hätte er bei solchen Leuten nicht auch eine Heimat finden können? Ohne daß sie ihn missioniert und bedrängt hätten, hätte er einen lebendigen christlichen Glauben erleben können, hätte vielleicht zur Bibel gegriffen und seine eigenen Wurzeln in Israel darin wiedergefunden?! Ist so ein Gedanke überhaupt erlaubt?

Gegen das Werben für den eigenen Glauben gibt es einen beliebten Einwand: Was Weltanschauung und Glaube angeht, so ist das eine ganz persönliche Angelegenheit, in die man sich prinzipiell nicht einmischen darf. Was einer glaubt, geht nur ihn etwas an. Es ist prinzipiell unanständig, jemanden missionieren zu wollen. Überhaupt: Was ist schon Wahrheit? Du mußt es selber herausfinden, was für dich wahr ist. Und dann ist vermutlich etwas ganz anderes als für mich.

Ich kann dieser Auffassung nicht zustimmen. Das, was mich unbedingt angeht, was der Grund unter meinen Füßen ist, das kann ich nicht einfach zu einer Beliebigkeit erklären. Auf anderen Gebieten sind wir übrigens ganz spontan »missionarisch«: Du mußt dir unbedingt diesen Film anschauen! Lies doch mal das Buch von N.N. Es hat mein Leben verändert,

du wirst es nicht bereuen« usw. Es ist doch völlig normal und selbstverständlich, daß man von dem redet, was einem wichtig ist. Wenn das Herz voll ist, dem geht der Mund über.
Wenn es bei uns nicht passiert, müßte man daraus schließen, daß unser Herz nicht voll ist. Daß uns der Glaube nicht wichtig ist?
Matthias Claudius hat geschrieben: »Wer nicht an Christus glauben will, der muß sehen, wie er ohne ihn raten kann. Ich und du können das nicht. Wir brauchen jemanden, der uns hebe und halte, weil wir leben, und uns die Hände unter den Kopf lege, wenn wir sterben sollen; und das kann er überschwenglich, nach dem, was von ihm geschrieben steht, und wir wissen keinen, von dem wir's lieber hätten.«
Das ist doch in Ordnung?
Ja, gewiß. Aber wenn es um Mission gegenüber Juden geht, sieht die Sache ziemlich anders aus. Der Abschnitt aus dem Römerbrief des Apostel Paulus kann uns helfen, daß wir unser Verhältnis zum Judentum klären und neu beschreiben. Und dann werden wir auch die Frage der Judenmission neu zu bewerten haben.
Vor gut zwei Wochen, am 10. August, beging die jüdische Gemeinde den Trauertag über die Zerstörung Jerusalems, dem 9. Aw. Sie dachten dabei, wie jedes Jahr, auch noch an alle anderen schrecklichen Verfolgungen, die sie in ihrer Geschichte erlitten hat. Ein beklemmender, düsterer Tag, voller Grauen und dunkler Erinnerungen.
Eng benachbart im Kalender steht in den christlichen Kirchen der sogenannten Israelsonntag. Es gibt ihn etwa seit 400 Jahren. In diesem Jahr trifft er auf dem 27. August, auf den heutigen Sonntag. Thema dieses Tages ist ebenfalls die Zerstörung Jerusalems und des Tempels. In einem evangelischen Gesangbuch aus dem letzten Jahrhundert kann man lesen:
»Wir wollen die Weisheit Gottes darin erkennen, daß der Umsturz des Judentums die Verbreitung der christlichen Religion erleichterte und das göttliche Ansehen seines Stifters Jesus befestigte.« Was soll das für ein Glaube sein, der vom Untergang eines anderen Glauben lebt? Und natürlich wurde am Israel-Sonntag der uralte Vorwurf wiederholt: Die Juden haben den Herrn Jesus verworfen und seinen Tod verschuldet. Wenn es je eine Irrlehre im Christentum gegeben hat, dann war dies eine. Lange, sehr lange sind diese Gedanken in den christlichen Kirchen Allgemeingut gewesen. Es ist erst ein paar Jahrzehnte her, daß ein Umdenken eingesetzt hat.

Zum weiteren Verlauf
»Du trägst nicht die Wurzel, sondern die Wurzel trägt dich«, (Rö 11,18) sagt Paulus zu den Heidenchristen und spricht dabei von Israel. Ich beschreibe diese Wurzeln. Dazu können die Elemente der gottesdienstlichen Liturgie dienen, vom Amen bis zum Hosianna (griechisch: Kyrie eleison), von den Psalmen bis zur Praxis der Schriftlesungen. Auch die sogenannten Prärogative Israels aus Rö 9,4 (›Kindschaft, Herrlichkeit, Gesetz, Gottesdienst und

die Verheißungen‹) kehren im christlichen Glauben alle wieder und wir dürfen nicht so tun, als seien wir die ersten Adressaten dieser Gaben Gottes. Gott hat die Erwählung Israels nicht zurückgenommen, aber wir sind zum Volk Gottes dazugekommen. Wir müssen aufmerksam sein auf alle Versuche, das Judentum als dunkle Folie zu benutzen, auf dem das Christentum um so heller strahlen kann.
Ich berichte dann von der aktuellen Kontroverse um die Judenmission, schildere die sehr differenzierte Position des Paulus und lege dar, welche Position ich heute für die richtige halte. Dazu eignet sich gut das persönliche Votum Hermann von Loewenichs bei der bayerischen Landessynode im November 1998.

Möglicher Schluß
Daß jüdische Gläubige heute eher zurückhaltend sind in der Feststellung von Gemeinsamkeiten und daß viele von ihnen einer Annäherung sehr skeptisch, wenn nicht mit Abwehr gegenüberstehen, das kann niemand wundern. Ich gestehe, daß ich das Thema auch mit großer Befangenheit aufgegriffen haben. Menschen, die über Jahrhunderte von Christen so tief verletzt wurden, bei denen das Entsetzen darüber, daß man sie vom Erdboden vertilgen wollte, noch ganz wach ist, die haben ein Recht darauf, zu sagen: Wir wollen mit euch nichts mehr zu tun haben.
Wir können nur eines tun, und das haben wir heute getan: Den jüdischen Wurzeln unseres Glaubens nachgehen. Erst einmal für uns, ohne auf irgendeinen Effekt bei den jüdischen Gesprächspartner zu schielen. Um unserer selbst willen müssen wir das tun: fragen, wo wir als Christen herkommen und was wir der jüdischen Überlieferung verdanken. Uns ein Bild von Jesus, dem Juden, machen, und es Gott überlassen, ob er uns eine Chance zur Versöhung gibt. Dann können wir zuletzt auch einstimmen in den Lobpreis Gottes, mit dem Paulus sein Kapitel über den Weg Gottes mit Israel abschließt:
O welch eine Tiefe des Reichtums, beides, der Weisheit und der Erkenntnis Gottes! Wie unbegreiflich sind seine Gerichte und unerforschlich seine Wege! Denn »wer hat des Herrn Sinn erkannt, oder wer ist sein Ratgeber gewesen?« Oder »wer hat ihm etwas zuvor gegeben, daß Gott es ihm vergelten müßte?«
Denn von ihm und durch ihn und zu ihm sind alle Dinge. Ihm sei Ehre in Ewigkeit!

Kontexte

Es ist eine Grundlehre der Tora ..., daß Gott nicht fordert, bevor er selbst gegeben hat. Deshalb hat er den Erzvätern keine Gebote erteilt, da er ihnen nur erst Verheißungen gab.
(B. Jacob, Das Buch Exodus, Seite 536, Stuttgart 1997)

Nein zur Judenmission - Streitgespräch auf dem Evangelischen Kirchentag
Vertreter der Arbeitsgemeinschaft Juden und Christen beim Deutschen Evangelischen Kirchentag haben in Stuttgart ihre Ablehnung einer Missionierung von Juden bekräftigt. Auf einer Veranstaltung in der vergangenen Woche sagte der Vorsitzende der Gruppe, der Bochumer Theologe Klaus Wengst, das Judentum dürfte nicht als »defizitär« gegenüber dem Christentum verstanden werden. Der Versuch, Juden zu Christen bekehren zu wollen, zeuge von »heidenchristlichem Hochmut und Arroganz«. Der Vorstandssprecher der Israelitischen Religionsgemeinschaft in Württemberg, Meinhard Tenné, verurteilte Äußerungen christlicher Gruppen, jüdische Einwanderer aus der ehemaligen Sowjetunion missionieren zu wollen. Die Veranstaltung war bereits im Vorfeld des Kirchentags heftig umstritten. Tenné bedauerte die kurzfristige Absage des Ratsvorsitzenden der Evangelischen Kirche in Deutschland (EKD), Manfred Kock. Seine Teilnahme hätte ein »Zeichen für echtes Verständnis« zwischen den Religionen setzen können. Koch hatte seine Absage damit begründet, daß die Veranstaltung zu »einseitig auf eine Ablehnung der Judenmission« fixiert sei. Der Stuttgarter Oberkirchenrat Heiner Küenzlen kritisierte eine Erklärung der Arbeitsgemeinschaft Juden und Christen, die auf dem Kirchentag verteilt wurde. Darin hieß es, Juden »haben es für ihr Heil nicht nötig, daß ihnen Jesus als der Messias verkündigt wird«. Küenzlen sagte, die Formulierung sei »im Zorn erschaffen« worden. dpa
(Allgemeine Jüdische Zeitung vom 24. Juni 1999)

»Ich spreche persönlich. Ich kann als Angehöriger der sogenannten ›Generation der Pimpfe‹ nicht davon abstrahieren, was ich mit eigenen Augen gesehen habe. Ich kann nicht absehen von dem, was durch Deutsche an Juden geschehen ist. Eine völlige Auslöschung des Bundesvolkes war das verbrecherische Ziel. Dieses Verhaftetsein in einem Schuldzusammenhang einmaligen Ausmaßes nimmt meiner Generation die Vollmacht, Juden gegenüber missionierend von unserem Glauben zu reden und sie zum Übertritt in unsere Kirche einzuladen. Ich bin zu der Überzeugung gekommen, daß Gott uns dazu die Vollmacht entzogen hat ...«
(Landesbischof Herrmann von Loewenich bei der Landessynode der Evangelisch-Lutherischen Kirche in Bayern (ELKB), November 1998)

»Wir haben doch viel gemeinsam. Ihr Christen glaubt, daß der Messias schon einmal hier war, wieder weggegangen ist, und daß er wiederkommen wird. Wir Juden glauben, daß er wiederkommen wird, aber, daß er nicht hier war. Mein Vorschlag: Laßt uns doch zusammen auf ihn warten. Und wenn er kommt, können wir ihn ja selber fragen, ob er schon einmal hier gewesen ist. – Und ich werde in der Nähe stehen und ihm ins Ohr flüstern: Sag' nichts!«
(Martin Buber in einem Seminar für Juden und Christen, nach einer Mitteilung von Johannes Friedrich bei der Landessynode der ELKB, November 1998)

»Die jüdische Religion ist für uns nicht etwas ›Äußerliches‹, sondern gehört in gewisser Weise zum ›Inneren‹ unserer Religion. Ihr seid unsere bevorzugten Brüder und, so könnte man gewissermaßen sagen, unsere älteren Brüder.«
(Papst Johannes Pauls II. bei Besuch der römischen Synagoge 1986)

11. Sonntag nach Trinitatis

Annäherungen an den Predigttext
Brief an die Gemeinden in Galatien 2,16–21

Ernst Walter Rohmann

1. Es wimmelt nur so von theologischen Fachausdrücken. Jeder hat für sich genommen schon ein Gewicht - und natürlich eine spezielle Bedeutung. Wie soll ich als Nichtfachmann dann hinter die Struktur von so einem Textgebirge kommen?
Was ist das eigentlich, »Werke des Gesetzes«?
Was heißt das, »durch des Gesetzes Werke wird kein Fleisch gerecht«?
Oder »durch Christus gerecht werden«?

2. Ich kann mir nicht helfen, aber alle diese Texte des Paulus scheinen doch so sehr aus seinem jüdischen Selbstverständnis zu kommen, daß ich nur sehr schwer Zugang dazu finde. Ich bin kein Jude und - das mag man jetzt bedauern, weil da die Geschichte des Dritten Reiches drinhängt - ich kenne auch keine. Und da stelle ich mir den Übersetzungsvorgang ganz schwer vor. Denn dann muß ich ja erst einmal wissen, was das Ganze für einen Juden bedeutet, um danach zu sagen, was das Besondere am Paulus ist, und dann erst kann ich schauen, wie ich das anderen Menschen erkläre. Und dann bleibt ja immer offen, ob deren Fragen auch die Fragen des Paulus sind - ob überhaupt Verstehen möglich ist.

3. Ich finde einen Satz in dem Ganzen schön - und er leuchtet mir sofort ein: »Ich lebe. Doch nun nicht, sondern Christus lebt in mir.« Da kann ich nur ja zu sagen. Wenn man wie ich seit dem Tod meines Mannes erlebt hat, wie wenig man lebt, also lebendig ist, wenn man traurig ist, wenn einem am Abend vor allem die Einsamkeit überkommt, dann kann man das nachvollziehen, daß der Paulus hier sagt: »Na ja, ich lebe halt.« Am untersten Niveau des Lebens. Er ist doch auch ein Geschlagener mit seiner Krankheit, mit dem Stachel im Fleisch, von dem er immer spricht.
Und dann ist es gar nicht mehr so weit zu spüren, daß da etwas anderes in einem lebt, in einem atmet.
Die Abende, wo ich ganz allein bin, stelle ich mir manchmal vor, daß Christus, der in mir atmet, jetzt auch in meinem Mann atmet. Und dann tut es nicht mehr so weh.

4. Es sind eigentlich nur die Begriffe, die uns fremd geworden sind. Was damit gemeint ist, das kenne ich sehr gut. Wenn ich nur einmal für »des Gesetzes Werke« einsetze »Streben nach höherem Einkommen und Ansehen«, dann habe ich genau das Verhaltensmuster, wie bei uns in der Firma gehandelt und aufgestiegen oder abgestiegen wird. Wenn's mit dem Aufsteigen klappt, ist's ja ganz gut, dann hat das Prinzip erfolgreich sein müssen, funktioniert. Wenn's aber nicht klappt, und für die meisten klappt's ja nicht, dann stehen die Leute dumm da. Und dann wird sehr schnell deutlich, daß das »Streben« im Prizip gut, aber auch vernichtend sein kann. Dann nämlich, wenn man die Leute nur danach beurteilt, was sie zu leisten imstande sind. Ich glaube übrigens, daß die Pfarrer oftmals zu schnell mit ihrer Verurteilung der Wirtschaftsleute bei der Hand sind - so, als ginge es da nur noch nach dem Leistungsprinzip.

5. Aber das ist doch durch alle Zeiten so. Heißt es nicht im Faust II bei Goethe: »Wer immer strebend sich bemüht, den können wir erlösen«? Dann hat der zumindest doch von Paulus nichts verstanden.

6. Als Konfirmandin schon haben mich so Sätze »Ich bin mit Christus gekreuzigt« erschreckt. Und das geht mir bis heute so.
Mich erschreckt das Blutrünstige daran, so, als würde sich der Paulus drin suhlen. Da ist er mir ganz fremd. Nein, ich bin nicht mit Christus gekreuzigt. Vielleicht, »er ist für mich gekreuzigt«, das ist ja schon schlimm genug, die Vorstellung, einer ist für mich gestorben. Schrecklich.
In der Ausstellung über den Untergang der Titanic haben sie einen Raum, in dem Überlebende davon berichtet haben, wie sie gerettet wurden. Viele konnten nur überleben, weil sie andere daran gehindert haben, in die Boote zu kommen.

7. Nein, es heißt doch hier »Ich lebe mein Leben im Glauben an den Sohn Gottes, der mich geliebt hat und sich selbst für mich dargegeben.« Ich lebe mein Leben doch nicht, weil ich andere in den Tod getrieben habe, sondern Jesus hat sich selbst dem Tod überantwortet. Und ich lebe »im Glauben an ihn«. Ich habe immer gedacht, daß das nochmal was anderes ist. Das halte ich für wahr, daß er das getan hat.

Theologische Erläuterung
Ein Text- und Begriffsgebirge in der Tat. Und natürlich gebildet aus Begriffen der jüdischen Tradition, der Paulus entstammt.
Schlüsselbegriff scheint mir das Gesetz, das mehr ist als die Summe der einzelnen Anweisungen, der common sense, aus dem eine Gesellschaft meint überleben und leben zu können. Wenn das Gsetz, aus dem wir leben, der Struktur nach identisch ist mit dem Gesetz der jüdischen Welt zur Zeitenwende, ist der Text als Ganzes »predigbar«.
Heißt das Gesetz heutzutage etwa: »Ich schaffe durch eigene Leistung eine Welt, die mir angenehm ist«?

Zum Gottesdienst

Hans Hermann Blettgen

Exegetisch-homiletische Skizze

1. Das sprachlogische Paradoxon in Vers 20 a reizt mich auch nach mehrmaligem Lesen zur gedanklichen Auseinandersetzung. Ich beschränke mich in meinen Ausführungen auf diesen Vers.

2. Der Streit mit seinen Gegnern stellt Paulus vor die Frage nach der »richtigen« – d. h. von Gott gerechtfertigten – Lebensgestaltung.

3. Die Fragen: Was gibt meinem Leben Grund und Sinn? Wer bin ich? Wo stehe ich? erheben sich heute, in einer Zeit grassierender Beliebigkeit, dringlicher denn je.

4. Die persönliche »Antwort«, mit der sich Paulus vor seinen Gegnern auszuweisen sucht, wird diejenigen überzeugen, die sich mit ihm in einem religiösen Kontext bewegen. Das traf – im weiteren Sinn – für seine galatischen Gegner zu. Das traf noch für unsere Mütter und Väter im Glauben zu; für sie war die paulinische Rechtfertigungslehre bzw. -botschaft entsprechend der reformatorischen Tradition Kern des Evangeliums und damit Grund und Sinn ihres Lebens.
Diese Voraussetzung ist heute so allgemein nicht mehr gegeben.

5. Die Angebote auf dem Markt der Möglichkeiten christlicher Lebensgesteltung sind zahlreich. Darüberhinaus ist das Christentum selbst zu einem lebensgeschichtlichen Element unter anderen geworden. In unserer Gesellschaft kann folglich auch der unbehelligt leben, der öffentlich bekennt, mit Gott bzw. Jesus Christus keine Erfahrung zu haben. Wir werden daher gut daran tun, denjenigen, die sich nicht entschließen können, die paulinische Rechtfertigungsbotschaft für sich verbindlich zu übernehmen, weder moralischen noch intellektuellen Mangel zu unterstellen, noch werden wir ihnen mit dem belehrenden Gestus der »beati possidenti« entgegentreten. Wir werden vielmehr versuchen, die Erfahrung des Paulus, die in 20 a zum Ausdruck kommt als eine Möglichkeit begründeter und sinnvoller Lebensgestaltung werbend in Erinnerung rufen.

6. Anders als in der philosophischen Dialektik kann die »coincidentia oppositorum« von 20 a nicht in einer Synthese »aufgehoben« werden. Paulus bleibt Paulus und Christus bleibt Christus. Dennoch: In der Lebensgestaltung des Apostels gewinnt Christus erneut menschliche Gestalt. Durch die Menschwerdung Christi nimmt das Leben des Apostels die Gestalt des neuen Menschen, gleichgestaltet der Gestalt Christi, an.

7. Die Menschwerdung Christi in unserem Leben kann und muß nicht von uns »gemacht« werden. Gott bzw. Christus bleibt das Subjekt christlicher

Lebensgestaltung. Aber wir können – jenseits von jeglichem Synergismus – den »Raum« in unserem Leben freihalten, in den hinein sich Gottes Liebe entwirft. Dazu dient das »Gesetz« und sein Kern, die Zehn Gebote. Als »Liebeserklärung Gottes an den Menschen« (Yehuda Aschkenasy), als göttliches Angebot für ein gelingendes Leben sind sie uns eine unerläßliche Hilfe in der Freiheit zu bestehen, zu der uns Gott bzw. Christus befreit hat.

Vorschläge zur Liturgie

Lieder
Dem Tenor der Predigt entsprechend ausgewählte Liedstrophen aus EG 444 oder 452; 277 oder 287 oder 299; 289 oder 295 oder 324 oder 326; 157 oder 171 oder 347.

Psalmen
Psalm 16,11 a oder 36,10 a

Eingeständnis
In der Hoffnung / unser Leben nicht zu verfehlen / rufen wir dich an / unseren Gott: / Herr erbarme dich! Amen

Zuspruch
Johannes 14,19 b

Kollektengebet
In der Gewißheit / daß du uns nahe bist / bitten wir dich / Herr / unser Gott / rede du / wir hören. Amen

Lesung
Galater 2,16–21 (nicht ohne kurze Einführung); Lukas 18,9–14 oder Matthäus 16,24 ff.; vielleicht auch Matthäus 19,16–26

Fürbittengebet
Unser Gott / welch ein Gott / du doch bist
aus dem Gefängnis unseres ungelebten Lebens hast du uns herausgeführt
wecke unser Vertrauen / hüte unsere Hoffnung
dein Fragen rüttle wach / die sich für lebendig halten und doch tot sind / daß sie auferstehn und leben
nimm lebenszerstörendes Altes hinweg / laß Neues unsere Herzen bewegen
in der Würde alles Lebendigen / gib dich denen zu erkennen / die für das Leben anderer verantwortlich sind
danken möchten wir dir / daß du uns dem Leben in seiner ganzen Fülle / begegnen lassen willst. Amen

Vorschlag zur Predigt

»Wenn mich Gott einst fragen wird: Was hast du mit deinem Leben gemacht?, werde ich ihm antworten: Kartons! Kleine Kartons; große Kartons; nichts als Kartons!«
Das sind die Worte eines Kartonagefabrikanten in dem Trauergespräch aus Anlaß der Beerdigung seiner Frau.
Auf meinen Einwurf »Ich habe den Eindruck, daß Sie sich schon jetzt von Gott gefragt wissen!«, nickt er kurz und fährt unbeirrt fort: »Kartons sind mein Leben! Ihnen gilt mein erster Gedanke morgens und mein letzter Gedanke abends.«
»Wenn mich Gott einst fragen wird ...« Einst!? So gleichgültig kann der Schöpfer gegenüber seinen Geschöpfen doch nicht sein, daß er zusieht, wie wir an den Möglichkeiten unseres Lebens vorbeileben; unbeteiligt zusieht, wie wir unter dem Ballast unseres ungelebten Lebens zusammenzubrechen drohen. Ich stelle mir Gott mitfühlend, mitleidend vor, und zwar täglich, stündlich, in jedem Augenblick unseres Lebens.
Kann es nicht sein, daß wir die Frage Gottes auf den Sankt-Nimmerleinstag verschieben, daß wir dem fragenden Gott fliehen, weil wir uns davor fürchten, Lebensbilanz zu ziehen, z.B. aus Bequemlichkeit, unser bisheriges Leben aufzugeben? Oder liegt es daran, daß wir den fragenden Gott schlichtweg überhören? Er fragt ja nicht immer direkt und unter ähnlich ungewöhnlichen Umständen wie er Saulus vor Damaskus fragte - unter Donner und Blitz; oder durch die aufrüttelnd zornigen Worte eines Dritten - wie er die Galater durch Paulus fragte. Manchmal fragt er - oft kaum vernehmbar, immer verwechselbar - inwendig in uns; wie er den Kartonagefabrikanten in seiner Trauer fragte. Manchmal fragt er auch durch Bilder, die wir sehen, durch Worte, die wir lesen oder hören.
Was hast du mit deinem Leben gemacht?
Gott stellt uns immer wieder vor die grundsätzliche, prinzipielle Frage, vor die sich bereits Adam und Eva am Anfang (lat. principium) der Menschheitsgeschichte gestellt sagen: »Adam, wo bist du?« Ich verstehe: Mensch, wo hältst du dich auf? Wo bist du auf deinem Lebensweg angekommen? Was füllt dein Leben aus? Lebst du überhaupt? Wer lebt in dir? Was lebt in dir?
Einige Jahre später habe ich den Unternehmer erneut getroffen.
»Ich bin meinen Kartons treu geblieben«, begann er lächelnd das Gespräch. - Schon sein Blick, sein Lächeln und die Art wie er redete, ließen ahnen, daß sich in seinem Leben etwas verändert hatte. - »Es waren ja nicht die Kartons«, fuhr er fort, »es war das Leben, das ich führte. Mein Leben war mir fraglich geworden. In den USA hatte ich gelernt, im Business, im Geschäftsleben zu stehen, bedeutet Krieg. ›Gehen Sie von der Annahme aus, daß Ihre Konkurrenten Sie vernichten wollen. Betrachten Sie sie als Ihre Feinde. Alleine das Überleben Ihrer Firma wird Sie ungeheure Kraft

kosten. Sie werden die Schlachten nur dann gewinnen, wenn Sie ein Meister militärischer Strategie werden. Machen Sie Ihre Feinde fertig, gewinnen Sie den Krieg.‹ Diese Sätze unseres Schulungsleiters haben sich mir eingeprägt.
Die Gleichsetzung von Geschäftsleben und Krieg, von Leben und Kampf, übernahm ich unkritisch und verinnerlichte sie, bis sie mich ganz durchdrungen hatte und so auch auf mein Privatleben abfärbte - soweit ich überhaupt noch ein Privatleben führte.
Ich entfremdete mich zusehends von meiner Familie und denen, die mir nahestanden. Meiner Frau und meinem Sohn, meinen Freunden, wurde ich mit meiner wachsenden Aggressivität und meinen taktischen Schachzügen bald unerträglich. Die entsprechenden Signale übersah ich geflissentlich. Ich dachte, daß das eben der Preis sei, den ich für meine geschäftlichen Erfolge zu zahlen hätte. Ich entfremdete mich von mir selbst, von meinen Gefühlen, von meinem Denken, sogar von meiner Sprache. Die Schlacht um mein Privatleben hatte ich verloren, bevor ich begonnen hatte, zu kämpfen. Auf dem Schlachtfeld des Geschäftslebens war ich dagegen erfolgreich. Es gelang mir, eine Reihe meiner Konkurrenten in den Konkurs zu treiben und ihre Betriebe weit unter Wert zu erwerben. Ich fusionierte und rationalisierte. Es gelang mir in erstaunlich kurzer Zeit, mein Kleinunternehmen zu einem Großunternehmen auszubauen.
Heute erscheinen mir diese sogenannten Siege wie Niederlagen.
Nach dem Tod meiner Frau stellte sich mir mit zunehmender Unausweichlichkeit die Frage: Wofür machst du das alles? - Mein Sohn weigerte sich strikt in meinen Betrieb einzutreten. - Ich bin der Frage nach dem Sinn meines bisherigen Lebens nun nicht mehr ausgewichen und zog die Konsequenzen. Ich verkaufte große Teile meiner Firma, allerdings nicht, ohne vorher die Arbeitsplätze meiner Mitarbeiter vertraglich abzusichern und spezialisierte mich auf wenige Produktionszweige. Auch das ist mir gelungen. Mein unternehmerisches Wissen war ja mit dem Tod meiner Frau bzw. mit meiner Umorientierung nicht mitgestorben.
Gestorben aber war die Bereitschaft um des Profits willen ›über Leichen zu gehen‹. Ich arbeite auch heute gewinnorientiert, aber nicht nur gewinnorientiert. Ich versuche in all meinen Entscheidungen meine Mitarbeiter mit im Blick zu behalten, ihr Leben, ihre Sorgen. Ich gehe zu ihnen, rede mit ihnen, nehme mir Zeit für sie. Und ich nehme mir Zeit für mich, für meine Familie und für meine Freunde.«
Ich fragte ihn, woher er die Kraft genommen habe, aus seinem Leben auszubrechen. Er antwortete, er habe ausbrechen können, weil er auf seine Kraft vertraut habe, ausbrechen zu können. Daß er das so sieht, hat wohl mit seiner Selbsterfahrung als erfolgreicher Unternemer zu tun.
Was hast du mit deinem Leben gemacht?
Ich bin davon überzeugt, daß auch die unter uns, die sich und ihren Kräften nichts oder fast nichts zutrauen, die tausend und mehr Niederlagen erlitten

haben bei dem Versuch, aus ihrem Leben auszubrechen, ausbrechen oder zumindest sich freier machen können von all dem, was sie an ihrem Leben stört, was ihr Leben und das Leben anderer vielleicht sogar zu zerstören droht.
Was hast du mit deinem Leben gemacht?
Gott beläßt es ja nicht bei der Frage, um uns höchstrichterlich anhand des »Gesetzes«, der biblischen Gebote und Verbote bzw. deren Kern, der Zehn Gebote, zu überführen, um uns auf unsere Schuld hin festzulegen bzw. anzuklagen und zu bestrafen.
Ich verstehe sein Fragen wie aus dem Mund eines Freundes, eines »Liebhabers« mit freundlichem, zärtlichem Unterton. Oder wenn aus dem Mund eines »Richters«, dann eines Richters, der unser Leben längst »richtig« gemacht, »richtig« gefertigt, m. e.W. gerechtfertigt hat und uns mit seiner Frage ermuntert, entsprechend zu leben.
In der Auseinandersetzung zwischen Paulus und seinen Gegnern in Galatien steht das »Gesetz« im Mittelpunkt. Den Kern des Gesetzes bilden die Zehn Gebote. Bemerkenswerterweise werden die Zehn Gebote durch eine »Liebeserklärung Gottes« (Yehuda Aschkenasy) eingeleitet: »Ich bin der Herr, dein Gott ...!« übersetzt Martin Luther die Eingangsworte zum ersten Gebot. Wer den Urtext mit geschulten Ohren hört, wird an den Wortlaut einer »alten jüdischen Ehestandsformel« (Aschkenasy) erinnert, mit der die Brautleute, wenn sie den Bund der Ehe eingingen, sich wechselseitig versprachen. Ich verstehe: Ich bin bei dir! Ich verlasse dich nicht! Ich bin dir nahe, und zwar so nahe, daß es keine Trennung gibt zwischen mir und dir, zwischen deinem Leben und meinem Leben, zwischen deinen und meinen Kräften. Meine Kräfte wirken in dir, sie sind deine Kräfte. Mein Leben ist dein Leben. Ich lebe in dir. Und weiter: Wenn du darauf vertraust, wirst du früher oder später die Entdeckung machen, daß es längst eine Wende in deinem Leben gegeben hat, gegen allen Zweifel in deinem Kopf, gegen die Hoffnungslosigkeit in deinem Herzen. - »Ich bin der Herr, dein Gott, der dich aus Ägypten, aus dem Sklavendienst befreit hat!« Du bist aus dem »Sklavendienst«, aus den Zwängen deines bisherigen Lebens befreit! Zieh die Konsequenzen! Bestehe in deiner Freiheit! Mach dich frei, indem du deine Freiheit lebst! Werde der du - schon - bist!
Entsprechend der Liebeserklärung zu Beginn des ersten Gebotes sind die folgenden Gebote ein Geschenk des uns liebenden Gottes. »Ich bin bei dir!« Ich verstehe: Ich verlasse dich nicht! Und ich möchte, daß auch du mich nicht verläßt. Darum schenke ich dir meine Gebote. Du lebst in der Welt. Du bist täglich tausend Versuchungen ausgesetzt. Die dunklen Triebe im Bodensatz deines Ichs, deine Wünsche gaukeln dir täglich, stündlich grenzenlose Freiheit und grenzenloses Glück in anderen Bindungen vor. Vertraue ihnen nicht! Sie geben dir leere Versprechen. Ich schenke dir meine Gebote, damit du die falschen Apostel mit ihren leeren Versprechungen erkennst und ihnen widerstehst.

Im Folgenden zitiere ich aus: Ernst Lange, die zehn großen Freiheiten, Burckhardthaus-Verlag, o. J., Seite 4 ff.

»Ich bin der Herr, dein Gott: Du sollst keine anderen Götter haben!
Du brauchst keine Angst zu haben! / weder vor der Macht der Sterne - / noch vor der Macht der Menschen - / weder um dein Geld - / noch um dein Vergnügen - / Wenn du dein Herz an diese Dinge hängst, - / wirst du zum Sklaven.
Ich, der allmächtige Gott, will dein Helfer sein. / Halte dich an mich, und du bleibst frei.

Ich bin der Herr, dein Gott: / Du sollst meinen Namen nicht mißbrauchen!
Du brauchst mich nicht zu zwingen, dir zu helfen! / weder durch fromme Leistungen - / noch durch törichte Beschwörungen - / weder durch scheinheiliges Gerede - / noch durch christliche Bemäntelung deiner eigennützigen Ziele - / Denn das alles heißt: Schindluder treiben mit meinem Namen.
Ich, der allmächtige Gott, / bin ganz freiwillig dein Freund. / Halte dich an mich, dein Gebet ist nicht vergeblich.

Ich bin der Herr, dein Gott: / Du sollst den Feiertag heiligen!
Du brauchst dich nicht zu Tode zu hetzen! / weder durch pausenloses Arbeiten - / noch durch eine pausenlose Vergnügungsjagd - / weder durch die Sorgen, die du dir machst - / noch durch die Angst, du könntest etwas versäumen - / Das alles bringt dich nur in eine heillose Verkrampfung und nimmt dir die Lebensfreude.
Ich, der allmächtige Gott, will dein Meister sein. / Halte dich an mich, und dein Leben wird Erfüllung finden.

Ich bin der Herr, dein Gott: / Du sollst nicht töten!
Du brauchst die anderen nicht als Konkurrenten behandeln! - denen man zuvorkommen muß - / die man von sich abhängig machen muß - / die man beruflich oder politisch oder persönlich »fertigmachen« muß - / So ein Verhalten ist kein Zeichen von Kraft und / Tüchtigkeit, sondern von Schwäche und Angst.
Ich, der allmächtige Gott, will dein Beschützer sein. / Du kannst es dir leisten, deinem Nächsten leben zu helfen.«

Schau auf das Leben dessen, den ich gesandt habe, meine Liebe zu dir zu verkörpern, damit du lernst mit meiner Liebe zu leben. Folge ihm nach; lebe ihm nach! Laß dein Leben eins werden mit seinem Leben! Sein Leben ist das Leben für dich.
»Ich lebe, doch nicht ich, sondern Christus lebt in mir!«
So redet jemand, der sich auf die Liebe Gottes einließ und darin die Erfüllung seines Lebens fand.

Kontexte

Ja, der Tod ist nicht die einzige Todesart. Das Leben ist eine raffiniertere Todesart. (Günther Nenning, in: FAZ-Magazin, 28. 6. 1996, Seite 43)

Gründe
»Weil das alles nicht hilft / sie tun ja doch was sie wollen
Weil ich mir nicht nochmals / die Finger verbrennen will

Weil man nur lachen wird: / Auf dich haben sie gewartet
Und warum immer ich? / Keiner wird es mir danken
Weil da niemand mehr durchsieht / sondern höchstens noch mehr kaputtgeht
Weil jedes Schlechte / vielleicht auch sein Gutes hat
Weil es Sache des Standpunktes ist / und überhaupt wem soll man glauben?
Weil auch bei den anderen / nur mit Wasser gekocht wird
Weil ich das lieber / Berufeneren überlasse
Weil man nie weiß / wie einem das schaden kann
Weil sich die Mühe nicht lohnt / weil sie alle das gar nicht wert sind«
Das sind Todesursachen / zu schreiben auf unsere Gräber
die nicht mehr gegraben werden / wenn das die Ursachen sind
(Erich Fried, aus: Und Vietnam und ..., Verlag Klaus Wagenbach, Berlin 1966, s. a. Erich Fried, Gesammelte Werke 1993)

Heute ist der erste Tag der Zeit, / die uns noch zum Leben bleibt. / Es ist der letzte Tag der Zeit, die wir bisher gelebt haben. / Laßt uns beides leben – / den neuen Anfang und das Ende, / frisch und unbefangen wie am Anfang, / uns so bewußt, / als stünden wir an unserem Ende. / Gottes Liebe wird bei uns sein / in allem, / was wir tun.
(Kirchentag, Nürnberg 1979)

Flugblatt
Es gab Regeln im Kloster, aber der Meister rief immer zur Vorsicht gegenüber der Tyrannei des Gesetzes auf: »Gehorsam hält die Regeln ein«, pflegte er zu sagen, »Liebe weiß, wann sie zu brechen sind.«
(Anthony de Mello)

Möge der Tod uns lebendig finden
und das Leben uns nicht tot.
(Graffito)

12. Sonntag nach Trinitatis

Annäherungen an den Predigttext
Apostelinnen- und Apostelgeschichte 3,1–10

Ingrid Keßler-Woertel

Apg. 3,1–10 wurde von mir in drei verschiedenen Konfirmandengruppen besprochen. Der Einstieg in den Text war jeweils gleich: Ein(e) Konfirmand(in) las Apg. 3,1 ff. laut vor. Da die Konfirmanden unterschiedliche Übersetzungen benutzten, fiel ihnen schon beim ersten Lesen eine gewisse unterschiedliche Wiedergabe auf. Die ökumenische Übersetzung wurde in allen drei Gruppen viel eher verstanden als der revidierte Luthertext.
In einem zweiten Schritt bat ich die Konfirmanden, die biblische Geschichte mit eigenen Worten wiederzugeben. Dies bereitete in keiner der Gruppen Schwierigkeiten. Allerdings hatten die Konfirmanden einige inhaltliche Nachfragen:
Was sind »Almosen«?
Wie sieht die »schöne Pforte« aus?
Wieso heilen Petrus und Johannes? Sonst heilt doch nur Jesus. Erstaunlicherweise antwortete eine Konfirmandin auf diese Frage mit dem Hinweis auf die Pfingstgeschichte und die Ausgießung des Heiligen Geistes.
Wer hat den Gelähmten zur Schönen Pforte gebracht?
Nach Klärung dieser Fragen meine Eingabe: »Könnt Ihr Euch diese Geschichte heute vorstellen?«
Im Folgenden zitiere ich einige Antworten:
Damals durfte einer einfach so vor dem Tempeltor betteln; heute kommt zumindest der Hausmeister oder sogar die Polizei und jagt die Bettler weg.
Ein Konfirmand: »Heute gibt es keinen Petrus, keinen Johannes mehr, die heilen können.« Darauf die Gegenrede anderer Konfirmanden: »Ihr kennt doch Mutter Teresa in Indien. Ich glaube, wenn die sich um die Kranken gekümmert hat, dann haben das einige wie eine Heilung verstanden.« »In der Zeitschrift ... habe ich von einem Kind gelesen, das blind war. Kein Arzt konnte dem kleinen Mädchen helfen. Die Mutter hat immer für ihr Kind gebetet, und dann ist ein Wunder passiert: Jetzt kann das Mädchen wieder sehen.«
»Mein Opa hatte immer Rückenschmerzen. Ein paar Mal war er deshalb schon im Krankenhaus; meinem Opa konnte auch keiner helfen. Jetzt ist er

bei einem gewesen, der so die Hände auflegt. Der Händeaufleger hat gesagt, er hat eine besondere Begabung von Gott. Auf jeden Fall sind Opas Rückenschmerzen geheilt.«

Heute bekäme ein Gelähmter Sozialhilfe und bräuchte nicht zu betteln.

Mein dritter Input in die Gruppe war:

Wie würde man heute über die Heilung berichten? (Meinerseits gab es dazu keine weiteren Hilfen.) In Kleingruppen haben sich die Konfirmanden im Rollenspiel versucht, haben Geschichten geschrieben usw.

Zum Rollenspiel:

Eine Gruppe (3 Mädchen) kam zu mir und spielte mir ihr Problem mit der Umsetzung der Geschichte vor. Zwei Mädchen spielten Petrus und Johannes, ein Mädchen hockte als Gelähmter auf dem Boden. Das »Petrus-Mädchen« sprach den Text. Die Gelähmte stand nicht auf. Die »Petrus- und Johannes-Mädchen« klagen mir ihr Problem: »Sie will nicht aufstehen.« Darauf ich: »Warum willst du nicht aufstehen?« Die Gelähmte zu den beiden anderen Mädchen: »Ich glaube euch nicht, daß ihr heilen könnt.« Die »Petrus- und Johannes-Mädchen« überlegen und tauschen die Rollen. Das neue »Petrusmädchen« ist wirklich sehr viel glaubhafter. Da steht das gelähmte Mädchen auf und meint: »Die (das Petrus-Mädchen) guckte mich so an; da habe ich geglaubt, daß sie mich heilen kann.«

Ein Junge möchte nicht in einer Kleingruppe zusammen mit anderen etwas erarbeiten. Ganz allein schreibt er einen Aufsatz mit der Überschrift »Ich war gelähmt«. Der Junge ist schlechter Hauptschüler, der Aufsatz ist voller Fehler (Buchstabenverdreher, ohne Satzzeichen usw.), und doch kommt etwas dabei heraus: Ich war gelähmt. Er fühlte sich, als ob er verdammt wäre, ein Greuel für immer und ewig. »Es ist schwer, als Gelähmter zu leben. Es ist schwer, zu betteln, wenn die meisten Menschen selber nicht so viel besitzen, aber sie haben ein besseres Leben als ich.« Demütigend ist es, zu sehen, wie die anderen herumlaufen und wie sie etwas zu essen und zu trinken haben. »Dann kamen die beiden Männer und haben mich im Namen Jesu Christi geheilt, und es war der schönste Augenblick meines Lebens. Ich konnte endlich gehen wie die anderen Menschen.«

Eine Gruppe muß recht stark fernsehorientiert sein. Die Jugendlichen schrieben Folgendes (übrigens lasen sie später ihre Reportage mit verteilten Rollen vor): »Mein Name ist Barbara Eligmann, und Sie sehen ›Explosiv spezial‹ vom Tempel in Jerusalem. Wir schalten jetzt live zu Heino Klausing. ›Heino, was ist denn so Weltbedeutendes passiert, daß alle Menschen in Aufruhr geraten?‹

›Ja, Barbara, es ist nicht zu glauben, aber es ist wahr: Dieser Mann, der hier neben mir steht, war einmal ein gelähmter Bettler. Herr Bettler, wollen Sie uns nicht was über Ihre unglaubliche Heilung erzählen?‹

›Wie jeden Tag wurde ich vor das Schöne Tor des Tempels zum Betteln gesetzt. Auf einmal kamen zwei Männer namens Petrus und Johannes. Ich habe sie angebettelt. Aber sie hatten keine Kohle. Petrus sprach: Im Namen

Jesu Christi von Nazareth ... steh auf und wandle. Ich habe mir gedacht: Was ist denn das für ein Spinner? Aber dann zog er mich hoch, und siehe da, ich konnte wieder gehen.‹
Heine Klausing (unter Tränen): ›Danke, das war eine unglaublich Geschichte, und jetzt zurück zu Barbara.‹«

Zum Gottesdienst

Ute Zöllner

Exegetisch-homiletische Skizze

Der zwölfte Sonntag nach Trinitatis ist dem Thema »Heilung« gewidmet, wie die Texte in der Leseordnung zeigen. »Heilung« wird dabei religiös vor allem als »Heilungswunder« aufgefaßt. Diese Schwerpunktsetzung hat vermutlich die Auswahl des Textes aus Apostelgeschichte 3 motiviert – ebenso wie die Beschränkung des Predigttextes auf die Verse 1–10. Nun ist es für jeden Leser und jede Leserin der Apostelgeschichte offenkundig, daß diese Abgrenzung einer Kupierung des Sinnzusammenhanges gleichkommt. Denn die Heilung des Gelähmten durch Petrus und Johannes ist lediglich die Einleitung zu einer umfangreichen, kunstvoll komponierten und dramatisierten Erzählung über die ausdauernde und gegen alle Widerstände beharrliche und erfolgreiche Christusverkündigung der Jerusalemer Urgemeinde. Nimmt man die Isolierung der Wunderheilung durch die beiden Jünger hin, dann droht sich das Thema auf die Frage nach dem Sinn, der Möglichkeit oder gar der Notwendigkeit von Heilungswundern im Christentum zu verschieben. Diese Gefahr liegt insbesondere in der Gegenwart nahe, wo »Heilungsgottesdienste« im Zusammenhang esoterischer Heilserwartung und regressiver Wundergläubigkeitsbereitschaft dem Zeitgeist entsprechen. Bevor man sich also dem Sog dieser Interessen hingibt, ist es nötig, auf den Zusammenhang zu achten, in dem diese Wundergeschichte ebenso wie die anderen stehen. (In unserem Fall erstreckt sich der Bogen der Erzählung bis Kap 4,31). Erst von dem jeweiligen Kontext her wird man auch das Recht des neuen Interesses an der »Leiblichkeit« beurteilen können.
Die exegetische Forschung hat gezeigt, daß für die Wundertaten Jesu seine Verkündigung vom Gottesreich denjenigen Zusammenhang darstellt, in dem sie sprechend werden. Die in der Antike vielfältig bezeugte Fähigkeit religiöser Persönlichkeiten zu körperlichen (psychosomatischen) Heilungen (vgl. Bernd Kollmann, Jesus und die Christen als Wundertäter: Studien zu Magie, Medizin und Schamanismus in Antike und Christentum, Göttin-

gen: Vandenhoeck & Ruprecht, 1996) wird im Falle Jesu von der Gegenwart des kommenden Gottes her verstanden. Ohne die Einsicht in die durch Jesu Tun hindurchwirkende Kraft Gottes, wie sie von der Verkündigung ausgeprochen wird, bleiben die Wunder bestenfalls ambivalent, wie ja die klassische Pointierung einer Wundergeschichte bei Markus 2,1–12 zeigt. Was aber kommt als dieser Kontext im Falle der Jüngerheilung in Betracht? Gewiß nicht die ausstrahlende Kraft der heiligen Männer (V. 12; warum sind übrigens Verkündiger und Zuhörer nur Männer?). Auch nicht die leibliche Umsetzung der geistlichen Binde und Lösevollmacht der Gemeinde. Die Funktion in der lukanischen Erzählung ist zunächst ganz schlicht, die Aufmerksamkeit der Menschen im Tempel zu erregen (»Verwunderung und Entsetzen«, V. 10): derjenigen, die den Tempel besuchen, damit sie sich von den dann predigenden Jüngern ansprechen lassen, derjenigen, die den Tempel verwalten, um die neue Verkündigung vom auferweckten Jesus zum Schweigen zu bringen. Genau das aber geschieht nicht, sondern die Botschaft setzt sich gegen Widerstände durch.
»Durchsetzung gegen den Widerstand« also ist die Sinnlinie der apostolischen Wundergeschichte. Demgegenüber ist die Vorstellung von der Macht des Namens (»Im Namen Jesu Christi von Nazareth steh auf und geh umher«, V. 6) eine eindeutig magische Zutat zur Geschichte. Das körperliche Aufstehen des Gelähmten ist der Prolog für die Verkündigung des Auferstandenen. Das Bindeglied ist der Glaube (V. 16). Im Glauben also gelingt das Aufstehen, im Glauben vollzieht sich das Auferstehen, im Glauben wird das Beharrende in Bewegung versetzt, nach unten Ziehende überwunden. Eine Allegorisierung, eine Vergeistigung des Heilungswunders liegt darum durchaus im Duktus der Apostelgeschichte: Die Heilung vollendet sich im Glauben. Diese Beobachtung kehrt die heutige Erwartungsrichtung um, nach der sich der Glaube in der Heilung vollendet (vollenden soll, vollenden muß), indem er sich materialisiert.
In der Erzählrichtung der Apostelgeschichte insgesamt fällt die Geschichte 3,1–4,31 unter die Rubrik der »idealen Urgemeinde«, in der das Vorbildliche als der normgebende Anfang geschildert wird. Im Vergleich dazu fällt das gegenwärtige Christentum selbstredend zurück, aber das ist ja auch die Funktion der Norm, das Zurückbleiben kenntlich zu machen. Wie jedoch kommt man dem von Lukas gezeichneten Ideal näher? Gewiß nicht darin, daß man die Heilung als Wunder nachzuahmen sucht. Sondern eher darin, daß die überzeugende Kraft der christlichen Botschaft empfunden wird. Der Weg über die scheinbare Unmittelbarkeit der Leiblichkeit ist demgegenüber ein Abweg.
Die Kraft der Botschaft zu empfinden, wie geht das? Auf jeden Fall nur durch strenge Konzentration. Die Predigt des Petrus 3,12–22 ist ein Musterbeispiel dafür, trotz aller lukanischen Eigenwilligkeiten in der Deutung des Todes Jesu (V. 14 f.). Sie kulminiert in dem Satz 4,12: »In keinem anderen ist das Heil, auch ist kein anderer Name unter dem Himmel den Menschen

gegeben, durch den wir sollen selig werden.« Selig werden in der Kraft des Heils aber heißt selbst heil werden. Nicht die Umkehrung unserer körperlichen Zerfallsprozesse geschieht dadurch, nicht die - ohnehin ja nur temporäre - Wiederherstellung von Gesundheit. Sondern eine Lebensaussicht, die sich vom Verfall nicht den Mut rauben läßt. Und die darum dann auch dem leiblichen Leben dienlich ist. Schon das aber, ja genau das ist ein »Wunder«.

»Wunderglaube« wird darum, dem Duktus der Sonntagstexte folgend, zum Leitgedanken der Predigt und des Gottesdienstes. Dieser Leitfaden teilt sich auf in drei Aspekte: Glaube an ein Wunder? Der Glaube als Wunder. Wunder des Glaubens und Wunder aus dem Glauben!

Vorschläge zur Liturgie

Unter den Texten des Sonntags ist bei dieser Schwerpunktsetzung die alttestamentliche Lesung aus der späten Jesaja-Apokalypse (Jes 29) wichtig, die die Hoffnungsdimension der Gottesverheißung gedanklich klar und poetisch schön umreißt, indem sie die metaphorische Verfaßtheit von »Wunder« unterstreicht. Dieser Text sollte auf alle Fälle auch gelesen werden.

Lieder
Zum Eingang: 166 Tut mir auf die schöne Pforte
Wochenlied: 289 Nun lob, mein Seel (Ps 103)
Nach der Predigt: 325 Sollt ich meinem Gott nicht singen
oder 322 Nun danket all und bringet Ehr
Zum Ausgang: 171 Behüte uns Gott, bewahre uns Gott

Gebete
Sündenbekenntnis
Versagt habe ich, Gott, vor dir und den anderen. Steckengeblieben bin ich in alten Gewohnheiten. Vertraut habe ich auf falsche Sicherheiten. Gehofft auf leicht durchschaubare Illusionen. Vor dir wird mir das alles bewußt. Vor dir will ich aufbrechen, dir vertrauen, nur auf dich hoffen, damit ich wieder leben kann. Darum rufe ich zu Dir: Gott, erbarme dich ...

Eingangsgebet
(im Zusammenhang mit Jes 29)
Warten, Gott, immer warten, das ist unser Los. Auf den nächsten Tag, auf den nächsten Urlaub, auf das längst ersehnte Gesundwerden, auf den Tod. Immer haben wir etwas vor uns, sind ausgestreckt in Erwartung - und wissen doch nicht, was kommen wird und was wir erleben werden. In allem Warten aber warten wir zuletzt auf dich. Du bist schon immer da gewesen. Du wirst auch immer da sein. Und du bist bei uns mit deinem Wort, das uns

aufrichtet, uns Mut macht, uns voranschreiten heißt. In allem Schicksal des Lebens und Sterbens dir entgegen. Amen

Fürbittengebet
Vater im Himmel, du erhältst unser Leben auf der Erde, in Fürsorge und Ernährung. In Voraussicht leitest du es auf deine Zukunft hin. Wir bitten dich: Unterstütze alle, die für andere und sich selbst Leben schaffen und bewahren, durch ihre Arbeit auf den Feldern und in den Höfen, durch ihre Zuwendung zu den Schwachen und Gebrechlichen. Laß sie von denen, denen sie helfen, Dank und Anerkennung erfahren.
Jesus, unser Bruder, du bist gekommen, uns zu befreien von Schuld und Versagen und uns auf Gottes Reich hin zu führen. Wir bitten dich: Fördere alle, die sich für Gerechtigkeit und Versöhnung unter den Menschen einsetzen. In der Politik und im Militär, unter den Menschen in den Friedensdiensten und Hilfsorganisationen. Für Richter und Justizbeamte, für Wissenschaftler und Forscher. Für Eltern und Großeltern.
Heiliger Geist, du Tröster von unendlicher Geduld, du willst uns begleiten in allen Momenten des Lebens. Wir bitten dich: Laß uns in deiner Kirche das Wunder Gottes empfinden, daß er es mit uns zu tun haben will. Daß er uns beteiligen will an seinem eigenen Leben. Damit wir dankbar sind und die Gemeinschaft mit allen Christinnen und Christen suchen, ohne Dünkel und Vorbehalt.
Gott Vater, Sohn und Heiliger Geist, du dreimal Einer, erfülle alles, was lebt, mit deinem Segen. Amen

Vorschlag zur Predigt

Predigtanfang (nach der Textverlesung)
Ein Wunder im Tempel, liebe Gemeinde: »In Namen Jesu Christi von Nazareth steh auf und geh umher! Und er ergriff ihn bei der rechten Hand und richtete ihn auf. Sogleich wurden seine Füße und Knöchel fest, er sprang auf, konnte gehen und stehen und ging mit ihnen in den Tempel, lief und sprang umher und lobte Gott.« Ein Wunder, eine wunderbare Heilung, ein heilgewordenes Leben. Wie schön für den Gelähmten, denke ich als Hörerin der Geschichte. Was kann er nun nicht alles neu beginnen. Das Gotteslob im Tempel ist ja erst der Anfang. Mit diesem Gefühl der Freude verbindet sich eine unbestimmte, aber gut zu spürende Hoffnung: Könnte es nicht auch anderen so gehen? Könnte es nicht unter Umständen mir auch so gehen, mit meinem Beschwerden und Gebrechen? Macht die Geschichte nicht auch uns heute Mut, auf Heilung zu hoffen, wo keine Hoffnung mehr möglich schien?
Aber in diesen Gefühlen der Anteilnahme und der Zuversicht mischen sich dann doch auch andere Empfindungen: Ein Wunder, ja! Aber zeichnen sich

nicht Wunder eben dadurch aus, daß sie das Außergewöhnliche sind, das nun gerade einmal nicht allen widerfährt? So daß das geschehene Wunder an dem einen das nicht geschehene Wunder an den vielen - und vielleicht auch an mir? - einschließt? So daß also auf das Wunder hoffen bedeutet: Selbst die Ausnahme sein wollen - und konsequenterweise auch andere ausschließen zu müssen. Das weckt Zweifel daran, ob es denn beim Wunder mit rechten Dingen zugeht. Und damit auch den weiteren Zweifel, ob Wunder denn überhaupt möglich sind. Goethes Wort aus dem Faust kommt mir in den Sinn: »Das Wunder ist des Glaubens liebstes Kind.« (Faust I, Nacht, V. 766) So daß der Glaube vorausgesetzt ist, wenn eine solche Wundergeschichte erzählt wird? Ob also der Glaube der Schöpfer des Wunders ist? Dann freilich wäre das Wunder nicht zu glauben. (Soweit der Gedanke: Glaube an ein Wunder?)

Fortgang der Predigt mit dem Gedanken: Der Glaube als Wunder. Nämlich: Auch die Zuschauer des Wunders im Tempel können nichts mit dem anfangen, was sie vor ihren Augen erleben. (V. 10 b). Darum ergreifen die Jünger das Wort und erläutern, was ihr Heilen »im Namen Jesu Christi von Nazareth« bedeutet. Allerdings kommen sie nun mit einem noch viel größeren Wunder daher: Gott hat den toten Jesus auferweckt (daß es »die Juden« waren, deren Justizmord Gott revidiert hat, V. 15, ist eine speziell lukanische Zuspitzung und sollte nicht übernommen werden!) Was ist die Wahrnehmung des »kleinen Wunders«, daß der Gelähmte aufsteht, gegen das große Wunder der Auferweckung! Nun kann der Sinn der Auferweckung ja ihrerseits nicht in dem abstrakten Charakter bestehen, ein - und sei es das größte - Wunder zu sein. Was es mit der Auferweckung Jesu in Wahrheit auf sich hat, läßt Lukas nur vermittelt erkennen: Buße, Bekehrung, Sündenvergebung heißen die Stichworte in V. 19. Das Wunder der Auferwekkung spiegelt sich also im Wunder der Vergebung, Vergebung - religiös vorgestellt im Verhältnis zu Gott, aber auch ganz empirisch im wechselseitigen Verhältnis zu den Mitmenschen: Das ist das Wunderbare, für das es keine empirischen Gründe gibt. Sich auf die letzte Realität der Vergebung einstellen - genau das aber ist Glaube, der insofern selbst, wie die Vergebung auch, Züge des Wunders trägt. Überall da, wo an Gott als den Ursprung aller Vergebung geglaubt wird, geschieht das Wunder. Der Glaube an diesen Gott ist das Wunder, das freilich, im Unterschied zum Heilungswunder, eine Tendenz auf Allgemeinheit besitzt.

Dritter Teil: Das Wunder des Glaubens und die Wunder aus dem Glauben. Den Glauben bei sich selbst als Wunder registrieren, ist der Einstieg in einen gegenwärtigen verständlichen Begriff des Wunders: Vergebung als Durchbrechung von Schuldzusammenhängen. Sich einlassen auf das Unerwartete, sich öffnen für das Unwahrscheinliche: Das ist die Haltung für die Möglichkeit des Wunders. Damit ändert sich die Betrachtungsrichtung.

Aus dem Beobachten von stets vereinzelt bleibenden Wundern entsteht eine »Wundergläubigkeit«, für die nicht sicher ist, ob sie denn für mich, ob sie überhaupt gilt. Das »Warten auf das Wunder« aber reflektiert nicht über die Möglichkeit, sondern öffnet sich für den Eintritt des Wunders des Glaubens an den Gott, der Jesus von den Toten auferweckt. In dieser Haltung des Wunders des Glaubens aber lassen sich viele Unwahrscheinlichkeiten entdecken und so entdecken, daß sie überraschende Freude wecken.

Schluß: »Das Wunder ist des Glaubens liebstes Kind.« Goethe hat - gegen den unmittelbaren Sinn, den Faust den Worten gibt - durchaus Recht. Wunder und Glaube gehören zusammen. Nicht so freilich, daß der Glaube das Wunder erzeugte, es gewissermaßen phantasieförmig erst ins Leben riefe. Wohl aber so, daß überall das Wunder des Lebens erfahren wird, in dem ich auch stehe. Die Geschichte vom Gelähmten wird so ein Muster für unsere Geschichte - und zwar gerade durch die Predigt der Apostel.

Kontexte

Innerhalb wird Faust, seiner Skepsis zum Trotz, durch die Engelschöre am Ostermorgen von dem schon geplanten Selbstmord zurückhalten: »ein Wunder«. Vgl. Faust, Erster Teil, Nacht, VV. 735-807.

»Was ist denn ein Wunder? ... Wunder ist nur der religiöse Name für Begebenheit; jede, auch die allernatürlichste und gewöhnlichste, sobald sie sich dazu eignet, daß die religiöse Ansicht von ihr die herrschende sein kann, ist ein Wunder. Mir ist alles ein Wunder, und in Eurem Sinn ist mir nur das ein Wunder, nämlich etwas Unerklärliches und Fremdes, was keines ist in meinem. Je religiöser Ihr wärt, desto mehr Wunder würdet ihr überall sehen, und jedes Streiten hin und her über einzelne Begebenheiten, ob sie so zu heißen verdienten, gibt mir nur den schmerzhaften Eindruck, wie arm und dürftig der religiöse Sinn der Streitenden ist. Die einen beweisen es dadurch, daß sie überall protestieren gegen Wunder und die anderen dadurch, daß es ihnen auf dieses und jenes besonders ankommt und daß eine Erscheinung eben wunderlich gestaltet sein muß, um ihnen ein Wunder zu sein.«
(Friedrich Schleiermacher, Über die Religion, Reclam, Stuttgart 1969, Seite 79, Erstausgabe Seite 118).

13. Sonntag nach Trinitatis

Annäherungen an den Predigttext 1. Mose 4,1–16 a

Günter Thomé

Zum Text haben sich mehrere Berufsschulklassen einer Kaufmännischen und einer Gewerblichen Schule im Religionsunterricht Gedanken gemacht: Büro-/Verlags-/Privatversicherungskaufleute; SchülerInnen der Höhren Berufsfachschule für Gestaltung/Typ Graphik sowie für Technik/Schwerpunkt Bekleidung (zwischen 16 und 25 Jahre alt).
Bei einigen Gesprächen ist anfangs eine Vorabklärung über die mythische Sprache der ersten Bibelgeschichten nötig (Adam und Eva = die Menschheit wird als männlich und weiblich geschaffen). Manche SchülerInnen bleiben sonst an der Frage hängen: »Wenn es nach dem Mord an Abel nur noch Adam, Eva und Kain gab, vor welchen Menschen sollte sich Kain fürchten, und woher kommen sie?«
Alle kennen Kain und Abel (die Muslime kennen sie als Kabil und Habil in Sure 5,27–32 des Korans), aber kaum jemand hat vor dem Lesen des Textes gewußt, wie es nach dem Mord weitergeht. Ab Vers 9 ist die Geschichte unbekannt!
Gegenüber vorherigen Bibelarbeiten fällt auf: Viel Verwirrendes, Unverständliches wird genannt; Fragen über Fragen … besonders zum *Gottesbild* … Auch wird verschiedentlich überlegt, was der Text zur Diskussion der *Todesstrafe* austrägt: »Gott verurteilt Kain nicht zur Todesstrafe, Gott verurteilt am Ende aber auch nicht die Todesstrafe.«
»Es geht der Bibel darum, das Böse in die Menschheit einzugliedern; wie Mord und Totschlag in die Welt gekommen sind.« – »Schon unter den ersten geborenen Menschen, unter Männern, entsteht Gewalt, die bis zum Mord führt. Und alles wegen Gott.«

Verse 1–2
Die Namenserklärung zu Kain wird als sexistisch und Frauen diskriminierend empfunden: »Es hört sich so an, als ob ein Mann etwas ganz Besonderes sei, weil ›der Herr geholfen hat‹. Ohne den Herrn wäre das Kind wahrscheinlich ›nur‹ ein Mädchen geworden.«
Hirte/Bauer: Es kommt immer wieder vor, daß die Berufe der beiden Brüder intuitiv verkehrt zugeordnet werden: »Ich dachte die ganze Zeit, daß Abel der Bauer und Kain der Hirte ist. Das würde besser passen!?«

Ein Schüler erinnert sich an den Film »Jenseits von Eden« mit James Dean: »Da geht es um einen strengen Vater, der zwei Söhne auch ungleich behandelt, und der eine leidet sehr darunter ...«

Verse 3–5

Die Frage, die sich jeder stellt: »Warum beachtet Gott nicht Kain und sein Opfer?«
»Gott wird hier eine sehr schlechte Rolle zugeteilt!«
»Es wird nicht gesagt, daß Kain schon vorher ein schlechter Mensch war.« – »Es ist ungerecht, weil es war doch von Kain gut gemeint und auch seine Idee.« – »Kain hat sich auf seine Weise genauso viel Mühe gegeben.« – »Kain bringt einen Teil als Opfer, Abel das Beste. Ist das der Unterschied?« – »Abel ist für Gott nur Mittel zum Zweck. Es scheint, als sollte er gar nicht dasein. Als ob Gott ihn benutzt, im Kain zu prüfen/zu testen.«
Viele sehen den Text als den *großen Widerspruch zu der biblischen Grundaussage: Alle Menschen sind gleich; Gott macht keine Unterschiede.* »Gott ist nicht gerecht. Er hätte unterschiedslos auch Kains Opfer freundlich beachten müssen.«
Der Opfergedanke befremdet. Andere Religionen und Kulturen werden zum Vergleich herangezogen. Ein Schüler erzählt vom islamischen Opferfest: »Man geht zum Vorbeter und spricht ein Gebet. Dann wird geschlachtet und das Fleisch auch an die Armen verteilt.« – »Bei den Indianern ist der Rauch die Verbindung zu Gott.« – »In Asien gibt es ein Opferfest. Da kaufen die Menschen teures Obst und Gemüse, kochen tagelang aufwendige Mahlzeiten und stellen sie für die Götter in Reisschalen mit Räucherstäbchen auf die Straße. Und alles verfault, weil sich niemand traut, das Essen anzurühren; auch kein Armer.«
Reaktionen aus Tierschutz- und Vegetarier-Sicht: »Wieso findet Gott tote Tiere besser als die Früchte? Die armen kleinen, harmlosen und hilflosen Lämmchen.« – »Ein ›pflanzliches Opfer‹ ist viel besser als ein Tier!«
Die Erfahrung, immer benachteiligt zu sein, obwohl man gut oder besser ist: »Die Rolle erinnert mich an die der Eltern, die ihre Kinder nach Möglichkeit gleich behandeln wollen, was aber manchmal nicht funktioniert. Unter Geschwistern fühlt sich immer einer mal benachteiligt.« – »Die Erstgeborenen haben es oftmals schwerer als die Nachzügler.« – »In der heutigen Arbeitswelt z.B. strengt man sich an und gibt sein Bestes, ist genauso gut wie ein beliebter Mitarbeiter mit Beziehungen zum Chef – und bekommt nicht so viel oder keine Anerkennung, weil man halt nur der kleine Arbeiter oder Azubi ist.«

Verse 5b–7

Im Text ist zwar nur von Zorn die Rede; in den Gesprächen fallen aber noch andere Begriffe: (Geschwister)Neid, Eifersucht, Rache, Mißgunst, Jähzorn, Besitzgier ... – »Viele können sich nicht eingestehen, daß es bessere und leistungsstärkere Menschen gibt. Jeder heutige Mensch möchte die gesamte Aufmerksamkeit auf sich vereinen.«

»Die Geschichte will sagen: Man muß auch Rückschläge einstecken, ohne gleich die Nerven zu verlieren. Es ist nicht einfach, die Überlegenheit des anderen anzuerkennen. Doch man darf nicht einfach hingehen und den Konkurrenten erschlagen oder überhaupt tätlich angreifen. Es ist eine Sache der Toleranz oder besser gesagt: der Akzeptanz.«
»Wahrscheinlich ist es ja immer so, daß der meiste Neid unter Personen entsteht, die sich Tag für Tag sehen, weil sie miteinander zu tun haben oder einander nahe stehen. Denn wo sonst wird mir so häufig vor Augen geführt, was ich besitze und wieviel mehr der andere besitzt.«
»Gott spricht sogar noch mit Kain kurz vor der Tat. Aber das wirkt wie ›gestörte Kommunikation‹.« - *»Gott provoziert Kain.«*

Vers 8
»Kain reagiert verbittert und schmiedet einen bösen Plan (Vorsatz). Er lockt Abel unter falschem Vorwand auf sein Feld - wie in Filmen oder Büchern.« - »Gott hatte es so angedeutet.« - *»Du sollst nicht töten.«* »Was muß in einem Menschen vorgehen, wenn er in der Lage ist, seinen eigenen Bruder zu ermorden.« - »Mein Bruder ist von meinen Großeltern auch immer bevorzugt worden, und ich fühlte mich häufig tief verletzt. Aber er lebt trotzdem noch.« - »Kain hat Abel umgebracht, um bei Gott an erster und nicht an zweiter Stelle zu stehen.« - »An Kains Stelle würde ich nicht meinen Bruder, sondern Gott für die Benachteiligung verantwortlich machen.«

Vers 9
»Beides sind keine echten Fragen: Warum fragt Gott? Gott sieht und weiß doch alles!? Warum spricht Gott Kain nicht direkt auf die Tat an?« - »Kains Frage ist eine dreiste Lüge - und das, wo Gott doch alles sieht und weiß.« - »Hüter/Hirte: ein Wortspiel!«

Verse 10–12
»Schon wieder eine rhetorische Frage. Gott weiß, daß Kain Abel umgebracht hat, bevor er Kain darauf anspricht.« - »Der Satz mit dem Fluch hört sich an wie aus einem Märchen.«
»Es heißt doch immer: Gott ist überall und schützt jeden, egal wo er sich aufhält. Wie kann sich Kain dann aus Gottes Nähe entfernen?« - »Kain muß das Land verlassen, wird verbannt, von der Gesellschaft verachtet, wird Asylsuchender, heimatlos, arbeitslos.«

Verse 15–16
»Gott ist auf der einen Seite gegen die Todesstrafe, auf der anderen Seite will er die, die den Mörder töten wollen, mit siebenfacher Todesstrafe bestrafen!? Heißt das: Man darf sich nicht (an Mördern) rächen, sonst wird man selbst bestraft?«
Das Kainsmal: »Ein Brandzeichen? Piercing? Tattoo? Ein Symbol für Gott. Eine Ausstrahlung, eine besondere Aura ...« - »Gott ist überall, also doch auch im Land Nod; also ist Kain doch nicht heimatlos.«

Zum Gottesdienst

Jörg Rothermundt

Exegetisch-homiletische Skizze

Die alte Geschichte läßt auch heute nicht kalt. Selbst junge Leute - das zeigen die »Annäherungen« plastisch - setzen sich mit ihr auseinander. Trotz des vielen Verwirrenden und Unverständlichen beziehen sie sie auf sich. Sie identifizieren sich mit Kain: Sie verteidigen ihn gegen Gottes Ungerechtigkeit. Sie finden sich in dessen Erfahrung, benachteiligt zu sein, wieder. Jemand sagt: »Die Geschichte will sagen: Man muß auch Rückschläge einstecken, ohne gleich die Nerven zu verlieren.«

Damit tun sie intuitiv dasselbe wie die neuere Exegese, die viel zur Rehabilitation Kains beigetragen und sich damit von der spätjüdischen und neutestamentlichen Auslegung abgesetzt hat, die die Auslegungsgeschichte lange bestimmte. In ihr ist Abel der Gerechte, Kain aber der Böse, der vom Bösen stammt und dessen Werke daher böse sind (1. Joh 3,12; Mt 23,35, Hb 11,4). Das wird der Erzählung nicht gerecht, in der Kain durchaus einfühlend und differenziert beschrieben ist.

In der Predigt möchte ich die Geschichte Kains so erzählen, daß Hörerinnen und Hörer ihre eigenen Erfahrungen darin entdecken und (vielleicht) in ein neues Licht gestellt sehen. Ich schließe mich damit der urgeschichtlichen Deutung an (»So ist der Mensch in seinen sozialen Beziehungen«). Mag sein, daß die Keniter auch eine Geschichte ihres Ahnherrn Kain erzählt haben, wie die Vertreter der stammesgeschichtlichen Deutung meinen (zuletzt Diethelm Michel in GPM 77/1988, Seite 371 ff.). Aber die Geschichte in Gen 4 kann aus der kenitischen nur wenige Elemente übernommen haben (z. B. das Kainszeichen und die nicht seßhafte Lebensweise). Denn so wenig Gen 4 vom geborenen Frevler erzählt, so wenig erzählt sie eine (wenn auch modifizierte) Prahl- und Heldengeschichte.

Der Text eignet sich gut zum Erzählen, weil er, so knapp er ist, eine spannende innere und äußere Entwicklung beschreibt. Es lohnt sich, auf die Einzelheiten zu achten und dabei auch Methoden der sozialgeschichtlichen und strukturalistischen Auslegung anzuwenden (Horst Klaus Berg dekliniert in seinem Buch »Ein Wort wie Feuer«, München und Stuttgart 1991, an Gen 4 nicht weniger als 13 Auslegungsmethoden durch).

Die Namengebung liefert die Exposition zum Ganzen. Eva jubelt, als sie ihren ersten Buben sieht und bezeichnet ihn schon jetzt als Mann, was sonst nie vorkommt. Kain ist also ein ausnehmend kräftiger Kerl. Ganz im Gegenteil zu Abel. Dessen Name sagt, daß er wie ein Hauch ist, der schnell vergeht. Er ist also ein zarter, schwächlicher Bub. Dazu paßt, daß er ein Kleinviehhirt wird, Kain dagegen ein Ackerbauer. Der Ackerbau ist kulturgeschichtlich die jüngere, fortgeschrittenere Entwicklungsstufe. Er ist der nomadischen Kleinviehwirtschaft überlegen, weil er den Grundbesitz kennt, eine intensivere Nutzung des Bodens bringt, Vorratshaltung betreibt und größere Siedlungen ermöglicht. Er ist die gesichertere Lebensweise. Die mächtigeren Ackerbauern drängen deshalb die ungesicherten Hirten in die klimatisch ungünstigere Steppe ab. Von dort her gesehen erscheint selbst das mäßig fruchtbare palästinensische Hügelland als ein Land, da Milch und Honig fließt. Dieser Tatbestand wurde von den Auslegern bis jetzt nicht beachtet, bildet m. E. aber einen wichtigen Baustein zum Verständnis von Gen 4.

Man sollte unter diesen Umständen erwarten, daß der Kraftmann Kain sich gut, der Schwächling Abel dagegen nur kümmerlich ernährt. Aber es kommt anders. Beide bringen Gott ein Dankopfer von ihrem Ertrag. Doch Gott sieht nur Abels Opfer gnädig an. Die Frage, woran die beiden das gemerkt haben, stellt sich für alttestamentliches Denken gar nicht. Ihm ist ganz klar: Die gnädige Zuwendung zeigt sich daran, daß die Herden gedeihen, die Feldfrüchte aber nicht im selben Maß. Gegen alle Erwartungen geht es Abel gut, Kain jedoch schlecht.

»An dieser Stelle zeigt sich das Grundmotiv der Erzählung ... Sie redet vom Sein der Menschen als Brüder ..., vom Nebeneinander Gleichberechtigter. Hier treten die schweren, die Gemeinschaft gefährdenden Konflikte auf, wenn der eine mehr hat als der andere, wenn dem einen alles gelingt, dem anderen alles mißlingt« (Claus Westermann, BK I/1 1974, Seite 404).

»So ist das eben«, sagen wir heute, »das läßt sich gar nicht vermeiden« (s. o. in den »Annäherungen«). Die alte Geschichte führt es auf Gott zurück, sagt dabei aber nicht nur, daß er seinen Segen ungleich verteilt. Gott segnet den Schwächeren. Damit deutet sich ein Grundmotiv der Heilsgeschichte an. Darin liegt für mich die Antwort auf die alte Frage, warum Gott das Opfer Abels ansieht, das Kains jedoch nicht.

Daß Kain darüber wütend wird, ist nur zu verständlich. Sein Blick senkt sich finster zum Boden. Er kann und will weder Gott noch Menschen in die Augen sehen. Gott, der hier wie in der Paradiesgeschichte zur Familie gehört, spricht ihn an und warnt ihn vor der Gefahr, sich schuldig zu machen. Der Ton ist verständnisvoll, argumentierend, werbend. Kain weiß, wie es ist, wenn man anderen in die Augen sehen kann. Die Sünde lauert wie ein Raubtier, aber noch kann er sie beherrschen. Psychologisch ganz differenziert, wie es viele Ausleger dem alten Jahwisten gar nicht zutrauen, wird hier »die Entstehung und Formung des Gewissens« (Gerd Theißen, Die offene Tür, München 1990, Seite 15) geschildert.

Kain läßt sich nicht überzeugen. Es kommt zum Mord. Aber es gibt keinen perfekten Mord. Gottes Stimme wechselt den Ton. Hinter dem strengen Verhör steht das leidenschaftliche Erbarmen mit dem hilflosen Abel. Mit dem Fluch wird nur ausgesprochen, was sich Kain selbst zugezogen hat: Die Erde, die er mit dem Blut seines Bruders getränkt hat, kann ihm keinen Ertrag mehr schenken. Kain wird zum Nomaden degradiert. Bei diesem Gedanken packt ihn panische Angst. Weil er nicht in die Steppe gehört,

meint er, er sei dort völlig schutzlos und vogelfrei. Aber gerade an dieser Stelle zeigt sich, wie wenig die Geschichte schwarz-weiß malt. Kain hat sich schuldig gemacht, aber Gott hat auch mit ihm Erbarmen und sorgt dafür, daß sein Leben sicher ist (vgl. Berg, Seite 127 f.). Der Mensch ist zum Verbrechen fähig bis hin zum Mord, aber auch als Mörder bleibt er Gottes Geschöpf (Westermann, Seite 412).
Als Form der Predigt wähle ich die Homilie, weil auf diese Weise der innere und äußere Spannungsbogen am ehesten erhalten bleibt. Das mehrmalige Hin und Her zwischen Text und heutiger Erfahrung bringt eine Verlangsamung des Erzähltempos. Aber gerade diese Zeitlupe ist, wie wir aus dem Bibliodrama wissen, die Voraussetzung für ein inneres Eintauchen in die Geschichte.

Vorschläge zur Liturgie

Lieder
EG 389 Ein reines Herz, Herr, schaff' in mir
EG 428 Komm in unsre stolze Welt

Schriftlesung
Mt 5,21-22 (24); keinesfalls 1. Joh 3,11-15!

Fürbittengebet
Lasset uns beten zu Gott, der uns Menschen den Frieden gibt:
- für alle Regierungen und Machthaber: daß sie nicht zu Verbrechern werden, weil sie nur aus sind auf Ehre und Macht, daß sie sich vielmehr ihrer großen Verantwortung für den Frieden der Welt bewußt sind.
- für alle Menschen, Familien und Völker, denen der Krieg noch immer Wunden schlägt; daß sie in der Sinnlosigkeit ihres Geschicks nicht verbittern, sondern Hilfe finden in ihrer Not und selbst nicht müde werden, Hilfe und Liebe zu schenken.
- für die christlichen Kirchen und alle, die Jesus Christus angehören: daß sie vor aller Welt seinen Frieden verkörpern und nichts anderes wollen, als den Menschen um Jesu willen zu dienen.
- für uns alle: daß wir Geduld miteinander haben, Verständnis füreinander aufbringen und uns auch dann miteinander vertragen, wenn unsere Wünsche und Meinungen aufeinanderprallen.
- für uns selbst: daß es uns froh macht, anderen Freude zu schenken, und daß wir einem jeden die Freiheit lassen, anders zu sein als wir selbst.
Vater im Himmel, wir bitten dich: Segne alle, die um Frieden und Wohlfahrt der Menschen bemüht sind; nimm uns die Angst vor der Zukunft und laß uns durch unser Verhalten zum Frieden der Welt beitragen.
Alfred Schilling, Fürbitten und Kanongebete der holländischen Kirche, Essen 1971, Seite 168 f., mit Änderungen

Alternativ (bei anderem Predigtschwerpnkt):
Wo ist mein Bruder, Gott? / Wessen soll ich Hüter sein? / In wessen Haus soll ich / mit der Handvoll Liebe, / die ich vielleicht noch habe, / gehen, / welchen der verletzten / und entehrten Menschen / soll ich betten? / Es sind so viele, Gott. / So viele, die einsam sind / in meiner Straße, / so viele, denen Unrecht geschieht / in meiner Stadt, / in den Städten dieser Welt, / so viele, die nicht weiter wissen / in meinem Land, / in allen Ländern dieser Welt. / Wer also kann mein Bruder sein, / der Bruder, / dem meine Handvoll Liebe / und mein geringes Stück Aufmerksamkeit / gelten mag? / Aber ich weiß: / So hast du nicht gefragt, / du bist Bruder gewesen / den Einsamen, / Verletzten, / Entehrten. / Du warst gescholten, / wenn andere gescholten wurden, / und deshalb bist du auch Bruder / meiner Ratlosigkeit, / und so kann ich / und will ich / meinerseits dein Bruder sein / und deshalb auch all den Menschen, / zu denen du mich schickst.
Horst Bannach, Gebete der Stille, Stuttgart 1979, Seite 58

Vorschlag zur Predigt

Möglicher Anfang
Kain und Abel, zwei Brüder, aber von allem Anfang an ganz ungleiche Brüder! Als der erste geboren wird, jubelt seine Mutter: »Ich habe einen Mann gewonnen mit Hilfe Gottes!« Dabei ist er doch erst ein Säugling. Aber er muß ein ganz ungewöhnlich kräftiger Kerl gewesen sein, sodaß seine Mutter in ihm schon jetzt den kraftvollen Mann sieht. Ganz anders der zweite. Seine Mutter nennt ihn Abel, d.h. vergänglicher Hauch. Er ist so leicht, zart und kurzlebig wie der Atemhauch vor unserem Mund an einem kalten Wintermorgen. Doch auch der schwächliche Abel überlebt und wächst heran wie Kain, sein kraftvoller Bruder.
Als sie groß sind, landen sie in ganz verschiedenen Berufen. Kain wird ein Ackerbauer, Abel ein Schaf- und Ziegenhirt. Die Bauern siedeln im fruchtbaren Teil des Landes, wo es öfter regnet. Sie können den Boden intensiv nutzen, Vorräte anlegen und größere Siedlungen bauen. Sie sind besser gewappnet gegen schlechte Jahre und Angriffe von außen. Die Kleinviehhirten ziehen in die Steppe von Platz zu Platz, denn dort regnet es wenig, und die Weiden sind schnell abgefressen. Sie leben in Zelten, weil sie keine festen Häuser bauen können, und wehe, wenn einmal die wenigen Brunnen versiegen! Die Bauern sind die Stärkeren, die Hirten die Schwächeren. So war es in jenen alten Zeiten und auch bei uns bis vor hundert Jahren. Wenn die Bauern nur genug fruchtbares Land hatten, wurden sie wohlhabend. Die Schäfer, die mit ihren Schäferkarren von Ödland zu Ödland zogen, waren immer arme Schlucker.
Ungleiche Brüder, ungleiche Schwestern, das kennen wir heute genauso, nicht nur in der Familie, sondern wohin wir blicken. Es gibt Starke und

Schwache, Große und Kleine, Gesunde und Kranke, Beliebte und Unbeliebte, Attraktive und Unscheinbare, Glückspilze und Pechvögel, Arme und Reiche, Arbeitslose und Unkündbare, Fachleute und Laien, Wessis und Ossis, deutsche Mitbürger und türkische Mitbürger, Schwarze und Weiße, die G7-Staaten (die »großen Sieben«), die im Überfluß leben und die 40 ärmsten Länder, in denen Menschen verhungern. Aber Kain und Abel sind und bleiben Brüder. So bleiben wir alle Geschwister, Kinder derselben Erde, Geschöpfe desselben himmlischen Vaters. Ist uns das eigentlich bewußt?

Zum weiteren Verlauf

Wie geht die Geschichte weiter? Man sollte erwarten, daß sich der kräftige Kain gut, der schwächliche Abel nur kümmerlich ernährt. Aber es kommt anders (s. o.). Gott stellt sich auf die Seite des Schwachen. Damit ist die Grundmelodie der Heilsgeschichte angeschlagen (Israel wird erwählt, nicht Ägypten oder Babylonien, Jesus preist die Armen glücklich ...).

»Da wurde Kain sehr wütend und senkte finster seinen Blick.« Das ist sehr verständlich. Ohne Grund sieht er sich benachteiligt. Er hatte Gott ebenso gedankt wie Abel. Warum soll es diesem auf einmal besser gehen als ihm? Starke vertragen es besonders schlecht, wenn sie in ihrer Stärke in Frage gestellt werden. Sie werden aggressiv. Aber der Neid wohnt auch bei den Schwachen. Kain steckt in jedem Mann und in jeder Frau, macht wütend und stört die Kommunikation ...

Noch ist nichts passiert. Gott geht verständnisvoll auf Kain ein: »Du weißt doch, wie gut es tut, wenn man den anderen in die Augen blicken kann! Da lauert die Sünde wie ein Raubtier, aber du kannst sie beherrschen.« Heute spricht unser Gewissen so zu uns ...

Aber dann passiert es doch. Draußen auf dem Feld, wo's keiner sieht, schlägt Kain den Abel tot. Der Schwächling hat keine Chance gegen den Kraftmann. Wir sind keine Brudermörder, sonst säßen wir nicht friedlich hier. Aber der Mord hat viele Vorstufen, und Jesus sagt: Die sind genauso schlimm (siehe Schriftlesung). Je ein Beispiel aus dem individuellen und dem kollektiven Bereich.

Abel ist tot. Der Rivale scheint beseitigt. Aber Gott spricht durch unser Gewissen. Er steht auf der Seite der Schwachen. Er redet für den stummen Abel. Kain wehrt sich: »Soll ich den Hüter hüten?« So wehren auch wir uns: »Die sind doch selber schuld ... Was kann ich für die Gesetze des Marktes? ...« Aber wir wissen, daß das Gewissen recht hat. Blut schreit. Schuld nagt.

Kain wird bestraft, indem er die Folgen seiner Tat tragen muß. Die alte Vorstellung von der Erde als der nährenden Mutter, die nicht mehr nähren kann. Heute: Der Fluch der bösen Tat, die fortwährend Böses gebären muß (Vergiftung des Vertrauens, Kreislauf der Gewalt).

Wenn man sich das vor Augen führt, kann einem himmelangst werden, wie Kain, der sich nicht vorstellen kann, wie er als Nomade überleben soll. Weil er die Steppe nicht kennt, zu keiner der dortigen Sippen gehört, meint er, er sei dort völlig schutzlos und vogelfrei. Aber Gott gibt ihm ein besonderes Schutzzeichen (irgendetwas am Körper, vielleicht eine Tätowierung).

Möglicher Schluß
Soll ich meines Bruders Hüter sein, ich, heute? Ja, so will es Gott. Abel soll leben! Unsere Aufgabe ist es, Schwache zu stärken, Unbeliebte besonders zu beachten, Verstumten Stimme zu geben, Rechtlosen zum Recht zu verhelfen, Afrika gegen Europa in Schutz zu nehmen. Abel soll leben! Und was ist mit uns, wenn wir, wie so oft, an dieser Aufgabe versagen, ja sogar das Gegenteil bewirken? Sind wir dann verstoßen und verdammt? Nein! Auch Kain soll leben. So will es Gott. Er erbarmt sich auch über ihn. Beide sollen leben, Kain und Abel, denn beide sind und bleiben Gottes geliebte Kinder.

Kontexte

Gott aber sprach zu Kain: »Nein« ... Dieses göttliche Nein ist in der Anordnung der Bibel das erste Wort der Rechtfertigung, der erste Text, der von der Rechtfertigung des Gottlosen handelt ... Es vermittelt einen Eindruck davon, was es heißt, in einer Welt voller Tod und Finsternis einen den Sünder rechtfertigenden Gott zu haben ... »Und der Herr machte ein Zeichen an Kain« ... Das ist das erste Zeichen der Rechtfertigung, und zwar ein wirksames Gnadenzeichen, ... Kain wird nicht erschlagen, sein Leben geht weiter. Und wie! »Und Kain erkannte sein Weib; die ward schwanger und gebar den Henoch« (Gen 4,17). Das Leben Kains hat durch das göttliche Zeichen Zukunft und insofern Sinn zurückgewonnen. Und dann baute er sogar eine Stadt ... (Gen 4,17) Ausgerechnet dieser asoziale Mensch wird zum Städtegründer, zum Erbauer der Polis, in der der Mensch nicht vorkommt, ohne als solcher der Mitmensch eines anderen Menschen zu sein.
(Eberhard Jüngel, Das Evangelium von der Rechtfertigung des Gottlosen als Zentrum des christlichen Glaubens, J. C. B. Mohr (Paul Siebeck), Tübingen 1998)

Die Geschichte von Kain und Abel hat im 20. Jahrhundert eine große Zahl literarischer Bearbeitungen gefunden. Berg, Seite 151, 290 und 375 ff. nennt Steinbeck, Benn, Rilke, Hesse, Hildesheimer, Nossack, Reding, Domin, Rennert, Schnell. Günter Ruddat erwähnt außerdem Kishon, Lange, Laeuchli, Wendt und Alt (PrSt IV/2, 1994, Seite 200 ff.). Auch der ägyptische Nobelpreisträger Nagib Machfus widmet den Brüdern ein Kapitel (»Die Kinder unseres Viertels«, deutsch: Zürich 1990).

Der Umweltpreis der evangelischen Prälatur Ludwigsburg (Württemberg) heißt »Abel soll leben.«

14. Sonntag nach Trinitatis

Annäherungen an den Predigttext
1. Brief an die Gemeinde in Thessalonich 1,(1) 2–10

Reinhard Kalker

Die Perikope habe ich ihm Rahmen eines MitarbeiterInnen-Frühstücks einem Kreis von jungen MitarbeiterInnen unserer Kirchengemeinde zur Betrachtung vorgelegt. Es sind Jugendliche und junge Erwachsene, die im Kindergottesdienst oder in Jungschargruppen mitarbeiten und sich etwa dreimal im Jahr an einem Samstagvormittag zu einem gemeinsamen Frühstück treffen.
Der Text blieb den Jugendlichen weitgehend unzugänglich. Schon beim gemeinsamen lauten Lesen der Verse 1–10 wurde deutlich, wie holperig und schwierig die Sprache dieses Textes ist. Liegt es an der Luther-Übersetzung? Folgende Erschließungsfragen habe ich für die Aussprache vorgegeben:
1. Was spricht mich stark an?
2. Was ruft Widerspruch in mir hervor?
3. Worüber wünsche ich mir nähere Informationen?
4. Was sagt mir der Text persönlich?
5. Was ist mir fremd?
6. Wo entspricht der Text meiner Lebenserfahrung?

Zu 1:
»Mich spricht an die Dankbarkeit der Gemeindegründer Gott gegenüber für die Gemeinde in Thessalonich, d. h., sie sehen den Glauben der Gemeinde nicht als ihr Werk, sondern als von Gott gewirkt.«
»Die Gemeindegründer sind sich ihrer Verantwortung durch ihr lebendiges Beispiel bewußt.«
»Wenn man zusammenhält, kann viel erreicht werden.«
»Daß die Toten einmal auferweckt werden.« (V. 10)
»Mich hat beeindruckt, daß in wenigen Jahren eine christliche Gemeinde so stark wachsen kann und eine so große Ausstrahlung bekommen hat, obwohl sie keine hauptberuflichen MitarbeiterInnen hatte.« (V. 8)

Zu 2:
»Nur die Brüder werden angeredet! Mich ärgert, daß sich ein Apostel so sehr dem patriarchalischen Zeitgeist anpaßt, anstatt von Jesus zu lernen, daß die Frauen genauso wichtig sind.«

Zu 3:
»Wie haben sich die Apostel in der Gemeinde als Vorbilder verhalten?« (V. 5)
»Christen sind Vorbilder - wie sieht das heute aus?« (V. 6,7)
»Wo ist heute die Kraft des Heiligen Geistes zu spüren, und wie sieht heute die ›große Gewißheit‹ aus?« (V. 5)
»›Und ihr seid unserem Beispiel gefolgt und habt den Herrn aufgenommen ...‹ - wie kann ich mir dies konkret vorstellen?«
»Welches sind heute die Abgötter? Heute werden sie nicht als ›Götter‹ bezeichnet. Sind sie gerade dadurch besonders gefährlich, so daß auch Christ(inn)en ihnen anhängen, ohne dies zu bemerken?« (V. 9)

Zu 4:
»Ich verstehe den Text so, daß der Brief, der hier geschrieben wurde, die Menschen über Gott und Jesus ›aufklärt‹. Briefe schreiben ist wichtig.«
»Von Grund auf Christ sein, heißt für mich, Werke aus Glauben zu tun: in Liebe, Geduld und Hoffnung.«

Zu 5:
»Die vielen alten Wörter müßten übersetzt werden.«
- »Abgötter«, »erwählt«, »errettet werden«, aber auch »ohne Unterlaß« oder »das Wort des Herrn ist erschollen« entspricht nicht mehr heutiger Sprache und ist Jugendlichen fast unverständlich. -
Die Namen (Silvanus, Thimotheus) und die Ortsangaben (Mazedonien, Achaja) können viele nicht zuordnen.
»Wer wartet heute noch wirklich auf ›seinen Sohn vom Himmel‹?« (V. 10)

Zu 6:
Das Wort »errettet« löst bei einer jungen Teilnehmerin aus: »Bei meiner Geburt bin ich nur knapp dem Tod entronnen.«

Zu 7:
»Daß auch heute für viele Menschen auf der Welt der Glaube an Gott und Jesus sehr wichtig ist.«

Zum Gottesdienst

Heinz-Martin Dormann

Exegetisch-homiletische Skizze

Der erste Brief an die Thessalonicher ist etwa 50 n. Chr. entstanden und damit der älteste der im Neuen Testament erhaltenen Paulusbriefe. Paulus konnte in Thessalonich eine Gemeinde gründen. Sie entwickelt missionarische Kraft (1. Thess 1,7) und besteht mehrheitlich aus Heidenchristen (1. Thess 1,9; 2,74).

Hauptsächlicher Inhalt vom 1. Thess 1,2–10: Paulus dankt für den vorbildlichen Glauben und das Leben in der Gemeinde.

Paulus schrieb den 1. Thess von Korinth aus, wohin es ihn verschlagen hatte. Sein eigentliches Ziel war Rom gewesen; dorthin konnte er wohl wegen des eben von Kaiser Claudius (im Jahre 49) für die Stadt verhängten Aufenthaltsverbotes für Juden einstweilen nicht reisen - seine Begleiter hatten vermutlich kein römisches Bürgerrecht. Aus Philippi und Thessalonich hatte er fliehen müssen; in Athen scheint er keinen Erfolg gehabt zu haben. Die Verkündigung in Europa nahm keinen rechten Fortgang. Dazu wuchs die Gegnerschaft der jüdischen Gemeinden (2,14 ff.) und führte zu nachhaltigen »Behinderungen« (vgl. 2,16). Für Paulus stand damit aber mehr auf dem Spiel als »seine« Mission: Das Evangelium selbst stand zur Disposition und damit seine Berufung zum Apostel der Heiden.

In Sorge um die kleine christliche Gemeinde hatte Paulus von Athen aus Timotheus nach Thessalonich geschickt. Dieser stieß in Korinth wieder zu Paulus. Sein Bericht veranlaßte den Apostel, an die Gemeinde zu schreiben. In seiner - an Gott (!) gerichteten Danksagung (1,2; 3,9) - schwingt Erleichterung mit (1,2–20; besonders auch 2,17–3,13), verbunden mit vergewissernden Reflexionen des Apostels über die Art seiner Verkündigung, die durch die Existenz und das Wachsen der Gemeinde von Gott her als dem Evangelium angemessen erscheint (2,1–16). Der überschwengliche Dank an Gott für die Gemeinde zeigt, welcher Druck von Paulus gewichen ist: Er ist wirklich der Apostel Gottes für die Heiden, das ist ihm neu klar geworden.

Die Predigt könnte davon ausgehen, daß weltweit Gemeinden existieren, die durch das Evangelium entstanden sind und davon leben, daß es täglich aufs neue verkündigt wird. Das kann den Prediger (und seine Gemeinde) von der frustrierenden Sorge entlasten, er möchte sich vergeblich gemüht haben.

Paulus hat die Gemeinde - ähnlich wie 5,8 und 1. Kor 13,13 - durch die Dreiheit von Glaube, Liebe und Hoffnung charakterisiert (V. 3). Wichtig ist die Qualifikation der Trias, die sich ergibt, wenn man die Substantive in Adjektive auflöst: wirkender Glaube, sich mühende Liebe, geduldige Hoffnung. Mit dieser Qualifikation ist die Gemeinde in Thessalonich Typos (V. 7), also Urbild jeder Gemeinde.

Paulus erinnert die Gemeinde an ihr Sein und ihr Werden und ihre Geschichte. Er will damit ihr, die trotz der guten Nachricht, die Timotheus über sie brachte (3,6–9), noch der Vervollkommung im Glauben bedarf (3,10), zur Festigkeit verhelfen. Indem er dankbar ausspricht, wie die Gemeinde wurde und ist, sagt er ihr zugleich, wie sie sein soll, und zwar ganz konkret unter den gerade ihr eigenen Bedingungen. Das ist dieser

Gemeinde gegenüber in der Form der Danksagung möglich, weil sie erst eine Gemeinde im Werden ist. Christliche Gemeinde verdankt sich immer ganz Gott.

So deutlich es Gott ist, der Gemeinde und ihr Leben wirkt, so klar ist doch auch, daß Menschen sich zur Gemeinde rufen lassen und ihr Leben geben müssen. Gottes Wirken macht den Einsatz von uns nicht überflüssig, der Glaube will durch uns ins Werk gesetzt sein, die Liebe fordert unsere Mühe heraus, die Hoffnung verlangt uns Durchhaltekraft ab. Daß ein solcher Einsatz möglich ist, zeigt das Leben Jesu. Er bezeugt, daß ein neues Menschsein keine Utopie ist.

Leitbildspiegelung

Das in Vers 7 hervortretende Thema des Vorbildes für alle Gläubigen läßt sich mit dem von P. Schellenbaum geprägten Begriff der »Leitbildspiegelung« verbinden. Die Leitbildspiegelung beruht auf einer Beziehung, die jemand mit einer psychisch gereiften Persönlichkeit entwickelt, in der er wie in einem Spiegel sein eigenes, noch nicht entfaltetes Selbstbewußtsein anschauen kann. Dieses Spiegelbild seiner selbst im anderen Menschen weckt in ihm Reifungsprozesse, gibt ihm Impulse zur Selbstwerdung. Wesentliche inhaltliche Aspekte der Leitbildspiegelung sind Hingabe, Mut zur Abgrenzung, Mut zum Nein. In eine Leitbildspiegelung mit einem Menschen kann ich nur eintreten, wenn ich bereit bin, in dieser Beziehung nicht nur geliebt, sondern auch konfrontiert zu werden, d.h. auf meine Schwächen und Störungen angesprochen zu werden. Es stünde einer christlichen Gemeinde gut an, solche Leitbildspiegelungen untereinander zu ermöglichen. Das hieße aber, vieles vom traditionellen Vorbilddenken aufzugeben. Das hieße, den Mitmenschen nicht durch eigenes, scheinbar perfektes, frommes Verhalten oder durch märtyrerhafte Aufopferung unter Leistungsdruck zu setzen, in Angst und schlechtes Gewissen zu bringen. Diese gewohnten gemeindlichen Kommunikationsstrukturen verhindern gerade das, was mit Leitbildspiegelung gemeint und was ebenso im Bibeltext intendiert ist.

Eine Vorbildhaltung im Sinn der Leitbildspiegelung befreit gerade vom Leistungsdruck und von Ängstlichkeiten, befreit von Verkettungen in eingefahrene Verhaltensweisen, macht Mut zum Ertragen und Durcharbeiten von Schmerz und Scheitern. Ein Blick aus dieser Perspektive in den Bibeltext bringt weitere tiefenpsychologische Motive zutage, die durch eine Leitbildspiegelung belebt werden:

Die Arbeit in der Liebe (V. 3), d.h. die aktive Hingabe, die gestaltende Kraft, die durch Liebe freigesetzt wird;

die Geduld in der Hoffnung (V. 3), d.h. der lange Atem des Hoffens in scheinbar ausweglosen Lebenssituationen;

das Wissen um das Von-Gott-geliebt-Sein (V. 4), d.h. ein Urvertrauen ins Leben ohne Abhängigkeit von Menschen oder Dingen;

die Integration von Erfahrungen der Trübsal und Freude (V. 6) als Teile eines Ganzen;
der Mut, an der richtigen Stelle in der richtigen Weise eine Grenze zu ziehen, nein zu sagen (V. 9 b) gegen die »Götzen«, die einen von der Entwicklung zu einem lebendigen und wahren Selbst versuchen, mit sich und im Einklang mit Gott abzuhalten.
Ich will im Gottesdienst bis in die Sprache hinein auch auf Konfirmanden und Jugendliche Rücksicht nehmen.

Vorschläge zur Liturgie

Wochenspruch
Lobe den Herrn, meine Seele, und vergiß nicht,
was er dir Gutes getan hat. (Psalm 103,2)

Psalm 150
Halleluja
Lobet Gott an allen Orten.
Lobet ihn unter euch, Menschen.
Lobet ihn für euer Leben, für eure Gesundheit.
Lobet ihn für alle Hilfe in der Not, für die Hoffnung, die ihr habt.
Lobet ihn für alles Wissen, für alle Träume, die euch beflügeln.
Lobet ihn für jeden Zufall, für jeden Morgen.
Lobet ihn mit Musik, die ihr macht, mit dem Lied, das ihr singt,
mit den Summen eures Glücks.
Lobet ihn mit euren Worten, mit den Geschichten,
die ihr erzählt, mit dem, was ihr aus Liebe verschweigt.
Alles, was lebt, lobe den Herrn.
Halleluja.
aus: Gottesdienst 77, Liturgische Texte und Entwürfe; Gütersloher Verlagshaus, Gütersloh 1977, Seite 30

Kyrie
Ich treffe auf Christen -
was strahlen sie aus?
Herzlichkeit, Zuversicht, Glaubenskraft?
Ich sehe mein Gesicht im Spiegel -
was strahle ich aus?
Gott, vergib mir,
wenn sich in meinem Gesicht Mutlosigkeit und Enttäuschung spiegeln.
Dir brauche ich nichts vorzumachen.
Ich muß mich nicht verstellen.

Dein Erbarmen umfaßt den ganzen Menschen:
Seele, Leib und Herz.
So spreche ich: Mein Gott, erbarme dich!

Gloria
Christus spricht: Durch euch will ich kommen. Gleichwie mich der Vater gesandt hat, so sende ich euch. (Joh 20,21)

Lesung
Luk 17,11-19

Fürbittengebet
Jesus Christus, du willst dankbare Menschen haben. Du möchtest, daß wir das Gute im Leben bewußt wahrnehmen, uns daran freuen und in dankbarer Erinnerung behalten. Du, Herr, bist nicht auf unseren Dank angewiesen, du weißt aber, wie sehr Dankbarkeit und Zufriedenheit zu unserem Wohlbefinden beitragen. Dankbare Menschen bekommen ein weites Herz. Herr, laß uns aus dem Dank für gestern die Kraft für morgen gewinnen, denn es gibt auch Schweres in unserem Leben. Hilf uns, daß wir es annehmen in dem Vertrauen darauf, was du gesagt hast: »Du legst uns eine Last auf, aber du hilfst uns auch, sie zu tragen!«.
Wir bitten dich für alle Menschen, die an dir irre gworden sind, die nicht mehr glauben können und sich von dir verlassen fühlen. Führe sie heraus aus ihrer Not, daß sie hinter allem Leid dennoch dein Angesicht erkennen und neues Vertrauen zu dir fassen können.
Und wenn du uns brauchen kannst, einem Menschen Licht in sein Leben zu bringen, so mach uns dazu bereit und tüchtig. Öffne unsere Augen, schärfe unsere Ohren, löse unsere Zungen, wenn es gilt, Not zu erkennen, dich zu bezeugen und zuzupacken. Amen.
aus: Heinz Gerlach, Gebete - Atem des Gottesdienstes, Gebete für alle Sonntage, Verlag Lydia Gerlach, Marburg, 1986, Seite 171

Liedvorschläge
Lieder (traditionell)
Eingangslied EG 449 Die güldne Sonne voll Freud und Wonne
Wochenlied EG 365 Von Gott will ich nicht lassen
Nach der Predigt: EG 396 Jesu, meine Freude; 243 Lob Gott getrost mit Singen; EG 325 Sollt ich meinem Gott nicht singen; EG 346 Such, wer da will, ein ander Ziel.

Lieder (neuere)
Regionalteil Bayern/Thüringen: EG 580 Daß du mich einstimmen läßt in deinen Jubel; EG 589 Ein Schiff, das sich Gemeinde nennt; EG 592 Du schenkst uns Zeit, einander zu begegnen; EG 599 Kommt herbei, singt dem Herrn; EG 602 Vergiß nicht zu danken dem ewigen Herrn; EG 606 Womit

hat es angefangen; EG 615 Ich lobe meinen Gott, der aus der Tiefe mich holt; EG 634 Laß uns in deinem Namen, Herr, die nötigen Schritte tun; EG 645 Ins Wasser fällt ein Stein.

Lieder (für Kinder)
Trau dich Gottes Freund zu sein, bau die Brücke nicht allein
Wir wollen eine große Brücke bauen
Wir singen vor Freude
Preisen laßt uns Gott den Herrn
aus: Augustana Kinderfest, Neue Lieder für Kindergottesdienst und Kinderfeste. Herausgeber: Amt für Gemeindedienst der Evang. Luth. Kirche in Bayern, Nürnberg; Kinderkirche: Tel.: 09 11 / 43 16-131

Vorschlag zur Predigt

Möglicher Anfang
Was, liebe Gemeinde, Paulus in seinem Brief an die Christen in Thessalonich schreibt, ist schon so lange her, so daß ich Ihnen die Gemeinde von Thessalonich ein wenig vorstellen möchte. Die Gemeinde in Thessalonich war nach Korinth der Vorort der urchristlichen Mission in Griechenland. Paulus hat sich, von Philippi kommend, eine Zeit lang in Thessalonich aufgehalten und dort eine rasch aufblühende heidenchristliche Gemeinde gegründet. Ihre Lage an Land- und Seehandelsrouten machte die Stadt schon früh zu einem kommerziellen und strategischen Zentrum. Man kann sich vorstellen, daß dort nicht nur die reichen Handelsleute wohnten, sondern auch Menschen, die versuchten, vom übermächtigen Welthandel, den die Römer betrieben, auch ein wenig zu profitieren und ihren Lebensunterhalt zu verdienen. Es gab Juden, denen die Predigt des Paulus nicht paßte und die einen Aufruhr anzuzetteln versuchten, woraufhin Paulus und sein Begleiter Silas die Stadt verlassen mußten.
Elend und sittliche Verkommenheit unter der großen Masse herumlungernder Gelegenheitsarbeiter und Wohlleben und Luxus lebten in Thessalonich auf Tuchfühlung, auch in der kleinen christlichen Gemeinde. Sehr verschiedene Menschen waren es also, die durch die Christuspredigt erfaßt wurden und sich in der neuen christlichen Gemeinde zusammenfanden und engagierten.
Wir können uns gar nicht genug vorstellen, wie mächtig, reich, vielfältig und ungestüm die Wirkung war, wenn einer Christ wurde. In Thessalonich lebte man in einer Begeisterung.
Was war der Grund dieser Begeisterung? Lassen wir Paulus selbst sprechen: »Und ihr seid unserem Beispiel gefolgt und dem des Herrn und habt das Wort aufgenommen in großer Bedrängnis mit Freuden im Heiligen Geist, so daß ihr ein Vorbild geworden seid für alle Gläubigen in Mazedonien und Achaja.«

Was bedeutet es für Paulus, wenn er sagt: »Ihr habt das Wort mit Freuden im Heiligen Geist aufgenommen?«
Ich möchte, liebe Gemeinde, den Begriff »Freude im Heiligen Geist« in unsere Sprache zu übersetzen versuchen. Mich reizt es zu sagen: »Ihr Thessalonicher, ihr habt einen charmanten Gott für euch entdeckt. Ihr Thessalonicher, ihr habt in der Person Jesu von Nazareth einen neuen Gott für euch entdeckt. Einen Gott, der nicht dauernd straft und miesmacht. ihr Thessalonicher, ihr habt endlich eure Vorstellung von Gott, ›Opa mit langem Bart im Himmel‹ preisgegeben. Ihr habt endlich eure mühseligen Versuche aufgegeben, Gott in der Natur und Philosophie entdecken zu wollen. Ihr habt endlich den ›Ort‹ gefunden, wo Gott wirklich ist: bei den Einsamen, bei den überlasteten Müttern, bei den Arbeitslosen, bei den Menschen, die unter Depressionen leiden und Menschen, die wegen ihres Glaubens verfolgt werden. Ihr Thessalonicher, ihr seid in Ordnung, denn ihr habt herausgefunden, daß Gott ›in‹ ist, daß er ›cool‹ und ›irre‹ gut ist. Ihr Thessalonicher, ich bewundere euch, weil ihr einen Gott habt, der ganz nahe bei euch ist, ihr seid einfach charmante Christen! Ich danke Gott unablässig, wenn ich an euch denke, wie ihr als Christen attraktiv seid, daß ihr eine Liebe ausstrahlt, die zur Umarmung reizt, daß man bei euch sich einfach verdammt wohl fühlt, daß man bei euch Können und Kompetenz verspürt, daß ihr einfach clever seid, daß man bei euch einfach verspürt, man ist wer!«
Wenn ich an die »ideale« Gemeinde von Thessalonich denke, dann muß ich mich schon fragen: Hat Gottes Charme, hat Gottes intensives Zugewandtsein zur Welt - was ihn immerhin seinen einzigen Sohn gekostet hat - bei uns heute keine Chance mehr?
Warum ist der Frust so groß, wenn man das Wort Kirche hört, warum werden die Kirchen immer leerer, außer an Weihnachten?
Warum trauen wir uns viel zu wenig, mit unseren Gaben spielerisch leicht umzugehen? Warum ist es so, wie ich es einmal erlebt habe: Ich treffe eine Frau, die eine andere schwerkranke Frau betreut. Als ich mit ihr ins Gespräch komme und feststelle, daß diese kranke Frau auch noch starke Eheprobleme hat, sagte sie zu mir: »Ja, wissen Sie, ich weiß davon, ich will mich da nicht einmischen, daß ist doch nicht meine Aufgabe, Herr Pfarrer, sondern die Ihre.«
Liebe Gemeinde, wieviel Überzeugtsein, daß man da nicht helfen kann oder will, spricht aus dieser Äußerung der Frau! Ist es nicht so, daß der Charme Gottes sozusagen korbweise auf der Straße herumliegt, daß wir es aber nur verlernt haben, mit dem Charme Gottes phantsievoll umzugehen?

Zum weiteren Verlauf
Es können Beispiele folgen, wie jemand durch mich wieder zum Lachen kommt, nachdem so manch andere »Behandlung« nichts genützt hat. Begründung dafür ist, daß ich wissen darf ich bin wer, weil da nämlich vor bald

2000 Jahren in Israel ein Mann es verstanden hat, spielerisch den Charme Gottes, die Liebe Gottes unter die Menschen zu verteilen. Als Christ bin ich wer und muß nicht erst wer werden, wie es mir tagtäglich die Werbung einhämmert. Es können Beispiele folgen, die das deutlich machen. Ich bin auch nicht erst wer, wenn ich mit einer eigenen Homepage im Internet vertreten bin. Es sollten weitere Beispiele gebracht werden von typischen »Erfolgsmenschen«. Von Jesus Christus her stehen wir nicht unter dem unmenschlichen Zwang, Erfolg im Leben haben zu müssen, den starken Macher oder Macho spielen zu müssen.
Ich darf so sein wie ich nun einmal bin und darf mich freuen, daß ich so manches kann und brauche auch nicht traurig zu sein, wenn ich manches nicht kann. Vor allem darf ich Mut dazu haben, meine mir von Gott geschenkten Gaben und Fähigkeiten zu suchen, zu finden und mit ihnen zu leben und spielerisch mit ihnen umzugehen, denn ich bin doch Ebenbild Gottes.

Möglicher Schluß
Paulus beschreibt den Glauben wirklichkeitsbezogen und konkret. Mir kommt der persönliche Lebensbereich in den Sinn: selbstgebastelte Geschenke, Mitanpacken im Haushalt oder einfach ein Lob für einen Menschen, der meinen Weg kreuzt. Mir fallen die Konvois ein, die lange Zeit gebraucht haben, um die Lebensmittel und Medikamente nach Jugoslawien zu bringen. Auch in einer Kirchengemeinde gehören Liebe und Arbeit zusammen. Der liebevoll gebackene Kuchen, der schön gedeckte Tisch oder die Idee für ein neues und schwungvolles Gemeindeleben.
Zu dem Glauben und der Liebe gesellt sich noch eine dritte Kraft. Das ist die Hoffnung. Sie wird als standhafte Hoffnung bezeichnet. Denken Sie, liebe Gemeinde, noch einmal an die Zeichnung von den Christen. Der letzte Christ hat nicht aufgegeben, weil er gehofft hat. Die Hoffnung hat ihn zu schöpferischem Tun angetrieben; Sie erinnern sich: Er holt seinen Freund herbei.
Dieser Christ hat einfach nicht aufgegeben.
Und weshalb? Weil er in seiner Erinnerung an vergangene, hoffnungsvolle Zeiten dachte. Weil er wußte: Selbst in Zeiten, in denen die Hoffnung kleiner wird, kann ich mich an meine große, überschwengliche Hoffnung erinnern. Dann kann ich die Hoffnung durch alle Lebenskrisen hindurch tragen und retten. Und aus der kleinen Glut wird wieder eine lodernde Flamme, aus nur einem Christen werden zehn, so daß wir freudig mit Paulus einstimmen können: »Und ihr seid unserem Beispiel gefolgt und dem Herrn und habt das Wort aufgenommen in großer Bedrängnis mit Freuden im Heiligen Geist.« Amen

Erntedankfest

Annäherungen an den Predigttext 1. Timotheus 4,4-5

Kurt Dohm

Das Gespräch wurde in einem Kreis von Frauen um die 60 geführt, die sich wöchentlich in der Gemeinde treffen, um für den Basar zu arbeiten. Während der gemeinsamen Arbeit kommt es regelmäßig zu Gesprächen über Fragen, die das Leben dieser Frauen betreffen.
Da der Predigttext außerordentlich kurz ist und keine sprachlichen Probleme aufwirft, kommt das Gespräch darüber schnell in Gang. Gleich zu Beginn wird bestritten, daß »alles gut« sei, was Gott geschaffen habe. Er habe doch auch Dinge geschaffen, die nicht gut seien, eben daß manche viel besäßen und andere wenig. Und gerade diejenigen, die vergäßen doch oft genug das Danken, von dem der Text spricht. Dagegen werfen andere ein, daß am Anfang der Schöpfung noch alles »gut«, ja sogar »sehr gut« gewesen sei (1. Mose 1,31), die Menschen aber etwas anderes daraus gemacht hätten. »Aber«, entgegnet eine der Frauen, »Gott hat mich ja so geschaffen, daß ich alles technisch Mögliche auch machen kann.« Wenn also die Schöpfung durch die Schuld des Menschen nicht mehr gut sei, dann liege das irgendwie doch auch in Gottes Willen, wäre wohl die Schlußfolgerung. Indirekt wird das bestätigt, indem nüchtern und keineswegs resignierend festgestellt wird: »Der Mensch könnte zwar anders sein; er ist nicht so, wie er sein sollte - aber wir sind so, wie wir sind.« Dazu fällt mir das Zitat aus Brechts Dreigroschenoper ein, das ich kurz vorher in Gottesdienstpraxis gelesen hatte (bei Günter Berndt zum 21. Sonntag nach Trinitatis, in Gottesdienstpraxis A, I/4, Gütersloh 1997, Seite 73): »Ein guter Mensch sein! Ja, wer wär's nicht gern? Sein Gut den Armen geben, warum nicht? Wenn alle gut sind, ist sein Reich nicht fern. Wer säße nicht sehr gern in Seinem Licht? Ein guter Mensch sein - Ja, wer wär's nicht gern?«
Die Diskussion geht weiter: Wenn aber der Mensch nicht gut ist und auch das, was Gott geschaffen hat, durch den Menschen nicht mehr gut ist, wer wollte dann sagen, daß irgendetwas verwerflich sei? Es ist schwierig, ein Kriterium für das zu finden, was verwerflich ist. Wir danken doch auch für die genmanipulierte Tomate, die bei uns auf den Tisch kommt. Und auch der reiche Bauer dankt für seine gute Ernte, obwohl der Nachbar vielleicht

nichts eingebracht hat. Und er fühlt sich noch gut dabei. Denn vor lauter Dankbarkeit muß er gar nicht mehr an die anderen denken. Seine Welt ist in Ordnung.

Langsam kommt so etwas wie Empörung im Kreis auf: »Dieser Satz in Vers 5 macht mich richtig wütend!« Kann denn das dankbare Gebet die empfangenen Gaben einfach heiligen, auch wenn dahinter Ausbeutung und Umweltzerstörung stehen? Die Danksagung allein macht doch eine Sache noch nicht nicht verwerflich! Wenn es so wäre, wie der Vers 5 sagt, dann wäre das geradezu ein Freibrief für alles mögliche. Jemand äußert die Vermutung, daß die calvinistische Lebenshaltung, die immer noch unser Leben und Wirtschaften prägt, etwas mit dem Gedankengang des Textes zu tun hat: »Die dankbare Haltung des Glaubens heiligt anscheinend jeden Gewinn und Verdienst, auch wenn er im Grunde verwerflich ist.«

Ich verweise nun auf den Zusammenhang mit den Versen 1–3: Der Verfasser wendet sich gegen Leute in der Gemeinde, die ihr neue Vorschriften und Einschränkungen auferlegen wollen. Sie erklären offenbar bestimmte Verhaltensweisen (Eheschließung) und Dinge (Speisen) als mit dem Glauben unvereinbar und rufen zu einer asketischen Lebensweise auf. Das erinnert an manche Sekten oder auch an so etwas wie das öffentliche Treueversprechen (old promises) einer großen Zahl von Männern in den USA (Frauen waren übrigens nicht dabei). Aber Gott habe doch alles gut geschaffen, wendet der Verfasser ein. Darum könne alles auch in Dankbarkeit von den Gläubigen und von denen, »die die Wahrheit erkennen«, empfangen werden. Den Verboten der Gegenpartei setzt er die christliche Freiheit entgegen. Paulus sagt in 1. Korinther 6,12: »Alles ist mir erlaubt, aber nicht alles dient zum Guten. Alles ist mir erlaubt, aber es soll mich nichts gefangennehmen.«

Die Wahrheit (Vers 3) wird offenbar als Kriterium für die Erkenntnis des Erlaubten genommen. Aber wo ist denn die Wahrheit? »Manche können mit ihrer Wahrheit auch sehr unangenehm werden«, wendet eine der Frauen ein. Eine ihrer Freundinnen sei Esoterikerin, die nach ganz bestimmten Vorschriften lebe. Und wenn sie das dann für sich ablehne, bekomme sie nur gütig gesagt: »Du bist eben noch nicht so weit.« Wenn eine äußerlich tolle und schöne Esoterikerin so überzeugend von sich rede, dann werde man schon beeindruckt und gerate in Zweifel. Andere erzählen von Nachbarn, die auf der Öko-Welle schwämmen und recht penetrant mit ihren Überzeugungsversuchen sein könnten. »Manche brennen richtig«, berichtet eine der Frauen von Begegnungen mit den Zeugen Jehovas und nimmt dabei Bezug auf Vers 2 im Text (»Brandmal in ihrem Gewissen«). Es sei schon schwierig mit der Wahrheit, aber so leicht ließen sie sich nicht mehr verunsichern, pflichten andere bei. Mit 60 Jahren habe man eben seine Lebenserfahrungen, und man habe auch seinen Standpunkt gefunden. Aber vielleicht solle der Text einen doch liberaler und toleranter machen, gerade auch in bezug auf andere Menschen.

Und so läuft schließlich das Gespräch ganz zufrieden aus, und die Gedanken wenden sich wieder persönlicheren Themen und den Handarbeiten zu.

Zum Gottesdienst

Ernst Walter Rohmann

Exegetisch-homiletische Skizze

Exegetische Erwägungen und Entscheidungen

Der erste Brief an Timotheus ist eine Anweisung zur Gemeindeleitung, verfaßt mit dem Ziel, einer Gruppe von Irrlehrern aus judenchristlich-genostischem Umfeld das Handwerk zu legen. Daß die Argumentation des Verfassers, der im Kreis einer an Paulus orientierten Schülergruppe zu suchen ist, nicht mehr enthusiastisch und an der Predigt von Christus orientiert ist, sondern immer wieder auf die »Lehre« rekurriert, läßt den Text im Übergang zu einer Gemeinde formuliert sein, die sich in der Zeit, in ihrem Umfeld einrichtet. Da muß zwischen falscher und richtiger Lehre unterschieden, da müssen liturgische Formen, ethische Entscheidungen entwickelt, Ämter festgeschrieben, Aufgaben verteilt werden. Gemeinde in einer Zeit, die nicht mehr Endzeit ist.

Daß sich die Gemeinden in einer Traditionskette mit dem geistigen Haupt des Paulus befinden, legen die Aussagen nahe, die den zentralen Sätzen des Heidenapostels entsprechen. So ist offensichtlich, daß der Verfasser des Briefes die Gemeinden des Timotheus dadurch stützen will, daß er ihnen zeigt, wie sie die Irrlehrer abwenden und durch eine gute Gemeindeordnung und das Festhalten an der (durch Paulus überlieferten) rechten Lehre zu »Erben Christi« werden können.

Die beiden Verse unseres Predigttextes sind dabei eingebunden in einen inhaltlichen Zusammenhang (4,1–11), in dem es um die Überwindung einer falschverstandenen Askese geht. Die »irreführenden Geister« und »Dämonen« lehren, man solle als Christenmensch nicht heiraten und bestimmte, (den Juden?) verbotene Speisen meiden. Nein, alles, was Gott geschaffen hat, ist gut, auch das Essen, jede Speise, auch das Beieinanderliegen, wenn es denn in der Haltung der Danksagung geschieht, Ja, wenn diese Haltung da ist, gibt es nichts Verwerfliches. Und das Wort Gottes und das Gebet heiligt (nicht alles, sondern) hier im Besonderen Ehe und Speisen.

Systematisch-theologische Aspekte

Gleichwohl regt sich Widerspruch (siehe Annäherungen an den Predigttext). Denn der Rekurs auf die Schöpfung, an deren Ende »alles gut« genannt wird, trägt einen doppelten Stachel. Zum einen ist ja nicht alles

gut, denn das Töten, um sich selbst am Leben zu erhalten, ist ja einigen Kreaturen mitgeschaffen, das Leiden also Programm. Zum anderen bleibt nicht alles so, wie es am Anfang war, sondern die Schönheit und Harmonie wird durch den »Erhalter und Bewahrer« so empfindlich gestört, daß er jenseits von Eden leben muß.
Somit ist diesem Textzusammenhang das Ineinander, das Nebeneinander von Evangelium und Gesetz, von Gabe und Aufgabe auferlegt. Denkbar und in der Predigt aussagbar wäre beides: Schöpfung und Fall als noch nicht versöhntes Nebeneinander, Kitzel und Stachel auch angesichts des Erntedankfestes über beides nachzudenken.

Homiletische Erwägungen

Die Tradition des ländlich-rustikal gefärbten Festes am Ende der Getreideernte (die Kartoffel-, Rüben-, Sonnenblumen-, Traubenernte steht noch aus!) beschert mir einen reichen Schatz an Liedern, Gedanken, Gedichten, aus dem ich schöpfen kann.
Gleichwohl stelle ich für uns heute einen substantiellen Verlust an Erleben fest, das diese Lieder geprägt und bestimmt hat.
Zu allen Zeiten und an allen Orten haben Menschen zur Erntezeit ein Fest gefeiert, oft religiös überhöht, immer eingebunden in den Jahreslauf mit seiner gewünschten Wiederkehr von Saat und Wachsen, Reifen und Ernte. In den archaischen Gesellschaften mit ihrer Abhängigkeit von den natürlichen Ressourcen und Wetterverläufen, mit ihrer Handarbeit, der Mühe um den Alltag, erhielt die Ernte, wenn sie eingebracht war, eine Gemeinschaft am Leben. Da war Essen, Tauschwert, Reichtum. Voraussetzung für den Dank und das Fest war das Wissen um die Natur, die empfundene, gespürte, erlebte Einsicht, als schaffender, säender, erntender Mensch ein Teil dieser Natur zu sein.
Spätestens seit die Romantik die Natur als Hort einer tief empfundenen und ersehnten Geborgenheit besingt, geht dieses Wissen stetig mehr und mehr verloren. Schleiermachers »Gefühl der schlechthinnigen Abhängigkeit« als Voraussetzung der Religion beschwört etwas, was schwindet - das sprudelnde Bächlein in Schuberts Liedern ist Sinnbild einer Natur, die in den städtischen Kulturen nicht mehr erlebt wird.
Die Natur wird in den vorindustriellen und industrialisierten Gesellschaften nicht mehr als Leben bestimmendes Gegenüber, sondern als Lieferant für Rohstoffe und Produktionsmittel gesehen. Sie wird zur Beute und ausgebeutet.
Das Bemühen von einzelnen, hinter diesen Zusammenhang zurückzugehen, wird scheitern, ein Schrebergartendasein fristen - zu fordern ist ein Bewußtsein, das die Brüche und Verwerfungen erkennt und sich in der Vernetzung mit anderen weltweit um ein harmonisches Leben mit der Natur, der sogenannten Umwelt, bemüht. Die Erkenntnis, daß in diesem Denkzusammenhang die Gerechtigkeitsproblematik aufbricht und die Forderung

nach einem Ausgleich zwischen arm und reich, zwischen erster, zweiter und dritter Welt aufbricht, ist on-dit geworden.
Bringe ich damit in Zusammenhang, daß selbst die, die heutzutage noch mit der Natur als Bauern, Winzer in Kontakt kommen, zu Produzenten werden und mit zwei Personen und einem riesigen Maschinenpark eine Fläche von 170 ha beackern -
sehe ich damit zusammen, daß die Kultur des ökologischen Landbaus oder die Versuche, einen Einklang mit der Natur zu erzielen, in Zeiten einer zunehmenden Monopolisierung der Märkte Nischencharakter erhalten -
nehme ich wahr, daß immer mehr Wirklichkeit in den Medien und den neuen Subkulturen nur noch virtuell er»lebt« werden -
und daß in einigen Schulen, wenn die Frage aufkommt, eine Kuh zu malen, die Kühe lila sind, weil kind die Kuh nur aus der Werbung kennt, und da ist die Milks-Kuh halt lila -
wie ist da noch Erntedank zu feiern?
Nur so, daß ich die Ernte aus ihrem natürlichen Umfeld befreie und jene Reste benenne, die uns noch an das alte romantisch geprägte Feld erinnern. Ich mache die auch und gerade da herrschenden Brüche deutlich und befreie Erntedank zu einem Fest, an dem jeder für die Ernte seines Lebens danken kann, eingedenk der Notwendigkeit, die Erinnerung an den Anfang des Lebens (siehe Exegese) als Aufgabe zu sehen.

Vorschläge zur Liturgie

Vorbemerkung

Gönnen Sie sich und der Gemeinde ein Fest. Jedes Fest benötigt ein wenig mehr Vorbereitung, Mitdenken und Gestalten als der Alltag. Im Falle der Liturgie des Erntedankfestes ersetze ich die allfälligen Responsorien durch Liedverse aus dem EG und erlege Ihnen damit die Mühe auf, ein Gottesdienstblatt zu erstellen und dem Kirchenmusiker, einige Choralmelodien mehr als üblich einzustudieren.
Eine singfreudige Gemeinde wird sich der Festesfreude öffnen und dem Liturgen wirklich antworten.

Votum zur Hinführung

Wir feiern diesen Gottesdienst im Namen Gottes, dem Ursprung allen Lebens,
im Namen Jesu Christi, dem Bruder aller Geschöpfe
und im Namen des Heiligen Geistes, der unsere Sehnsucht nach erfülltem Leben wachhält.
Wir feiern heute das Erntedankfest.
Ein Fest des Lebens, mit dem Gott uns beschenkt hat und das er täglich neu werden läßt.
Ein Fest der Gemeinschaft, die uns, an Christus gebunden, hält und trägt.

Ein Fest voller lebendiger Worte, die uns mit den Schwestern und Brüdern in der ganzen Erde verbinden.
Ein fest voller Musik und Lieder.
Ein Fest, das in diesem Jahr erneut ein Zeichen trägt … (siehe Kontext Zum Erntedankaltar)

Eingangslied
Ich singe dir mit Herz und Mund … EG 324,1.4.8.13

Psalm
EG 747 im Wechsel gesprochen
(Psalm 118)

Zur Anbetung
Nun danket all … EG 322,1.2

Kyrie
Gott, wir sind hier, um dir für die Ernte des Lebens, für die Ernte dieses Jahres zu danken.
Wir verdanken alles deiner guten Schöpfung,
den weise geordneten Kreisläufen von Saat und Ernte,
Frost und Hitze, Tag und Nacht, dem wiederkehrenden
Wechselspiel von Werden und Vergehen,
Abreisen und Wiederkehren, Säen, Wachsen, Ernten und Essen.

Wir klagen dir die Widersprüche, in denen wir leben,
die Kompromisse, die wir eingehen.
Wir töten, um zu essen.
Wir vernichten Leben, um zu überleben.
Wir teilen das Leben des Raubtieres, das reißt, um sich und seine Jungen zu ernähren …

Wir klagen dir die Vernichtung, die ungewollt und billigend von uns Menschen ausgeht.
Wir vergiften die Erde, wir vernichten Pflanzen, wir verdichten den Boden, wir greifen ein in das Räderwerk deiner Schöpfung, erfüllt von kindischer Allmachtsphantasie und schaffen Kreaturen uns zum Bilde.
Vergib uns unsere Hochmut und unsere Gedankenlosigkeit.
Gott, erbarme dich!
Zum Kyrie
Kyrie eleison … EG 178,9

Gloria
Gott sieht in unsere Herzen und weiß um unsere Sehnsucht und unseren Glauben.

Gott bewahrt uns vor der Habgier, die das Herz vergiftet.
Gott befreit uns von der Lähmung durch unseren Besitz.
Gott macht uns fähig zum Teilen.
Gott läßt uns teilhaben an seiner Welt der Liebe und der Bescheidenheit.

Zum Gloria

Allein Gott in der Höh sei Ehr ... EG 179,1.2

Lesung

Das Gleichnis vom reichen Kornbauern Lukas 12,13–21

Vorrede

Die Idylle, mit der sich viele Leute, auch Vertreter der Kirche, das Leben auf dem Lande ausmalen, ist endgültig vorbei. Die ersten, die das schmerzlich erleben mußten und müssen, sind die Landwirte und ihre Familien. Der reiche Kornbauer im Gleichnis von Jesus ist nicht der Bauer von heute. Er fühlt sich mißverstanden – und so haben Landfrauen aus Hessen das Gleichnis ein wenig umgeschrieben.

»Ein Mann in der Menge wandte sich an Jesus: Lehrer, sage doch meinem Bruder, er soll mit mir das Erbe teilen, das unser Vater uns hinterlassen hat! Jesus antwortete ihm: Ich bin nicht zum Richter für eure Erbstreitigkeiten bestellt. Er erzählte ihnen dazu eine Geschichte: Eine Familie erwarb so viel Geld, daß sie nicht nur ausreichend zu essen und zu trinken hatten. Sie konnten sich zwei Autos leisten, fuhren zweimal im Jahr in Urlaub und bewohnten ein schönes Haus mit Garten. Und es blieb ihnen noch Geld zum Sparen. Nachdem sie ihr Geld so krisensicher wie möglich angelegt, ihre gesamte Habe gut versichert und auch mehrere Lebensversicherungen wegen der Altersvorsorge abgeschlossen hatten, sagten die Familienmitglieder zueinander: Wir haben einen guten Vorrat für viele Jahre. Jetzt wollen wir sparsam und fleißig weiterleben und uns Ruhe gönnen. Laßt uns das Leben ein wenig genießen.
Aber Gott sprach zu ihnen: Ihr Narren! In dieser Nacht wird man eure Seele von euch fordern. Wem gehört dann der Besitz?
Und Jesus schloß: So geht es jenen, die nur für sich Reichtümer sammeln, aber in den Augen Gottes nicht reich sind.«
(Formuliert nach einem Vorschlag von Landfrauen aus Ruppertsburg von C.-F. Schabach und H.-J. Roos, in: Beratungsstelle für Gestaltung, Ernte Dank Schöpfung, Materialheft 65, Frankfurt 1992, Seite 178)

Zum Hallelujah

Ich selber kann und mag nicht ruhn ... EG 503,8.9

Wochenlied

Wenn ich, o Schöpfer, deine Macht ... EG 506,1.2.4

Predigtlied

Selig seid ihr ... EG 599 (Regionalteil Hessen und Nassau)

Fürbitten

(mit Gebetsruf Kyrie eleison ... EG 178,9)

Gott des Lebens,
wir stehen hier mit gefüllten Händen, mit einem Herzen voller Dankbarkeit.
Wir singen dir unsere Lieder, und wir sagen dir unseren Dank.
Für die Früchte der vielen Felder und die Früchte der Arbeit, die unsere Hände tragen durften.
Du hast wachsen lassen, was wir gesät haben,
du hast reif werden lassen, was wir begonnen haben,
du hast vollendet, was wir geerntet haben.
Wir haben genug zum Essen und zum Leben.
Was wir nicht mehr haben und entbehren, ist aufgehoben bei dir.
Wir beten dich an und rufen zu dir: ...

Öffne unsere Augen für die Schönheit deiner Welt,
öffne unsere Ohren, daß wir das Klagen der Kreatur vernehmen,
öffne unsere Herzen für dein Erbarmen,
öffne unsere Hände, daß wir deine Liebe weitergeben.
Laß uns nicht bei uns stehenbleiben, sondern weite unseren Blick für das Leben, das uns umgibt.
Wir beten dich an und rufen zu dir: ...

Wir bitten dich für alle Menschen, die daran mitarbeiten, daß die guten Gaben dieser Welt unter allen Menschen gerecht verteilt werden.
Wir bitten dich für alle, denen die Überwindung der Kluft zwischen den Armen dieser Erde und den Reichen am Herzen liegt.
Wir bitten dich für alle, die mithelfen, die Menschen vor Krieg und Verfolgung, vor Unruhen und Terror zu bewahren.
Wir beten dich an und rufen zu dir: ...

Führe den großen, letzten Frieden herbei!
Laß uns die Vollendung deines Reiches sehen!
Mach die Erde schön, wie sie am Anfang war!
Zu dir, dem Schöpfer, beten wir, wie Jesus uns gelehrt hat.

Segen

»Alles fügt sich und erfüllt sich
Mußt es nur erwarten können
Und dem Werden deines Glückes
Jahr und Felder reichlich gönnen.

Bis du eines Tages jenen
Reichen Duft der Körper spürest
Und dich aufmachst und die Ernte
In die tiefen Speicher führest.«

Christian Morgenstern: Gedichte. Piper & Co. Verlag, München 1959, Seite 85

Gott, du hältst unsere Zeit in Händen,
fülle sie für uns mit deinem Segen!

Schlußlied
Komm, Herr, segne uns ... EG 170

Vorschlag zur Predigt

Ich nehme zur Predigt mit auf die Kanzel: ein Sonntagsbrötchen, ein Weizenkorn, aufgeklebt auf einem Stück bunte Pappe - und: eine Trillerpfeife.

Möglicher Anfang
Guten Morgen, mein liebes Sonntagsbrötchen! Noch vor Jahren hätte ich es nicht für möglich gehalten, daß du heute, am Sonntag, am Erntedankfest, meinen Frühstückstisch zierst und mir entgegenduftest. Der Meister, der dich heute morgen in den automatischen Ofen schob, der Fahrer, der dich zur Verkaufsstelle brachte, der Mensch hinter dem Tresen, der dich in deine Tüte zu den anderen steckte, sie alle haben sich heute in aller Herrgottsfrühe schon um mein Wohlergehen gekümmert. Danke.
Denn alles, was Gott geschaffen hat, ist gut.
Na ja, und du selbst, goldbraun, frisch und knusprig, zwar ohne Butter und Marmelade, machst es mir richtig warm ums Herz. In deinem Duft eingefangen sind Erinnerungen aus meinen Kindertagen. Ich ging, zwischen Hüfte und Hand auf jeder Seite ein Kuchenblech mit Streuselkuchen zum Bäcker, um die Kuchen zum Backen abzugeben. Frühmorgens war das, vor der Schule, in die man damals auch noch samstags ging. In der Backstube hing dann dieser Duft, den ich mit deinem Duft, mein Brötchen, deutlich rieche: Mehl, frisches Brot, Sauerteig, Schweiß, die verglühende Holzkohle. Und Bilder und Satzfetzen, die ich deutlich vor mir sehe, die ich höre. Den Bäckermeister mit seinen Söhnen, die im Unterhemd, mit weißer, schiefsitzender Mütze an dem riesigen gekachelten Ofen, an den großen Backbottichen, an den Regalen und Blechen mit Frischgebackenem arbeiteten. Und dann verschluckte die Ofentür meine beiden Kuchen, die ich nach der Schule wiederholen würde. Danke.
Denn alles, was Gott geschaffen hat, ist gut.
Natürlich kannst du dir nicht ausmalen, was du da alles in mir zum Klingen bringst und anrührst, denn du bist ja eins von den modernden Ausführungen der Gattung Brötchen. Von einer Maschine aus einem Teigfladen gestanzt und bei genau dosierter Temperatur im Wärmeschrank gegangen, wurdest du dann gefrostet und hast als Teigling auf den Ofen gewartet. Bis heute morgen. Eigentlich bist du ja nur ein Produkt, sauber und rein und sorgfältig gewogen, austariert sozusagen.
Und dennoch sehe ich hinter dir, wie da in meiner Kinderzeit in den Bauernhöfen die Dreschmaschine aufgebaut wurde, Ungetüme mit dem

Schriftzug LANZ, angetrieben von einem ledernen Keilriemen, der zu einem Maschinenwagen führte. Gefüttert und geladen wurde sie von schwitzenden, staubbedeckten Männern, die die Garben aus der Scheune in einen gefräßigen Schlund stopften und am hinteren Ende Stroh und in Säcke gefülltes Getreide entgegennahmen. Das Stroh wurde dann auf dem Boden in Ballen gelagert, um als Streu in den Ställen zu dienen und der Weizen, die Gerste, der Hafer, der Roggen oder wie man zuhause sagte, das Korn, wurden danach von den Mühlen abgeholt. Wenn wir Buben genug gesehen hatten, bekamen wir ein »Maschinestück«, ein Bauernbrot mit hausgemachter Leberwurst. Dreschen war harte Knochenarbeit, aber auch ein Fest. Danke.

Denn alles, was Gott geschaffen hat, ist gut.

Ich erzähle das nicht, um die gute, alte Zeit zu verklären. Ich will mir auch kein falsches Bild bewahren, denn ich weiß, wieviel entsagungsvolle, harte Arbeit geleistet werden mußte auf den Feldern bei der Aussaat, bei der Ernte, beim Dreschen, in den Mühlen, in den Backstuben. Aber ich will mir klarmachen, daß ich den Zusammenhang zwischen dem, was am Anfang war, dem Korn, und dir, dem Brötchen, noch kenne. Und daß ich Bilder in mir trage, Melodien und Texte, die diesen Zusammenhang verdeutlichen.

Die *Orgel* spielt leise die Melodie EG 508 und ich rezitiere dazu die Verse 1 und 4 jeweils mit Kehrvers.

Danke. Denn alles was Gott geschaffen hat, ist gut.

Siehst du, mein Sonntagsbrötchen, es ist gut, die Zusammenhänge zu sehen und mal über den Anfang nachzudenken. Mach dir ruhig mal klar, daß du letztlich aus so einem kleinen Korn Getreide bestehst, das zu vielen Körnern gewachsen und gereift, zu Mehl gemahlen und dann zu Teig wird.

Ich hole eine *Trillerpfeife* aus der Tasche und pfeife laut.

So pfeift das Korn. Laut und deutlich zum Protest. Nach den schönen Bildern und Tönen nun dieser Mißklang. Danken will ich doch. Für die Ernte. Für mein Leben. Für die Zeit, die Gott mir schenkt. Für das, was ich verdienen konnte, was ich mir leisten konnte, was ich anderen Gutes tun konnte. Will mich entführen lassen in eine Welt des Wohlklangs und der Harmonie. So wie es am Anfang war, als Gott sah, daß alles gut war.

Ich pfeife noch einmal.

Also gut. Ich höre, was das Korn zu sagen hat.

Ich wiederhole.

Frau Rita Lanius-Heck, die Vorsitzende der Landfrauen des Rhein-Hunsrück-Kreises weist darauf hin, daß der Preis für ein Kilogramm Weizen seit 1960 von 0,42 DM auf 0,20 DM gefallen sei. Zugleich hätten sich die Preise für ein Kilo Brötchen von 1,65 DM auf 8,00 DM verfünffacht. »Würden die Bauern den Weizen verschenken, an den Brötchenpreises würde sich nichts ändern«, sagt sie. (dpa 11. 8. 99)

Ich muß zugeben, mein liebes Korn, da ist etwas in Unordnung geraten, da ist etwas nicht mehr in der Balance, da ist etwas ungerecht verteilt, oder sollte ich besser sagen, falsch gewichtet, obwohl es doch gleich wiegt … offenbar gehen wir doch, wenn wir an den Anfang denken, davon aus, daß alles im Gleichgewicht ist, in der Balance, in der Harmonie. Und erschrekken dann zu Recht über das Nichtharmonische, den Pfeifton. Und, da muß ich jetzt dir, kleines Korn, recht geben und dem Predigttext widersprechen. Es wird ja nicht allein dadurch besser, daß wir danke sagen und es durch ein Gebet und die Predigt heiligen. Ich gebe dir recht, da müssen wir ein wenig tiefer nachdenken …

Zum weiteren Verlauf
Eine Passage über den Zusammenhang von Gut und Böse in der Schöpfung oder das Skandalon, daß der Fuchs die Maus frißt oder daß Kain den Abel erschlägt oder wir das Gute wollen und das Böse tun.
Eine Passage über Christus, dessen helfendes, eingreifendes Tun, dessen Hinwendung zu den Hungerleidern paradigmatisch den Weg zur möglichen Balance des Anfangs weist. Er, selbst er, erlöst die Welt »nur« proleptisch – da steht noch etwas aus an Gerechtigkeit. Das Reich ist »da«, mitten unter uns, seine Vollendung liegt vor uns, als Aufgabe und Gabe.
Ein Hinweis auf Brot für die Welt, von Anfang dieses Hilfswerks an mit Weihnachten und Erntedank eng verbunden. Die tätige Hilfe von Christen bei der Überwindung der Ungerechtugkeit in der Welt ist ein Zeichen dafür, daß Danken ohne Gerechtigkeit nicht möglich ist. Es gibt offenbar eine »billige Dankbarkeit« so wie es auch eine »billige Gande« gibt. Der fehlenden Heiligung bei der billigen Gande würde das fehlende Streben nach Gerechtigkeit bei der billigen Dankbarkeit entsprechen.

Möglicher Schluß
Ich lasse noch einmal Korn und Brötchen zu Wort kommen.
So wie bei den beiden hier geht es ja vielem, was uns an Lebensmitteln tagtäglich zur Verfügung steht. Denken Sie nur einmal an die Bananen, für die die Landwirte in Übersee nur ein Spottgeld erhalten. Oder denken Sie an die vielen in unserem Land, die neben den Arbeitenden ohne Arbeit sind. Denken Sie an die Rentner, die unter Umständen ihr Leben bestreiten müssen auf der finanziell untersten Stufe. Denken Sie an die vielen Menschen, die in der Folge von Krieg und Vertreibung ohne Dach und Haus leben müssen, bedroht vom Haß, der ständig neu geschürt wird.
Und wir feiern Erntedankfest.
Und wir wollen danken.
Und tuns ja auch. Mit Recht und aus vollem Herzen, wenn wir Grund zum Danken haben.
Und sind dabei eingedenk, daß nicht alles gut ist.
Jesus hat uns wunderbar vorgelebt, wie Christen mit dieser offenen Frage, die zu einer offenen Wunde aufbrechen kann, umgehen sollen. Wir setzen uns an einen Tisch und brechen das Brot, teilen und stellen fest: Jeder erhält

das, was er braucht. Das ist das Wunder, das dem Anfang innewohnt. Gott hat diese Welt geschaffen, daß sie Brot hat - und Brötchen auch - für alle. Wir müssen nur alle - alle! - *kleinere* Brötchen backen.
Und wir werden voller Dankbarkeit feststellen: Alles was Gott geschaffen hat, ist gut.

Vielleicht lassen Sie von einem freundlichen Bäcker »kleine Brötchen« backen und verschenken Sie in einer Tüte zusamen mit einem Korn am Ende des Gottesdienstes den Mitfeiernden.
Sie könnten auch die Brötchen mit etwas belegen und zu einem kleinen Imbiß laden: Ernte-Dank-Fest.
Oder Sie laden gleich zu einem anschließenden Gemeindemittagessen, um den Festcharakter des Sonntages zu betonen.

Anregungen zum Erntedankaltar

Nach wie vor gibt es den Brauch, den Altar am Erntedanktag üppig zu schmücken. Als ich vor Jahresfrist feststellen mußte, daß die Frauen, die traditionell den Altar schmückten, einige besonders schöne Früchte des Feldes »zukauften« und ich mir zugleich klarmachte, daß in Stadtgemeinden dieser Brauch ohnehin fraglich erscheint angesichts genmanipulierter Tomaten und schwindender Schrebergärten, habe ich über den Dankopferaltar zu Erntedank neu nachgedacht.
Der Altar ist doch nach unserem evangelischen Verständnis kein Opfertisch mehr. Er ist der Tisch der Abendmahlsgemeinschaft, trägt Brot und Wein. Er ist der Tisch, der das Christuszeichen trägt, unter dem wir uns versammeln und das Gotteswort, das uns zusammenbindet. Ist das nicht »Ernte« genug?
So fragen wir uns im Kirchenvorstand jedes Jahr neu, was als zusätzliches Symbol unserer Ernte den Altar, den Kirchenraum schmücken soll. Darauf in der Begrüßung der Gottesdienstbesucher bezug zu nehmen, ist zur Tradition geworden.
Vielleicht übernimmt es eine Gruppe der Gemeinde, dieses Symbol herzustellen, zu werkeln, zu basteln, vorzutragen? Die Landfrauen eine Erntekrone ... die Kirchenmusikerin ein neues Lied ... die Kindergottesdienstkinder unter einer großen Weintraube ein Gedicht ...

16. Sonntag nach Trinitatis

Annäherungen an den Predigttext
Apostelinnen- und Apostelgeschichte 12,1-11

Gunnar Sinn

Der Predigttext wurde einer Gruppe von 10 jungen Erwachsenen im Alter von 20-30 Jahren vorgelegt. Zunächst ganz spontan:
»Ganz schön dick aufgetragen, dieser gelungene Befreiungsversuch.« So oder so ähnlich äußern sich gleich mehrere in unserer Gruppe, – sei es, daß sie an der Glaubwürdigkeit zweifeln und/oder die halbe Armee aufzählen, die gegen Petrus, den ›Star‹ der Geschichte, steht.
Freilich – so wird festgestellt – ist es auch schön, bei Lukas zu lesen, daß sich Gott um die Seinen (nur um diese?) kümmert, aber wie?
Die Gestalt des ›Engels‹ läßt mehrere in unserer Gruppe nicht los: Sei es, daß er von Lukas ›aus dem Hut gezaubert‹ wird oder aber ein Zeichen dafür ist, daß Gott Petrus und damit ja ›irgendwie auch uns‹ nicht allein läßt, sondern Menschen oder Wesen zu unserem Schutz in auswegloser Situation sendet.
Freilich bleibt die Frage, wie man in diesen Genuß kommt.
Hier gibt es unterschiedliche Entdeckungen im Text und Anschauungen. Einerseits: Die Befreiung wird durch das Gebet der Gemeinde ausgelöst. Es macht Sinn, Gott individuell oder kollektiv um seinen Beistand zu bitten. Dies meinen jedoch nicht alle. Es klingt fast bitter, wenn ein junger Mann bemerkt: »Man muß nur fest und lang genug beten, dann wird schon ein Engel kommen und die Probleme lösen.« Auch für andere entspricht diese Weise des göttlichen Eingreifens nicht der alltäglichen Lebenserfahrung, in der doch eher die Regel gilt: »Hilf dir selbst, dann hilft dir Gott.«
Zwei interessante Nebenaspekte sollen erwähnt sein:

1. Es lohnt sich vielleicht, die Person des Petrus etwas genauer zu betrachten, der eher träumt, daß er befreit wird, als daß er es selbst erlebt. Es läßt sich die Frage stellen: »Wo habe ich traumhafte Begegnungen mit Gott?«
2. In eine ganz andere Richtung geht die Überlegung einer Referendarin, die mehr auf die Situation der Urgemeinde blickt: »Schon damals hatten es Minderheiten nicht leicht.« Die Situation der Urgemeinde kann also in den Blick genommen werden.

Hiermit ist auch der Bereich des historischen Kontexts angesprochen, bei dem bei etlichen am meisten Klärungsbedarf herrscht, z. B.:

»Warum verfolgt Herodes die Gemeinde?«
»Warum sind die Juden so aufgebracht?«
»Wie lange ist Pfingsten eigentlich her bzw. wann spielt die Geschichte?«
»Wie geht es weiter? Hat diese Befreiung einen Einfluß auf das Leben und die Glaubenserfahrung des Petrus?«
Darüber hinaus gibt es auch Klärungsbedarf innerhalb der Erzählung:
»Haben die Zahlen in der Geschichte möglicherweise symbolische Bedeutung?«
»Was sind die ›Tage der ungesäuerten Brote‹?«
»Wie kann man sich die Befreiung, die Rolle der Wachen, die Gestalt des Engels genauer vorstellen?«
Um einige historisch-theologische Klärungen wird die Predigerin/der Prediger also nicht herumkommen, denn die Situation ist wohl nur für Theologen auf Anhieb verständlich.
Vielleicht gibt es dennoch Aspekte des Textes, die der eigenen Lebenserfahrung entsprechen?
»Ja«, sagen einige, »als Erfahrung, daß Gott einen aus ausweglosen Situationen geführt hat«, wobei der ›Engel‹ eher ein Interpretament ist. »Im nachhinein war mir klar, daß Gott irgendwie seine Hände im Spiel hatte, so wie es Petrus erst nach seinem Traum wußte.« Das kann auch bedeuten: »Der Text zeigt, daß man das Gottvertrauen nie verlieren darf«.
Andere warnen vor zu euphorischer Betrachtung: Daß Gott objektiv beweisbar »an einer kompletten Wachmannschaft vorbei« Wunder tut, (»Wie ein James Bond des Altertums.«) entspricht nicht mehr der Lebenserfahrung des modernen Menschen. Viele haben in ihrem Leben zusehends die Erfahrung gemacht, daß auch Eigeninitiative gefordert ist. Eher zum theologischen Klärungsbedarf als zum historischen gehört wohl auch die Anfrage: »Warum muß Jakobus sterben und Petrus wird gerettet?« Es geht also auch um die Frage der Gerechtigkeit Gottes.
Und immer wieder geht es in der Diskussion um den Engel. Viele Gruppenmitglieder haben hier (neben dem Antijudaismus) ihre Hauptanfragen und Probleme. Diese sind durchaus unterschiedlich gelagert: So wenig die einen an Engel glauben können, so sehr wünschen sie sich andere zu sehen. Auch hier liegt (einmal abseits von Weihnachten) ein mögliches Predigtthema im Text.
Aus den vielfältigen Äußerungen ein Fazit zu ziehen fällt schwer.
Immer wieder höre ich explizit oder implizit den Satz »Hilf dir selbst, dann hilft dir Gott«. Also die Frage nach Gottes Handeln in der Geschichte (mit und ohne Engel) und seiner Gerechtigkeit (Theodizee) steht zur Diskussion.
Eine andere Thematik ist Gottes befreiendes Handeln, eigene Befreiungserfahrungen oder die Erfahrung eines persönlichen Gottes (Wie oder wo erfahre ich Gott oder vermisse ich ihn).
Schließlich wird auch immer wieder die Problematik von Gebet und

Erfüllung angesprochen. »Kann die Predigt darauf eine Antwort geben, ohne evangelikal zu werden?«, fragt eine junge Frau. Ein spannendes Thema.

Zum Gottesdienst

Günter Berndt

Theologisch-homiletische Skizze

Christen werden verfolgt aus religiösen wie auch aus politischen Gründen. In der Mehrzahl sind es wohl Judenchristen. Sie gehen anders mit ihrer jüdischen Tradition, die sie nicht aufgeben wollen, um. Sie stören den Waffenstillstand mit den römischen Machthabern. Erste Blutopfer sind zu beklagen: Stephanus und Jakobus. Andere sind im Gefängnis. Also, wie mancher sagt, erste Beispiele für die ecclesia pressa, die unterdrückte und verfolgte Kirche. Dieses Verständnis führt schnell zu der weit verbreiteten Gegenüberstellung von Gläubigen und Ungläubigen. Da die Frommen, dort die Umfrommen, da die Kinder Gottes, dort die Feinde Gottes. Die Gläubigen und die Atheisten. Bedenken wir: Herodes Antipas ist der jüdische König von Gottes Gnaden und Gnaden Roms. Nach seinem ausschweifenden Leben in Rom gibt er sich nun - aus Opportunität? - sehr fromm, wir würden sagen: gar fundamentalistisch und bleibt dabei Freund und Günstling Roms. Judenchristen sind da nicht erwünscht, zumal sie die religiösen wie politischen Regeln nicht beachten. Also: Auf beiden Seiten Leute, die zum Gott Abrahams beten, der Glaube der Vorfahren bindet sie. Doch die einen verfolgen die anderen. Rechtgläubigkeit wird verlangt. Und die Rechtgläubigkeit stärkt die »rechte« Macht.
Ich habe Schwierigkeiten, bei diesem Text von der ecclesia pressa zu sprechen, weil so schnell aus der ecclesia pressa die ecclesia triumphans wurde. Da bin ich wohl noch stark von Käsemanns Vorlesung über die Apostelgeschichte in Göttingen geprägt, damals 1955. Sein Untertitel zur Apg: »Der Weg nach Rom«, was ja nicht rein geographisch gemeint war. Der Weg zur Weltkirche, zur ecclesia triumphans. Die ecclesia pressa hat im Bericht des Dr. Lukas schon diesen Glorienschein. Auch unsere Geschichte ist ja reichlich dick aufgetragen. Blicken wir zurück auf die Geschichte der letzten 2000 Jahre, so erkennen wir schmerzlich die Verkehrung, die Umkehrung der Situation. Darum scheint mir die Erkenntnis so wichtig, daß in dieser Geschichte auf beiden Seiten der Verfolger und Verfolgten Menschen handeln und leiden, die sich zum Gott Abrahams und Isaaks bekennen. Bei »Rechtgläubigkeit« und »Rechtspolitik« bleibt Gott, der Befreier, auf der Strecke. Die »Göttlichkeit« der Kirche und der »Politischen Macht« erträgt nicht den menschlichen Gott und verrät die Menschlichkeit.

Die Erzählung verleitet zum Glauben an den »deus ex machina«, kommt damit natürlich dem zu allen Zeiten weit verbreiteten Bedürfnis nach Wundern entgegen. Der Tod des Jakobus läßt an den deus ex machina zweifeln. Jeglicher Wunderglaube ist recht kurzatmig und wird durch die bittere Realität eines anderen belehrt. Wir kommen der Geschichte näher, wenn der Glaube nicht durch Wunder bestätigt wird, sondern wenn zum Glauben das Wundern gehört. Wir wundern uns, es geht weiter, denn Gott befreit aus vielerlei Fesseln und Gefängnissen. Gewiß, da wird gewarnt, die Geschichte nicht als Paradigma zu nehmen und auf unterschiedliche Lebenssituationen und Erfahrungen zu übertragen; geht es doch wirklich um Gefängnis. Doch meine ich, daß z. B. das Leben und Sterben von Bonhoeffer erlaubt und gebietet, die Befreiung nicht an der Loslösung der Fesseln festzumachen. Petrus ist in Rom gestorben, wahrscheinlich hingerichtet. Jegliche glückliche Befreiungsgeschichten, aus welchem Ungemach auch immer, geben neu Mut zum Leben und Handeln, doch schaffen das Lebensende nicht ab. Gott will Fesseln gelöst haben. Gefängnisse sind keine Erfindungen Gottes. Darum darf über vielfältige Arten der gefesselten Menschen geredet werden. Konkret über die wegen ihrer Gesinnung, politischen Meinung, ihrer religiösen Überzeugung Gequälten und Gefolterten auf unserer Erde. Wie wäre es mit einer Liste von amnesty international? Und dann dieser Predigttext? Welche Wunder erwarten wir wohl? Gibt es womöglich Befreiung für Geknechtete, weil zunächst wir von Fesseln befreit, aus unserem Gefängnis herausgeholt werden? Es sind sehr andere Fesseln, als die des Petrus. Dennoch, die gefangenen Menschen schreien nicht nur nach offenen Türen, sondern nach befreiten Menschen, die Türen öffnen. Denn Gott braucht Engel, die Türen öffnen, Herzen erwärmen, Fronten überschreiten, durch Mauern gehen und nicht ausgetretene Pfade. Es sind ungewohnte Wege. Gottes Befreiung ist keine exklusive Tat des Außerirdischen, wo alle staunen. Die Geschichte läßt das wohl zu, sie läßt sich, wie Lukas sie erzählt, gut vermarkten. Zurück bleiben staunende Menschen, aber nicht befreite. Als Befreite werden wir zu seinen Boten. Da kommt einiges auf uns zu: Besinnen, innehalten, nachdenken – was sind die Zeichen der Zeit? Also Gebet ist vonnöten.

Allerdings: Gebet – die inständige Fürbitte – ist keine Ersatzhandlung. Gebet ist nicht ultima ratio, wenngleich auch das seine Geltung und Berechtigung hat. Viele können erzählen, wie sie mit Gebeten durch tiefste Täler gehen konnten und welche Lebenskraft aus dem Wissen erwuchs, daß andere mit ihren Gebeten sie begleiteten. Der Predigttext ist ein Beispiel uneingeschränkter Solidarität: keinen aufgeben und vergessen. Das Gebet zielt auf Befreiung, auf Gottes Eingreifen. Doch es schließt dabei das engagierte Leben für andere ein, sonst wird es Ersatzhandlung. In vielen Situationen gilt: Beten allein genügt nicht! Lest Mutter Courage von Brecht: Das Gebet der stummen Katrin ist die Trommel, die aufweckt und Rettung bringt. Es lohnt sich, unsere Fürbitten daraufhin zu überprüfen.

Wir bringen unsere Klagen, unsere Nöte und Bitten vor Gott. - Lest die Zeitung und lang werden die Klage und Bitte. Doch passen wir auf, daß wir nicht vieles Gott zuschieben, was wir doch selbst erledigen sollten. Wenn es ums Befreiungshandeln geht, ist Gott nicht die einzige Adresse - die erste Adresse sind wir!
Aus diesen Überlegungen ergeben sich für mich verschiedene Themenschwerpunkte für den Gottesdienst.
Das Thema Fürbitte: Beten erfordert wache Zeitgenossen. Beten zeigt unsere Grenzen auf. - Beten ersetzt nicht Handeln. - Beten ist frommes und politisches Handeln. - Das Thema: Gott braucht Engel. - Das Thema: Gott befreit.

Vorschläge zur Liturgie

Psalmlesungen: Psalm 126 / Psalm 98 / Jona 2,3–10

Kyriegebet

Gott, laß uns hören die Stimmen der Erde und der Völker, des Meeres und der Menschen, laß uns hören den Lobgesang von Schönheit und Befreiung, laß uns hören die Klage über Zerstörung und Unrecht.

Herr, erbarme dich.

Gott, laß uns singen das neue Lied, mit unserer Stimme und mit unserem ganzen Leben; laß uns singen das neue Lied deiner Gegenwart in dieser Welt, das Lied deiner Liebe für jeden Menschen.

Christe, erbarme dich.

Gott, laß uns die Stimmen hören, laß uns dein Lied singen, gemeinsam und füreinander, betend und fürbittend, damit in uns und durch uns die Gegenwart deiner Liebe sichtbar werde.

Herr, erbarme dich.

Gott, Vater und Mutter aller Menschen, du befreist aus der Sklaverei, von Ketten, aus Abhängigkeiten und aus den gottlosen Bindungen. Wir aber sind auf Sicherheiten aus. Darum sind uns Gebete zu unsicher. Wer weiß, ob du uns hörst. Wir leben nach dem Motto: »Lieber den Spatzen in der Hand als die Taube auf dem Dach«. Darum nehmen wir die Ketten hin, die Abhängigkeiten und die gottlosen Bindungen und bleiben dabei ohne Hoffnung und Zukunft. - Gott, befreie uns.

Lesungen

2. Timotheus 1,7–10; Römer 8,31–39

Lieder

EKG 66,1–3; 65,1–7; 302,4–5; 364;65 »Hilf uns, Herr, die Ketten sprengen« (in: Alle Knospen springen auf, Impulse Musikverlag)

2. Welcher Engel wird uns zeigen, wie das Leben zu bestehn? Welcher Engel schenkt uns Augen, die im Keim die Frucht schon sehn? Wirst du für mich – werd ich für dich der Engel sein?

3. Welcher Engel öffnet Ohren, die Geheimnisse verstehn? Welcher Engel leiht uns Flügel, unsern Himmel einzusehn? Wirst du für mich – werd ich für dich der Engel sein?

Predigtskizze

Liebe Gemeinde, als unsere älteste Tochter ein kleines Mädchen war, sammelte sie eines Tages mit einem Nachbarjungen Kastanien auf. Es war windig, die Früchte polterten nur so herunter. Eine Kastanie fiel dem Jungen auf den Kopf. »Aua« schrie er. Uta, unsere Tochter, sagte zu ihm: »Ich habe zu Gott gebetet, daß er aufpaßt. Siehst du, mir fällt keine auf den Kopf.« Eine rührende Geschichte vom kindlichen Glauben, einem unerschütterlichen Zutrauen. Wirklich unerschütterlich? Was wäre, wenn die Kastanie Utas Kopf getroffen hätte?
Diese Geschichte fiel mir zu unserem heutigen Predigttext ein. Auch hier eine rührende, erbauliche Geschichte. Auch hier wird Gott gebeten mit großer Inbrunst und erstaunlichem Vertrauen, und siehe, es wendet sich alles zum Guten. Eine der frommen Happy-End-Geschichten, erbaulich fürs Gemüt.
Liebe Gemeinde, haben Sie auch damit Ihre Schwierigkeiten? Alles ein bißchen dick aufgetragen. Der gute Ausgang läßt fast vergessen, wie sich in dieser Geschichte eine mehrtausendjährige Geschichte von Verfolgung und Unterdrückung, von Folter und Hinrichtung widerspiegelt, die wun-

dersame Befreiung, läßt fast vergessen, wieviel Gefängnistore verschlossen bleiben und dringende Gebetswünsche ohne Echo sind. Nein, so automatisch geht es nicht zu in unserem Glaubensleben wie hier. Ich verstehe, wenn manche von Ihnen sich enttäuscht abwenden, weil die Geschichte wohl erbaulich erzählt ist, aber uns nicht unbedingt in unseren Schwierigkeiten angesichts der Ungerechtigkeit in der Welt aufbaut. Da mag einer sich auch entmutigt fühlen.
Dennoch, liebe Leute, wir sollen ermutigt werden. Ja, es ist eine Befreiungsgeschichte, die uns persönlich treffen kann, auch wenn wir nicht in diesen Situationen sind. Die Geschichte wird uns erschüttern, sie soll uns ermuntern und wird uns befreien.

Zum weiteren Verlauf
1. Die Geschichte wird uns erschüttern. Sie ist eine Verfolgungs- und Gefängnisgeschichte.
Hier würde ich jetzt auf die damalige Situation eingehen. Also kurze Schilderung: Wer ist Herodes Antipas - der Freund des Kaisers in Rom. Nach ausschweifenden Jahren in Rom nun mächtigster Mann im jüdischen Vasallenstaat, gebildeter Jude, inzwischen rechtgläubig, setzt sich ein für Recht und Ordnung in Gesellschaft und Synagoge. Die ersten Christengemeinden sind weitgehend Juden, aber nicht rechtgläubig.
Sie gelten als Störenfriede. Störenfriede werden verfolgt mit Mitteln, die offenbar machen, wieviel Angst Mächtige haben. Ich würde also die Geschichte so erzählen, daß verhindert wird, die Thematik einzuengen auf Christenverfolgung - das verbietet schon die lange Geschichte von Gefängnis, Folter und Hinrichtung seitens der Kirche. Nun kann konkret von heutigen Verfolgungssituationen gesprochen werden, verfolgt wegen der Gesinnung, eingekerkert wegen Weltanschauung, »falscher« Religion. Beispiele gibt es leider viel zu viele. Die Verfolgten wie die Folterer finden wir auf allen Seiten. Das macht die Tragik und Erschütterung der Geschichte aus.
2. Die Geschichte soll uns ermuntern. Die Befreiungsgeschichten Gottes verbieten uns, zu resignieren.
Hier würde ich von Gebet und Fürbitte sprechen. Dazu helfen die Kontexte. Z. B. Wir können nur mit Gott reden, wenn wir unsere Arme um die Welt legen. Zum Beten gehören offene Augen und Ohren. Es sollte deutlich werden, daß Beten nicht eine Ersatzhandlung ist, wenngleich es in Extremsituation auch ultima ratio ist.
3. Die Geschichte wird uns befreien.
Hier sei erlaubt, von den Ketten und Kerkern zu sprechen, in denen wir gefangen sind, wo wir blind bleiben, Ohren zuschließen. Jeder wird hinreichend Beispiele finden. Wenn Gemeinde als Gemeinschaft von Befreiten lebt, hört, miteinander redet, dann wird das Gebet nicht Ersatzhandlung. Dann werden wir zu vielen Befreiungsschritten befreit. Dann werden wir die Engel, die Gott braucht.

Abschließen würde ich mit dem Wort von Bonhoeffer: »Von guten Mächten wunderbar geborgen« - ein Beispiel eines Befreiten, der in Ketten und schließlich auf dem Weg zum Schaffott als Engel Gottes sich erweist.

Kontexte

Zitate aus dem Ev. Gesangbuch für die ev.-luth. Kirchen in Bayern und Thüringen:

»Gott hilft uns nicht immer am Leiden vorbei, aber er hilft uns hindurch.«
Johann Albrecht Bengel a. a. O., Seite 672

»Manchmal denkt man, Gott müßte einem in all den Widerständen des Lebens ein sichtbares Zeichen geben, das einem hilft. Aber dies ist eben sein Zeichen: daß er einen durchhalten und es wagen und dulden läßt.«
Jochen Klepper a. a. O., Seite 692

»Wir können nur mit Gott reden, wenn wir unsere Arme um die Welt legen.«
Martin Buber a. a. O., Seite 767

»Die Klagemauer - im Blitz eines Gebetes stürzt sie zusammen. Gott ist ein Gebet weit von uns entfernt.«
Nelly Sachs a. a. O., Seite 927

»Bewahre mich vor dem naiven Glauben, es müßte im Leben alles glatt gehen. Schenke mir die nüchterne Erkenntnis, daß Schwierigkeiten, Niederlagen, Mißerfolge, Rückschläge eine selbstverständliche Zugabe zum Leben sind, durch die wir wachsen und reifen.«
Antoine de Saint-Exupéry a. a. O., Seite 1059

»Niemand unter den Sterblichen ist so groß, daß er nicht in ein Gebet eingeschlossen werden könnte.«
Bertolt Brecht a. a. O., Seite 1071

»Nicht daran, wie einer von Gott redet, erkenne ich, ob seine Seele durch das Feuer der göttlichen Liebe gegangen ist, sondern daran, wie er von irdischen Dingen spricht.«
Simone Weil a. a. O., Seite 1077

»Käme kein Engel mehr, dann ginge die Welt unter. Solange Gott die Erde trägt, schickt er seine Engel. Die Engel sind älter als alle Religionen und kommen auch noch zu den Menschen, die von Religion nichts mehr wissen wollen.«
Claus Westermann a. a. O., Seite 285

17. Sonntag nach Trinitatis

Annäherungen an den Predigttext Jesaja 49,1-6

Reinhard Kirste

Bei einem Gespräch in einer Gruppe von Religionslehrerinnen und Religionslehrern kam einigen der Textzusammenhang von Jesaja 49 nicht unbekannt vor. So war denn auch unbestritten, daß hier der Gottesknecht (wahrscheinlich am Ende des 6. und Anfang des 5. Jh. v. Chr., also nach dem babylonischen Exil) redet. Das war denn aber auch schon weitgehend alles an exegetischem Vorwissen. So löste dieser Abschnitt erhebliches Unverständnis aus, ja er schien regelrecht heutigem Verstehen verschlossen zu sein. Keiner weiß wirklich, wer der »Gottesknecht« wirklich war, immerhin ist er in einigen Stellen des Neuen Testaments auf Jesus bezogen worden. Aber dies ist schon der zweite Schritt vor dem ersten.
In einem Gedankenspiel versuchten wir uns vorzustellen, wer die Person sein könnte, die hinter dem »Gottesknecht« steht. Wir fanden es anregend, den vorliegenden Text in einen anderen Kontext zu verlegen. Dabei entwickelten sich einige Menschentypen wie etwa der Führer einer neuen religiösen Bewegung, ein Wirtschaftsboß, der international einflußreich ist, eine »kaputte« Existenz, die sich neu findet usw. Natürlich kam durch die Kenntnis der Passionsgeschichte und der dortigen Anspielungen auf Jesaja 53 auch der Versuch einer Übertragung auf die Person Jesu ins »Spiel«. So war es für mich verlockend, aus den Ideensplittern durch Zuspitzung die Typik noch deutlicher hervortreten zu lassen. Die Ambivalenz der von den Lehrerinnen und Lehrern entdeckten Typen ist bei dem freien Umgang mit dem Bibeltext durchaus erhalten geblieben.

Der Gottesknecht als gescheiterter Existenz und doch Hoffnung machende Figur.
Ein Alkoholiker erzählt:
»Karriere habe ich nicht gerade gemacht. Ich hatte zwar Ideen, aber die anderen haben die Prämien dafür bekommen. In meiner Firma hatte ich zu viele Neider. Als ich auf meiner Arbeitsstelle gemobbt wurde, ging mein Idealismus langsam aber sicher in die Brüche - genauso wie meine Ehe. Um die Sorgen zu betäuben und den Ärger zu vergessen, habe ich angefangen zu trinken. Dann kam nur noch ein großes Loch.
Was ich aber nicht für möglich gehalten hätte, geschah. Am Ende des Tunnels wurde es hell. Als würden mich unsichtbare Kräfte aus dem Dunkel

herausziehen, so kam ich mir vor. Gewiß, Freunde haben geholfen: Sie ließen mich nicht im Dreck liegen, sie kümmerten sich manchmal Tag und Nacht um mich. Sie schafften es, daß ich von allein in die Therapie ging. Nun bin ich trocken. Was hinter mir liegt, erscheint wie ein böser Traum. Nicht, daß ich nun Bäume ausreißen möchte. Ich spüre aber die Kraft in mir, die nicht von mir allein sein kann. Ich staune manchmal über mich selbst, was ich sagen kann, wie ich es sagen kann. Als hätte einer meinen Mund zu einem scharfen Schwert gemacht. Hinterher liegen die Dinge viel klarer als vorher. Leute kommen zu mir, fragen mich um Rat - mich, der ich vor einem Jahr noch selbst in der Gosse lag - zerlumpt, verdreckt, von der Familie ausgestoßen und von Krankheit zerfressen - einer, für den man keinen Pfifferling mehr gegeben hätte - und auf einmal: Ich selbst kann Verzweifelten wieder Hoffnung machen, obwohl ich doch nur ein paar Worte sage. Es müssen Worte sein, die ich mir nicht selbst ausgedacht habe, sondern die mir in den Mund gelegt wurden.«

Der Gottesknecht als Wirtschaftsboß
Ein Konzernchef schreibt seine ganz privaten Gedanken nieder:
»Hört zu, ihr Betriebe und Konzerne, merkt auf, ihr asiatischen Märkte. Ich bin zum Marktführer berufen. Schon als Kind kam ich groß heraus. Was ich heute sage, steht morgen überdimensional in den Zeitungen, wird über alle Satelliten gesendet. Ich fühle mich nicht als Knecht, ich habe mich selbst hochgearbeitet. Jetzt bin ich wer - international.
Sicher, es gab Abstürze, nicht nur bei den Börsenkursen, aber ich habe kühlen Kopf bewahrt. Von den Nächten, in denen ich schlecht geschlafen habe, will ich gar nicht reden. Aber nun bin ich durch die Talsohle durch. Ich habe mich nicht unterkriegen lassen. Ich habe die anderen untergekriegt. Ich bin nicht nur für meine eigene Firma und meinen Konzern interessant. Ich könnte in noch viel mehr Aufsichtsräten sitzen.
Ich glaube, ich werde eine Agentur für Wirtschaftsberatung aufmachen. Meine Ideen bringen Licht in finanzielle Verzerrungen. Ich habe nicht nur ein Konzept für die Sanierung von Finanzmärkten, ich habe das ›Know how‹ in meinem Leben durchexerziert. Auf mein Wort reagiert der Börsenindex. Auch die Banken können mir inzwischen nichts mehr anhaben. Vielleicht schreibe ich eine neue Wirtschaftsethik, wenn ich mich nächstes Jahr zur Ruhe setze. Ich habe ja nicht nur mein Schäfchen ins Trockene gebracht. Viele sitzen jetzt gut, warm und trocken, die vor einem halben Jahr noch um ihre Existenz und ihr Überleben zittern mußten.«

Der Gottesknecht - ein Licht für die Welt
Jesus erzählt einigen Engeln im Himmel aus seiner irdischen Geschichte:
»40 Tage hatte ich mich aus dem Leben meiner Stadt zurückgezogen, mit mir und der Wüste allein. Ich hatte seit meiner Kindheit den Eindruck, daß etwas Besonderes auf mich wartete, aber was das war, wurde mir erst in diesen 40 Tagen und besonders in den 40 Nächten des Fastens klar. Die

inneren Erlebnisse, die meine Biographen als »Versuchung« bezeichnen, waren auch extrem. Nach dieser Zeit wußte ich, was ich zu tun hatte, als hätte ich es schon im Mutterleib gewußt.
Ich zog drei Jahre als Wanderprediger durch das Land. Oft hörten viele Leute meinen Predigten zu, einmal sogar 5000. Ich spürte heilende Kräfte in mir, und die Leute sprachen von ›Wunder‹, wenn ich einen Kranken gesund machte. Mit meinen Worten war ich auch nicht zimperlich. Ich fühlte mich von Gott autorisiert, das gab mir Kraft, aber das schaffte mir auch Feinde. Manchmal dachte ich, daß alles vergeblich sei, ich meine Kraft umsonst verbrauche und sich doch nichts ändert. Wen interessiert schon das Himmelreich? Ich ging durch tiefe Depressionen.
Aber ein inneres Licht richtete mich immer wieder auf und wärmte mich. Wenn ich den Eindruck hatte, an den Verbohrtheiten meiner eigenen Religion und an den Borniertheiten der Theologen und unmenschlichen Moralisten zu scheitern, begegneten mir Leute, die nicht nur etwas von mir erwarteten - eine Heilung, ein gutes Wort, nein, sie nahmen mir mit einem Mal die Last ab, die mich niedergedrückt hatte. Oft genug waren das Menschen, von denen unsere Frommen gesagt hätten, das seien Ungläubige oder Ketzer. Daß meine von Unsicherheiten und Schwächen gekennzeichnete Person Licht sein konnte, nicht nur für die Zerstreuten und Zertretenen im eigenen Land, sondern darüber hinaus, das ist für mich ein Gottesbeweis der besonders wundervollen Art.«

Zum Weiterdenken
Der Reiz solcher Variationen liegt darin, durch formale Bezüge (wörtliche Rede), biographische Parallelen in einzelnen Abschnitten und sprachliche Anspielungen (Anklänge an den Originaltext) ein Klima schaffen, in dem der Gottesknecht Gestalt gewinnt und aus seiner Anonymität heraustritt. Dies geht bis zu dem Punkt, wo ich die Identifizierung mit Jesus wage (aber gewissermaßen als Epilog im Himmel). Die drei Varianten laufen aber nicht einlinig auf das hoffnungsvolle (»lichtvolle«) Ende zu, sondern Ambivalenzen bleiben. Dies könnte Chancen bieten, den Text in unsere Zeit »hinüberzubringen«. Er scheint doch nicht so abseitig zu sein.

Zum Gottesdienst

Kurt Dohm

Exegetisch-homiletische Skizze

Die exegetische Betrachtung der Perikope deckt keine besonderen Schwierigkeiten auf. Der Text hebt sich deutlich aus seinem Zusammenhang hervor. Kapitel 46 bis 48 werden mit dem Jubellied in 48,20–21 abgeschlossen,

und mit der Botenformel Vers 7 setzt ein neuer Abschnitt ein. 49,1-6 ist das zweite der »Gottesknechtslieder« in Deuterojesaja (42,1-4 (5-9); 49,1-6; 50,4-9 (10-11); 52,13-53,12), die innerhalb des Werkes dieses unbekannten Propheten eine Sonderstellung einnehmen. Sie sind trotz ihrer auffallenden thematischen und formalen Besonderheit dem Verfasser von Deuterojesaja (Jesaja 40-55) zuzurechnen, dessen Wirken allgemein in der Zeit des Exils und/oder bald danach angenommen wird. Vielfach wird vermutet, daß Deuterojesaja in Babel gelebt und gewirkt hat. Die »Ebed-Jahwe-Lieder« sind in die übrigen Lieder und Sprüche des Propheten eingestreut und können untereinander in Inhalt, Sprache und Form als Einheit angesehen werden. Ihr besonderer Charakter liegt im bekenntnishaft-persönlichen Ausdruck, im monotheistisch-universalen Gottesbild sowie in der Ausweitung des Heilsgeschehens auf die Völker. Vor allem der letzte Gesichtspunkt verbindet 49,1-6 besonders mit dem ersten der Lieder, 42,1-4. Die Sendung unter die Heiden ist beiden Liedern (42,1; 49,6) gemeinsam, aber auch der Hinweis auf die Berufung des Propheten (42,1; 49,1-3) sowie der Verweis auf die »Inseln«, die auf »Weisung warten« (42,4), bzw. deren Aufmerksamkeit geweckt werden soll (49,1). Während aber in 42,1-4 Jahwe redet, spricht in 49,1-6 der Knecht in eigener Person.
Inhalt und Aufbau der Perikope sind übersichtlich: Der Knecht redet die Völker an - nicht Israel! Er versteht sich als von Gott schon vor der Zeit seiner Geburt berufen (Vers 1). Seine Waffe ist das Wort, ja, er in seiner Person ist diese Waffe, geborgen/verborgen bei Gott (Vers 2). Die Berufung wird bekräftigt (Vers 3). Der Knecht beklagt die Vergeblichkeit seines bisherigen Wirkens (Vers 4), das in der Sammlung und Wiederbringung Israels bestanden hat (Vers 5). Nun erhält er einen größeren, universellen Auftrag (Vers 6), Licht der Heiden zu sein.
Die gewissermaßen vorgeburtliche Berufung des Knechtes erinnert an die Berufung Jeremias (Jeremia 1,5). So kann auch die Berufung zum Knecht Gottes als eine - wenn auch vielleicht besondere - Form der Berufung zum Prophetenamt verstanden werden. Sein Mittel ist allein das des Wortes, dieses aber wirkt wie eine scharfe Waffe. Offen ist, ob diese Waffe bisher oder noch als bei Gott verborgen zu verstehen ist oder ob sich der Prophet selbst als ein in allen Gefährdungen doch bei Gott Geborgener begreift. Die Benennung des Knechtes sowie daß Gott sich durch ihn verherrlichen will, ist ungewöhnlich und deutet auf eine herausragende Stellung hin. Der Name »Israel« (Vers 3) wird gewöhnlich als Zusatz und somit als eine sehr frühe kollektive Interpretation des Gottesknechtes verstanden. Vom Textbefund her wäre eine Streichung nicht zu begründen, wohl aber vom Inhaltlichen her, denn wie wollte »Israel« Israel sammeln und die »Zerstreuten Israels« wiederbringen (Vers 5 und 6)? Der Gottesknecht sieht seine bisherige Arbeit als umsonst (toho) und unnütz (häbäl) an. Es ist ihm gelungen, Jakob und Israel zu Gott zurückzuführen. Er ist deprimiert und resigniert, obwohl er weiß, daß er bei Gott seine Rechtfertigung und seinen

Lohn finden wird. Unklar bleibt, wie sein bisheriger Auftrag gemeint war. Bezieht sich dieser Auftrag auf eine vorexilische Berufung? Sollte er mitten im Exil das Volk zu neuem Glauben und womöglich zu neuer nationaler und religiöser Identität führen? Stand der Auftrag womöglich im Zusammenhang mit der Rückführung der Exilierten? Gott jedenfalls akzeptiert die Resignation seines Knechtes nicht, sondern gibt ihm einen neuen, weit umfassenderen Auftrag: Licht der Heiden zu sein, das Heil Gottes bis an die Enden der Erde zu tragen - ein Auftrag, der ein gewöhnliches Prophetenamt weit überschreitet.

Spätestens damit stellt sich die immer wieder diskutierte Frage, wer denn dieser Gottesknecht sei. Trotz der sehr individuellen Züge des Gottesknechtes und seiner besonderen Leidensgeschichte (53,1-12) bleibt eine möglicherweise dahinterstehende historische Person wenig greifbar. So könnte in ihm das exemplarische Leiden eines Propheten, der mit seinem Leben für das Wort Gottes eintritt, abgebildet sein. Die das Maß und die Möglichkeit eines einzelnen weit übersteigende Charakterisierung des Gottesknechts verleihen ihm messianische Züge. Aber auch die kollektive Deutung auf Israel als Ganzes hat es offenbar, wie aus dem Zusatz Vers 3 erkennbar wird, schon früh gegeben. Die Kirche hat den leidenden Gottesknecht auf Christus hin gedeutet. Man kann annehmen, daß das Verständnis der Sendung Jesu und vor allem die Gestaltung der Passionsberichte von diesen Texten und besonders von Jesaja 53 her geprägt worden ist. Und ähnlich wie die Gottesknechtslieder kollektiv auf Israel hin gedeutet wurden, hat sich auch die Kirche in ihrem Auftrag an die Welt und in ihrer eigenen Leidensgeschichte in ihnen wiedergefunden. In verschiedenen Predigtmeditationen wird dieser Weg der Deutung auf die Kirche dann auch für die Predigt gegangen, so von Hans-Peter Müller in den Göttinger Predigt-Meditationen (30. Jg., Vierte Reihe, 1975/76, Seite 96 ff.), der anhand des Textes »Auftrag, Klage und Zuversicht der Kirche« thematisieren möchte. Oder von Herbert Breit in den Calwer Predigthilfen (CPH, Bd. 2, Die alttestamentlichen Texte der Vierten Reihe, 3. Aufl. 1972, Seite 72 ff.), der, die Gefahrenklippen wohl wissend, im Ebed-Jahwe Christus und dann und darum auch Prediger und Gemeinde erkennen möchte.

Interessant und für die Predigt auch fruchtbar zu machen, finde ich die Bermerkung Breits mit seinem Hinweis auf Vers 6 b: »Der Ebed ist das Wort selbst« (Seite 83). Vers 2 würde diese Deutung noch bestärken. Auch wenn das hebräische Wort für »Wort« (dabar) im Text selbst nicht vorkommt, geht es doch hier wie in den anderen Gottesknechtsliedern immer wieder darum. Der Knecht ruft und redet (50,4), gibt Weisung (42,4), wird zum Mund (49,2). Gerade Deuterojesaja ist mit dem Begriff »Worttheologie« in Zusammenhang zu bringen (40,8). In den Schlußsätzen seines Werkes (55,5 ff.) »hat die Prophetie wohl das Umfassendste ausgesprochen über das Wort Jahwes und seine Auswirkung ... die Dimensionen sind bis auf das letzte Denkmögliche und auch bis ins theologisch Grundsätzliche ausgewertet« (Gerhard v. Rad, Theologie des Alten Testaments, Band II, Chr. Kaiser Verlag, München, 1965, 4. Aufl., Seite 102; Vgl. zum ganzen Komplex auch das Stichwort »dabar« in: Theologisches Wörterbuch zum Alten Testament, Band II, hrsg. von G. Johannes Botterweck und Helmer Ringgren, Verlag Kohlhammer, Stuttgart 1977, Seite 90 ff.; besonders Seite 126 ff.).

Zu den anderen Predigtmöglichkeiten: Eine Auseinandersetzung mit der Problematik Kirche/Israel und messianischer Gottesknecht/Christus-Bekenntnis würde ich mit diesem Text nicht führen. Dafür ist auch am 10. Sonntag nach Trinitatis üblicherweise Raum genug gewesen. Auch die Thematik »Licht der Völker« mit Betonung der Licht-Symbolik, wie von Gerhard Liedke und Michael von Seyfried in den Predigtstudien (PST IV/2, 1994, Seite 226) würde ich nicht verfolgen, da die Licht-Symbolik schon mehrfach im Kirchenjahr belegt wird. Einer Übertragung der scheiternden und doch Hoffnung machenden Figur des Gottesknechtes ins Allgemein-Menschliche, wie sie in den »Annäherungen« versucht wird, ist nur mit Zurückhaltung zu begegnen. Menschliche Erfahrungen von Scheitern und neuer Hoffnung lassen sich natürlich dennoch in die Predigt einbringen.

Leider hat die Perikope mit ihrer Stellung am 17. Sonntag nach Trinitatis (im Jahr 2000 wird das am 15. Oktober zwischen Erntedank und Reformationstag sein) keinen rechten liturgischen Ort mehr. In der früheren Perikopenordnung wurde am 3. Sonntag nach Epiphanias darüber gepredigt. Da war dieser Text deutlich in die Thematik der Epiphanias-Zeit eingebettet und bekam auch von daher seine inhaltliche Zordnung. Eine andere Zuordnung wies die Perikope an den Tag Johannes des Täufers (24. Juni) und stellte sie so ebenfalls in einen christologischen Zusammenhang.

Demgegenüber ist die Theamtik des 17. Sonntags nach Trinitatis sehr unbestimmt. Evangelium (Matthäus 15,21–28) und Epistel (Römer 10,9–17) reden vom Glauben, der Psalm (25), sofern man nicht der Agende, sondern dem EG (713) folgt, nimmt Not und Vertrauen des frommen Beters auf. Aber es bleibt alles recht blaß. Auch der vorgesehene Predigttext Jesaja 49,1–6 ist gegenüber den anderen Gottesknechtsliedern eher farblos.

Ich möchte für meine Predigt den Hinweis von Breit – »der Ebed ist das Wort selbst« – aufnehmen und den Text von Vers 2 her entfalten mit dem Ziel, das in Vers 6 genannt wird, daß das Wort Jahwes zum Licht der Völker werde und es der ganzen Welt zum Heil werde. Gottesknecht und Wort Jahwes sehe ich ganz eng beieinander, so daß sie fast schon identisch sind. Zumindest ist es nach dem oben Gesagten nicht völlig abwegig, den Gottesknecht und seinen Auftrag, im Wort Gottes Israel zu sammeln und den Heiden das Heil zu bringen, bis hin zur Identifikation anzunähern. In seinem Wort, das von Anbeginn der Welt dagewesen ist, das vor aller Schöpfung gewissermaßen »im Mutterleib« Gottes selbst bereitet wurde (Psalm 33,6; Johannes 1,1) verherrlicht sich Jahwe selbst. Aber dieses Wort redet auch vergeblich und scheint unnütz zu sein (Lukas 8,4–15). Dennoch liegt in ihm alles Heil. So wie der Gottesknecht und in ihm der Prophet selbst sich mit dem Schicksal des Wortes identifizieren, so wird Israel mit diesem Schicksal identifiziert. Individuelle und kollektive Deutung schließen sich somit nicht gegenseitig aus, sondern bedingen einander. Und es ist dann überhaupt kein großer Schritt mehr zu Christus als dem fleischgewordenen Wort Gottes (Johannes 1,14), das nun in ihm und durch ihn tatsächlich zum Licht der Heiden wird. Und sowohl Israel als auch die Kirche haben die gemeinsame Verantwortung für dieses Wort, daß durch sie nicht nur die Stämme Jakobs aufgerichtet, sondern alle Zerstreuten wiedergebracht werden zu Gott.

Vorschläge zur Liturgie

Lieder
EG 197 Herr, öffne mir die Herzenstür (als Eingangslied)
EG 199 Gott hat das erste Wort
EG 277 Herr, deine Güte reicht
EG 289,1–2.4–5 Nun lob, mein Seel, den Herren
EG 293 Lobt Gott den Herrn, ihr Heiden all
EG 337 Lobet und preiset, ihr Völker, den Herrn
EG 346,1–4 Such, wer da will, ein ander Ziel (Wochenlied)
EG 358,2 Es kennt der Herr die Seinen

Psalmen
Psalm 73,28; 2–3.13–14.23–26.28; oder Psalm 33,1–6.9–12.20–22 oder Psalm 67,1–6 (Psalm 119 dagegen hebt mir zu sehr auf das geschriebene Gesetz ab)

Lesungen
Alttestamentliche Lesung außer dem Predigttext: Jesaja 55,(6–7) 8–11 (12–13)
Als Evangelium: Matthäus 15,21–28 oder Johannes 1,1–5.14.16 oder Johannes 12,44–50
Als Epistel: Römer 10,9–18 oder 2. Korinther 4,6–18 oder Epheser 1,3–6.11–14

Gebet zum Kyrie
Du, Gott, rufst uns,
du redest zu uns wie eine Mutter, wie ein Vater,
du willst uns sammeln
und heimbringen zu dir im Glauben.
Wir aber hören nicht,
verschließen uns die Ohren,
mißachten dein Wort und seine Botschaft.
Darum rufen wir zu dir: Erbarme dich!

Du, Gott, sendest uns Boten,
daß wir dein Licht empfangen, dein Heil,
daß wir auf deine Gebote merken
und Friede und Gerechtigkeit unter uns wohnen.
Wir aber sind gleichgültig,
verschließen unsere Herzen,
lassen sie vergeblich reden
und umsonst ihre Kraft verzehren.
Darum rufen wir zu dir: Erbarme dich!

Du, Gott, willst, daß wir selber Boten seien,
Licht für die Welt, Salz der Erde,
daß unser Wort den Menschen
deinen Frieden zusagte,
deine Wahrheit künde,
deine Liebe sichtbar werden lasse.
Wir aber zögern, sind ängstlich,
trauen dir und uns so wenig zu.
Darum rufen wir zu dir: Erbarme dich!

Gnadenspruch

So spricht Gott: Gleich wie der Regen und Schnee vom Himmel fällt und nicht wieder dahin zurückkehrt, sondern feuchtet die Erde und macht sie fruchtbar und läßt wachsen, daß sie gibt Samen, zu säen, und Brot, zu essen, so soll das Wort, das aus meinem Munde geht, auch sein: Es wird nicht wieder leer zu mir zurückkommen, sondern wird tun, was mir gefällt, und ihm wird gelingen, wozu ich es sende (Jesaja 55,10 f.).

Kollektengebet

Gott, du hast uns dein Wort anvertraut.
Es gibt Zeiten, da fühlen wir uns getröstet
und darin eingehüllt wie in einen Mantel.
Es gibt Zeiten, da wirkt es auf uns wie Feuer und Hammer.
Hilf uns, auf dich, Gott, zu hören.
Laß uns als deine Botinnen und Boten in die Welt gehen
mit Sanftmut und Entschlossenheit,
mit Zärtlichkeit und Stärke.

Simone Carstens-Kant, in: Gottesdienstpraxis, Serie A IV/2, hrsg. von Erhard Domay, Gütersloh 1994, zitiert nach: Der Gottesdienst in gerechter Sprache, Teil 1, Gütersloher Verlagshaus, Gütersloh 1997–1998, CD-ROM 1.1

Fürbittengebet

Gott, du schenkst Glauben,
Glauben, der Berge versetzen kann.

So laß es geschehen,
daß dein Wort uns verändert,
dann können wir trösten,
dann können wir helfen und heilen.
Wir bitten dich: Erhöre uns.

Gott, du schenkst Glauben.
So laß es geschehen,
daß dein Wort die Kirche erneuert,
dann kann sie zum Ort der Zuflucht werden,
der Geborgenheit und des Zusammenhalts.
Wir bitten dich: Er höre uns.

Gott, du schenkst Glauben.
So laß es geschehen,
daß dein Wort in der Welt gehört wird,
dann werden die Rechte von Menschen geachtet,
die Güter der Welt geteilt
und die Erde bewahrt
für zukünftige Generationen.
Wir bitten dich: Erhöre uns.

Aus: PC-Agende der EKKW, hrsg. von der Ev. Kirche Kurhessen-Waldeck, Kassel 1997 und dem Ingenieurbüro Matthias Frey, Reutlingen 1993 ff.;M Fürbittengebet zum 17. Sonntag nach Trinitatis

Vorschlag zur Predigt

Möglicher Anfang

Wie von ferne klingt das Rufen zu uns herüber, weit übers Meer und weit über die Zeiten hinweg. Denn wir sind die Völker in der Ferne, an die sich der unbekannte Rufer aus dem Israel des 6. Jahrhunderts wendet. Wir wissen nicht, wem jene Stimme gehört. Ein Gottesknecht wird er genannt. Ist es der Prophet selber, ist es ein anderer, spricht Israel als Ganzes zu uns, den Fernen und Fremden? Wir wissen nichts von ihm und seinem Schicksal. Und doch ist er uns vertraut wie kaum ein anderer: »Fürwahr, er trug unsere Krankheit und lud auf sich unsere Schmerzen«, heißt es an anderer Stelle im Jesaja-Buch von ihm. Und: »Er ist um unserer Missetat willen verwundet und unserer Sünde willen zerschlagen. Die Strafe liegt auf ihm, auf daß wir Frieden hätten, und durch seine Wunden sind wir geheilt.« So hat sich Jahrhunderte später in Jesus Christus mit diesem Unbekannten ein Name für uns verbunden, der uns vertraut und kostbar geworden ist und in dessen Schicksal wir eben jenen Unbekannten wiederzuerkennen glauben.
Aber hier ist erst einmal nur diese Stimme eines Menschen, der von seinem Mund spricht, daß es scharf wie ein Schwert sei. Wie einen Pfeil Gottes

sieht er sich und sein Reden, wie einen Pfeil, der unversehens geflogen kommt und der auch trifft. Dieser Mensch, zu dem Gott sagt: Du bist mein Knecht - dieser Mensch selber bleibt verborgen hinter seinem Auftrag und seiner Botschaft. Er ist nicht wichtig. Was er zu sagen hat, ist wichtig. Es scheint, als ob er ganz aufgeht in seiner Botschaft. Das Schicksal des Wortes, das er auszurichten hat, ist auch sein Schicksal.

Zum weiteren Verlauf

Nun spreche ich von der Bedeutung des Wortes, was es ausrichten und anrichten kann, zum Guten wie zum Bösen, wie viele Worte auch vergeblich gesprochen werden: Worte der Eltern an ihre Kinder, Worte von Liebenden, Worte eines Predigers, Worte der Kirche zu Fragen der Zeit, Worte des Friedens und der Versöhnung (zur Zeit der Abfassung dieses Beitrages sind gerade die Verhandlungen über den Kosovo gescheitert und der Luftkrieg ist voll entbrannt). Worte, die vergeblich gesprochen werden, machen müde und enttäuschen. Menschen verstummen und werden schweigsam, wenn ihr Wort keine Resonanz findet. Andere müssen für ihre Worte leiden. Sie werden verspottet, lächerlich gemacht, bedroht und auch getötet. Worte der Wahrheit und des Friedens haben es schwer. Und wer sie spricht und verkündet, wird immer sein eigenes Schicksal damit verbinden (Beispiele wie Bonhoeffer, Gandhi u. a.). Erst recht, wenn es um das Wort Gottes geht, dieses Wort, das die Welt ins Dasein gerufen hat, das Israel aus ägyptischer Sklaverei herausrief, das im Gesetz vom Sinai zur Grundlage des Bundes mit Israel wurde, das von den Propheten in Erinnerung gebracht wurde, das von den Juden bewahrt und heilig gehalten wurde und wird. In diesem Wort Gottes, das immer wieder neu ergeht, dem Gott immer wieder neu Stimme verleiht, liegt alles Heil begründet. Es sammelt die Menschen zu Gott, es führt sie, die sich verirren und verstricken in Unwahrheit und Gottlosigkeit, zurück zu Gott (Vers 5). Das ist seine eigentliche Aufgabe. Und wenn es auch immer wieder zu scheitern scheint, es behält doch sein Recht und seinen Lohn bei Gott (Vers 4 b). Es wird tun, wozu Gott es gesandt hat (Jesaja 55,11).

Propheten wie Jeremia und Jesaja, Jesus selbst, aber auch Zeugen des christlichen Glaubens haben sich mit dem Wort ihrer Botschaft identifiziert. Sie haben unter ihrem Scheitern gelitten, keineswegs nur psychisch. Auch jene Stimme, die einmal scharf war wie ein Schwert und treffend wie ein Pfeil, hatte die Vergeblichkeit ihres Bemühens erfahren müssen. Der Knecht Gottes war müde geworden und hatte resigniert. Das Wort hatte an Kraft verloren, so schien es. Wenn Menschen sich einer Aufgabe nicht gewachsen fühlen, versuchen wir, sie zu entlasten. Aber das ist nicht immer gut. Manchmal braucht ein Mensch mehr oder eine andere Belastung, um seine Fähigkeit zu entdecken. Gott gibt seinem Knecht eine neue, größere und umfassendere Aufgabe. Er soll Licht der Heiden sein und sein Heil bis an die Enden der Erde tragen. Seine Aufgabe soll sich nicht mehr allein auf

Israel richten, sondern bekommt universelle Weite. Das übersteigt Menschenmaß und Menschenmöglichkeit. Das kann kein einzelner. Das kann im Grunde nur Gott selber. Und so sucht er sich für sein Wort Männer und Frauen, die es ausrichten und weitersagen, die für dieses Wort mit ihrer Person einstehen. Ja, dieses Wort nimmt schließlich selbst menschliche Gestalt an. »Das Wort ward Fleisch und wohnte unter uns, und wir sahen seine Herrlichkeit als des eingeborenen Sohnes vom Vater, voller Gnade und Wahrheit«, sagt Johannes (Johannes 1,14). In ihm ist das Licht Gottes zu den Völkern gekommen (Lukas 2,29 ff.). In ihm ist das Heil Gottes allen Menschen zuteil geworden.

Möglicher Schluß
Heute ist uns das Wort Gottes anvertraut, uns als Kirche und als einzelnen Christen. Gemeinsam mit den Juden tragen wir Verantwortung dafür, daß dieses Wort bewahrt und für die Menschen zum Licht wird, daß es Zerstreute sammelt und Niedergeschlagene aufrichtet, daß es Frieden und Versöhnung wirkt. Damit ist uns ein hohes Gut in die Hände gegeben. Wenn nur unser Mund nicht stumm wird und das Wort Gottes in unseren Händen nicht wie ein abgebrochener Pfeil, der sein Ziel nicht mehr erreichen kann! Uns wird die Erfahrung nicht erspart bleiben, daß Worte nichts ausrichten. Wir werden mit Müdigkeit und Resignation zu kämpfen haben. Ja, es kann geschehen, daß man uns selber nicht mehr ernst nimmt. Die Kirche verliert an Einfluß. Man hört zwar noch auf sie, aber ihr Reden bewirkt wenig. Der Gottesknecht aber weiß, daß sein Recht und sein Lohn bei seinem Gott ist. So kann er sich dem neuen, umfassenderen Auftrag stellen. Auch als Kirche sollten wir uns darum nicht resigniert zurückziehen und womöglich Gottes gute Botschaft preisgeben, sondern zusehen, vor welche neuen Aufgaben Gott uns stellen will. Vielleicht war es bisher zu wenig, was uns aufgetragen war oder was wir uns selber zugemutet hatten, und es gibt noch so viel mehr zu entdecken, an Möglichkeiten, an Fähigkeiten, an Aufgaben. Wir haben jedenfalls die Verheißung: »Mein Wort wird nicht wieder leer zu mir zurückkommen, sondern wird tun, was mir gefällt, und ihm wird gelingen, wozu ich es sende« (Jesaja 55,11).

Kontext

»Der Prophet sagte: Keiner hat die Süße des Glaubens geschmeckt, der nicht seinen Mitmenschen liebt, ihn allein um Gottes Willen liebt; der sich nicht lieber ins Feuer werfen ließe, als dem Unglauben zu verfallen, aus dem ihn doch Gott erlöst hat; und dem Gott und Sein Prophet nicht weit über allem anderen teuer sind.«
Al-Bukhari – aus dem Islam, zitiert nach: Auf den Spuren der Weisheit, Gedanken für jeden Tag des Jahres aus den Religionen der Welt, hsrg. von Antje Büsing, Gütersloher Verlagshaus, Gütersloh 1997, zum 25. September.

18. Sonntag nach Trinitatis

Annäherungen an den Predigttext Jakobus 2,1–13

Traugott J. Simon

Sieben jüngere bis »gestandene« Erwachsene mit unterschiedlicher kirchlicher Bindung - allesamt Mitglieder eines Gospelchores, wie ich selbst - fanden sich zum Gespräch über diesen Text ein. Fünf Frauen und zwei Männer im Alter zwischen Mitte/Ende 20 und ca. 40 Jahren.
Da die Atmosphäre gut und durchaus offen ist, steige ich gleich mit einem Zentralbegriff des Textes ein. Vor dem Verlesen des Textes bitte ich um Assoziationen zu dem Begriff »Kein Ansehen der Person«.

Zunächst herrscht Schweigen, dann etwas unsicheres Lachen. Als Einfälle werden dann geäußert: »ohne äußere Bewertung«, »Vorurteil«, »Position ist nicht so wichtig«, »sollte selbstverständlich sein« - wieder Pause - »es geht ums Wesen«, »... daß es irgendwie um eine Tatsache geht, daß man keinen direkten Bezug auf Person(en) einbringen kann«. Vorsichtig dann ein Einwand: »Ich glaub', mir fällt dazu nichts ein, weil der Begriff so antiquiert ist.« »Nicht ansehen?«, fragt eine andere. Jemand anderes vergleicht ein Gespräch, bei dem man/frau sich sieht mit einem Telefongespräch und meint, daß da ja außer der Stimme »kein Bild von der Person« gegeben sei. Und schließlich fühlt sich jemand an »Berufsbeamtentum« erinnert.
Insgesamt also eine breite Spannweite, die von zustimmender Selbstverständlichkeit bis hin zu überholtem oder festgefügt-angestaubtem Sachverhalt reicht. Das anfängliche Schweigen und Lachen scheint auf eine gewisse Unsicherheit zu deuten. Mit der Zeit wächst jedoch das Interesse auf den Predigttext.
Nun lese ich den Text erst einmal ganz vor - ohne daß mitgelesen wird. - Der Abschnitt ist ja recht lang und nicht wenig kompliziert für ein einmaliges Hören - wie es im Gottesdienst üblich ist. Deshalb wähle ich diese Möglichkeit!
»Welches Stichwort/welche Stichworte sind Euch noch im Kopf?«, frage ich. Sie haben offenbar aufmerksam zugehört. Denn einige Vers-Teile haben sich eingeprägt. Gleichzeitig tauchen erste Fragen auf:
Zu V. 10: »Ein einziges Gesetz gebrochen«: Darf man so urteilen? - werden da (Rang)Plätze angewiesen?
Zu V. 13: »Wer unbarmherzig urteilt, wird auch unbarmherzig verurteilt; es kommt ein strenges Gericht.«

»Wer barmherzig ist, dem wird auch Barmherzigkeit widerfahren.« Und »Barmherzigkeit steht über dem Gericht« – und geflüstert: »Das hoffe ich auch!«
Zu V. 6: »Ihr versündigt euch gegen die Armen.«
Jemand anders – selbst körperbehindert – faßt zusammen, wie er den Text gehört hat: »Wer andere annimmt, wie sie sind, wird auch angenommen, wie er ist!«
Zum Schluß taucht noch einmal V. 10 auf wie am Anfang:
»Wer gegen *ein* Gebot verstößt, handelt gegen das ganze Gesetz.«
Um ein wenig über die emotionale Gesamt-Wirkung des Textes zu erfahren, frage ich: »Welche Farbe würdet Ihr dem Text geben?«
Überraschend viel kommt »grün«, je einmal auch »blau«, »bunt« (das greift wohl vor auf die verschiedenen Themen und Argumentationsweisen des Textes) und auch »schwarz-weiß«.
Nach etwas Diskussion ist die überwiegende Meinung, die mir ganz interessant erscheint: grüner Rahmen und innen schwarz-weiß, wenngleich auch einzelne das schwarz-weiß als zu düster und streng empfanden und für »bunt« eintraten.
Darin drückt sich offenbar aus, daß trotz sehr kräftiger Gegensätze im Text und der eher auf Unterscheidung ausgerichteten Sprache (schwarz-weiß) »das Ganze« des Textes dennoch einen angenehmen oder wohltuenden Gesamteindruck hinterläßt (grün). Doch dazu später.
Jetzt war die Zeit reif, den Text nachzulesen. Dies tat jedeR für sich. Daran entspann sich ein zunächst sehr lebhaftes Gespräch.
Zunächst kommen spontane Äußerungen und Verwunderungen:
- ganz eindeutig: radikale Forderung, jeden Menschen in Liebe anzunehmen;
- verwundert, daß niemand sich an das Bild des Reichen mit dem goldenen Ring erinnert;
- jemand staunt darüber, V. 6 vergessen zu haben und daß hier wohl arm und reich steht. Woraus sich die Frage erhebt, ob man/frau mit Reichen nicht auch barmherzig sein solle, da ja – biblisch – alle Menschen Schwestern und Brüder seien und beim Jüngsten Gericht würde dann wohl anders gewogen als »auf Erden«.

Mit der Nachfrage, warum dies denn gesagt werde, weist jemand auf die Spannung des konjunktivischen Beispiels (V. 2 ff.) und der indikativen Deutung hin (V. 5 ff.)!
Und die Frage erhebt sich, was in V. 7 mit dem »guten Namen, der über euch genannt ist«, gemeint sei.
Im Gespräch nimmt jetzt eine Zweiteilung und unterschiedliche Bewertung beider Teile Raum ein: Der erste Teil (= Partei für Schwache) wird gut befunden, (V. 2–7, bzw. 9), der zweite Teil wird in seiner Bedeutung angefragt (8, bzw. 10–13).
Das in V. 12 genannte »Gesetz der Freiheit« wird als Widerspruch in sich

empfunden. Auch daß jemand »Die Zehn Gebote als die zehn großen Freiheiten« aus der Konfirmandenzeit erinnert (frei nach Ernst Lange - oder war es Jörg Zink?), bringt keine Klärung. Schließlich wird zwischen V. 7 und 8 sowie zwischen V. 11 und 12 jeweils eine Lücke ausgemacht: »Da fehlt immer ein Satz!«

Im Nachdenken werden dann mit dem Reden über Reiche (V. 2 ff.) und der An-Rede der Gemeinde (ab V. 5) zwei Teile herausgefunden, über deren Bedeutung gegrübelt wird: »bewußt ein bißchen undeutlich - Wechsel von Äußerem/Sozialem zu Inneren/Verhalten/Einstellung - Umschwung in V. 8 »Liebe« - und eine Deutung zum »Gesetz der Freiheit« als innere Freiheit, sich zu entscheiden, z. B. ganz radikal nach den Geboten zu leben. Die Stimmung wirkt ein wenig ratlos, zumindest sehr suchend.

Über ein Stichwort aus der Runde, daß die Beispiele extrem seien, wird kurz die Bergpredigt als ähnlich angeführt: hier wie dort offenbar gewollte Zuspitzung.

Nach kurzer Pause meldet sich eine kritische Stimme zum Ende von Vers 12: Sie hatte es erst gelesen als »gerichtet werden *w*ollen«, da stehe aber »*s*ollen« und das sei ein ganz großes Problem!

Da kommt wieder Spannung ins Gespräch: Wie ist das denn nun mit der Barmherzigkeit? Kurze Erinnerung an den barmherzigen Samariter, der von den eigenen Leuten »verstoßen«, von Fremden »angenommen« worden sei. Aber »Barmherzigkeit« und »triumphiert« passe nicht zusammen und gebe dem Text ein unpassendes Happy-End. Was denn da im Urtext stehe ...!

Nach kurzer Denk- und Atempause wird noch mal ein neuer Ansatz gewählt: am Text sei gut, daß die Unterschiede herausgearbeitet und auch die (Luther-)Überschrift (»kein Ansehen der Person in der Gemeinde«) wird als durchaus positiv empfunden (»den Marsch blasen«).

Ich schalte mich hier ein mit der Frage, was Jakobus hier im Text wohl sagen will.

Es kommen Antworten wie: Jeder sei auf sich geworfen - »Vergeltet nicht Gleiches mit Gleichen« - guckt bei euch! - nicht richten, also nicht arm gegen reich aufwiegen.

Ich schaue in die Runde und bemerke: Wenn ich Euch anschaue, dann seht Ihr nicht gerade aufbauend oder aufgebaut aus ...!

Jetzt kommen so etwas wie Seelen-Seufzer: Die Forderung ist sehr radikal, schwer, großes Thema »Barmherzigkeit« und der Spruch aus der Kindheit »Wer andern eine Grube gräbt, fällt selbst hinein«.

Zwei direkte Aufforderungen zum Handeln werden im Text entdeckt: V. 1 und V. 12 und zwei große Themen: Gleichheit *und* Barmherzigkeit als zwei verschiedene Dinge.

V. 9 wird aufgegriffen, weil es dort um den Kern des Menschen, die innere Person gehe - und daß »sehen« und »bewerten« zweierlei sei. Eine junge Frau berichtet eine selbst erlebte Geschichte: Ein Tippelbruder fragt:

»Hast du 'ne Mark?« - »Nee! - Hast du eine für mich?« - »Nee« (und nach kurzem Suchen:) »Siebzig Pfennig. Kannste kriegen!«. Noch heute staunt sie über diese überraschende Umkehrung - auch ihrer eigenen Gefühle für den Bettelnden, der dann großzügig gibt.
Aber auch hier meldet sich wieder - dem Text (V. 11 ff.) entnommen - Widerspruch: Wenn ich nur *eines* der Gebote übertrete, habe ich in allem »verschissen«. Dennoch wird V. 13 als tröstlich gerühmt.
Wir nähern uns dem Ende, und ich versuche nochmal so etwas wie eine Gesamtschau des Textes: Würde etwas fehlen ohne die Verse 10 bis 13? Heftiger Widerspruch!! Klar. Denn die Verse 2–11 sind das »Schwarz-weiß« und die Verse 1.12.13 sind eben der »grüne Rahmen«. Etwa in der Richtung: Seid barmherzig und gerecht allen gegenüber!
Dann taucht nochmals das »Gesetz der Freiheit« als Frage auf - und wird so gelöst: daß Gott uns Schuld vergibt (= Textschluß).
Die weitere Frage, wodurch die beiden Textteile zusammengehören, wird so beantwortet: anfangs das äußere Verhalten, dann im zweiten Teil das innere Bewerten - beides ist genauso richtig und wichtig!
Zwischenfrage: Was ist die gute Botschaft hier?
»Der letzte Satz« - »Auch wenn ich mal der Dumme bin, bin ich von Gott angenommen.« »Barmherzigkeit Gottes hat letztes Wort.« - »Verse 6–8!«
Wozu wünscht Ihr Euch mehr Information oder mehr Konkretion?
»Gesetz der Freiheit« (V. 12)
»ganzes Gesetz« (V. 10)
»guter Name« (V. 7)
Anrede in V. 5+6: Ist das die gleiche Gruppe?
Spannung von »wäre«, »käme« etc. (V. 2 ff.) und indikativischer Feststellung (ab V. 5).
Enthält der Text im zweiten Teil nicht eine indirekte Drohung?
Ein interessanter Schlußkommentar einer jungen Frau, der viel Zustimmung findet: ist wie die heutigen Gesetzestexte; man muß/kann die Hälfte reininterpretieren.

Insgesamt verlief das Gespräch sehr phasenhaft. Nach lebhaften Teilen brach es förmlich wieder ab. Es »floß« nicht. Und viele Fragen blieben. Das ist für die Predigtvorbereitung eine große Herausforderung.
Denn: Die Freude auf eine Predigt über diesen Text überwiegt auch nach diesem Gespräch!

Zum Gottesdienst

Ulrich Haag

Exegetisch-homiletische Skizze

Wie lebten die Christinnen und Christen zur Zeit des Jakobus? Was haben sie gehofft? Was haben sie geglaubt?
Über die Gemeindesituation und den Verfasser des Briefes gehen die Ergebnisse der Exegese auseinander. A. Schlatter (Der Brief des Jakobus, 2. Aufl. 1956) identifiziert Jakobus mit dem Herrenbruder und erkennt im Hintergrund die Jerusalemer Urgemeinde. Schrage (H. Balz/W. Schrage, Die »katholischen« Briefe, 1973) siedelt den Brief unter Verweis auf die offensichtliche Auseinandersetzung mit einem »pervertierten Paulinismus« in der Spätzeit des Urchristentums an. Unabhängig davon lassen sich aus den dreizehn Predigtversen des Sonntags zahlreiche Rückschlüsse ziehen:
- Die Gemeinde, die diese Zeilen empfängt, trifft sich zu einer regelmäßigen Zusammenkunft in einem Betsaal.
- Die kann über ihre Synagoge frei verfügen (H. Windisch, Die katholischen Briefe, 3. Aufl. 1951, Seite 14).
- Sie steht unter gesellschaftlichem und ökonomischem Druck (Vers 6 und 7).
- Sie versteht sich als eine Versammlung Erwählter, über denen der »gute Name« genannt worden ist. Gemeint ist der Name Jesu Christi, der im Zuge eines Aufnahmerituals über die neuen Mitglieder ausgesprochen wurde und - ähnlich wie bei der Trauung - ein neues Besitzverhältnis markierte (vgl. Schlatter, Seite 172).

Jakobus rügt die Gemeinde beziehungsweise ihre Exponenten: Sie zollen dem Reichtum und dem Reichen zu großen Respekt. Der Verfasser des Briefes kostruiert ein Beispiel, das sich in der Adressatengemeinde abgespielt haben könnte: Ein Reicher und ein Armer kommen zum erstenmal in die Versammlung und werden ungleich behandelt. Schon die Tatsache, daß Christen sich auf diese Weise de facto zum Richter über andere aufschwingen, hält Jakobus für unstatthaft. Daß dieses Urteil nach bloßem »Ansehen der Person« gefällt wird, kommt erschwerend hinzu.
Bestürzend plastisch kommt der beschriebene Vorfall zur Geltung, wenn man von der Annahme ausgeht, die Jakobusgemeinde habe Gütergemeinschaft praktiziert. Der Reiche wird dann womöglich auch deshalb umworben, weil die Gemeinde sich - so sie ihn als Mitglied gewinnt - später einmal Anteil an seinen Gütern verspricht.
Das Interesse am Reichtum spaltet die Gemeinde. Die Gläubigen werden in sich selbst uneins (διεκρίθητε ἐν ἑαυτοῖς). Und es zersetzt frischgewonnene Glaubensüberzeugungen. Das Leben nach dem Gesetz der Freiheit wird zurückgetauscht gegen die alten Bindungen an Geld und Prestige.

Wie dramatisch Jakobus die Situation der Adressatengemeinde einschätzt, erkennt man daran, daß er den Namen Jesu, mit dem er äußerst sparsam umgeht, hier ausdrücklich nennt. Die, die zu Christus, dem Herrn der Herrlichkeit gehören, lassen sich von der Herrlichkeit des Reichtums nicht beeindrucken. Für sie verschwindet sein lockender Reiz »und die Furcht vor denen, die ihn haben« (Schattler, Seite 165).
Vers 5 wirft die Frage auf, ob Arme per se, schon um ihrer Armut willen zu den Auserwählten Gottes gehören. Eine Frage, um die in der jungen Kirche offenbar gerungen wurde (vergleiche Matthäus 19,16–20 und Parallelen). Schrage betont die Parteilichkeit Gottes für die Armen (26). Meines Erachtens fällt Jakobus hier jedoch keine theologische Grundsatzentscheidung. Er hat offensichtlich eine Gemeinde vor Augen, in der neu hinzugekommene Mitglieder ihren Besitz in das allgemeine Eigentum der Gemeinde überführten. Die Armut in Form der freiwillig eingegangenen Besitzlosigkeit war folglich ein Merkmal der Zugehörigkeit und sichtbares Zeichen der Erwählung. Jakobus leitet die Aussage, Gott habe die Armen erwählt, aus den konkreten Lebensvollzügen der Adressatengemeinde ab. Es wäre zu hoch gegriffen, wollte man die Armut unter Berufung auf Jakobus zum allgemeinchristlichen Ideal erheben.
Die Verse 8 bis 11 enthalten einen Exkurs zum Thema Gesetz und Gebot, dessen Zusammenhang zum Vorhergehenden nicht sofort ersichtlich ist. Jakobus hat auch hier die Situation der Gemeinde vor Augen. Er diskutiert Argumente, mit denen die Adressaten ihr Fehlverhalten gerechtfertigt haben könnten: »Können wir mit dem Besitz, den die Reichen in unsere Gemeinde einbringen, nicht viel Armut lindern? Das entspräche dem Liebesgebot!« – »Mit eurem Verhalten entehrt ihr aber den Armen und verstoßt gegen Gottes Willen!« – »Natürlich widersprechen sich die Gebote im Alltagsleben hier und da: Man befolgt ein Gebot und verstößt gegen ein anderes. Daher lehren die Rabbinen: Wenn du ein Gebot befolgst, wiegt dieser Gehorsam die Übertretung an anderer Stelle wieder auf.« (»Kompensationstheorie«, Schlatter, Seite 177 f.) Jakobus hält im Gegensatz dazu fest: Der Wille Gottes ist ein unteilbares Ganzes. Wer auch nur eine Satzung übertritt, verletzt das ganze Gesetz!
Der letzte Vers des Abschnitts müht sich sorgsam um die Balance zwischen κρίσις und ἔλεος. Ob es sich bei der Barmherzigkeit, die Jakobus über das Gericht triumphieren sieht, um das letztliche Erbarmen Gottes handelt – oder um das von Christen zu Lebzeiten zu übende, läßt der Verfasser wohlweislich offen. Bei den Leserinnen und Lesern bleibt der Eindruck zurück, der sichere Weg liege auf jeden Fall im Tun der Barmherzigkeit. Damit blieb Jakobus sich selbst und dem paränetischen Anliegen seines Briefes treu.

Vorschläge zur Liturgie

Zum Kyrie
Gott der Barmherzigkeit - wir kennen die Worte und Weisungen Jesu. Wir haben die 10 Gebote auswendig gelernt. Doch machen sie uns die Entscheidungen schwer statt leichter. Oft stehen die Weisungen der Schrift gegen die Argumente unserer Vernunft. In manchen Situationen widerspricht ein Gebot dem anderen. Und Fälle gibt es, da können wir deinem Willen nur entsprechen, wenn wir eines deiner Gebote übertreten. Verwirrt stehen wir da und fragen: Wonach sollen wir uns richten?
Als *Kyrielied* geeinget: Manchmal kennen wir Gottes Willen
Liederbuch für Heute und Morgen, tvd-Verlag, Band 1, B 12

Zum Gloria
Fragt nach Gottes Willen, so werdet ihr Antwort bekommen.
Bittet, so wird euch gegeben. Suchet, so werdet ihr finden.
Klopfet an, so wird euch aufgetan.

Kollektengebet
Gott, auf dich verlassen wir uns. Deine Weisungen sind eindeutig, dein Wille ist klar. Wenn doch unsere Wirklichkeit ebenso unkompliziert wäre! Wir bitten dich: Zeig uns den Weg, den wir gehen sollen. Komm zu uns in diesen Gottesdienst durch Jesus Christus, deinen Sohn, unseren Herrn.

Fürbittgebet
Gott - wir leben in einer Zeit, in der sich nichts mehr von selbst versteht. Selbst die elementaren Grundregeln des menschlichen Zusammenlebens lösen sich auf. Wir suchen nach Orientierung, kommen zu dir, beten und bitten: Herr, erhöre uns.
Wir bitten dich um die Kraft, Entscheidungen zu treffen und die Beharrlichkeit, an Grundsätzen festzuhalten - auch wenn sie unbequem für uns und andere sind. Wir kommen zu dir, beten und bitten: Herr, erhöre uns.
Wir bitten dich um Mut, auf eingeschlagenen Wegen umzukehren, Grundsätze loszulassen, wenn sie Leben zerstören und nicht wachsen lassen. Wir kommen zu dir, beten und bitten: Herr, erhöre uns.
Wir bitten dich für die Erziehung unserer Kinder. Daß wir ihnen Widerstand entgegensetzen und Regeln einfordern. Daß wir ihnen Freiheit lassen, in der sie zu sich selbst finden. Wir kommen zu dir, beten und bitten: Herr, erhöre uns.
Wir bitten dich um den klaren Blick, der erkennt, wo wir an Normen und Geboten festhalten sollen und wo wir deinen Willen gerade erfüllen, indem wir sie loslassen. Wir kommen zu dir, beten und bitten: Herr, erhöre uns.

Vorschlag zur Predigt

Sie sind uns fremd und scheinen weit entfernt: Die Gemeinde, die sich christlich nennt und doch den Reichen den Vorzug gibt und der Verfasser des Briefes, den Luther ob seines mangelnden Verstandes heftig gescholten hat. Die folgende narrative Skizze versucht, die möglichen Beweggründe der Gemeinde verständlich zu machen und die Leistung des frühchristlichen Theologen Jakobus zu würdigen. Damit möchte sie beide näher an unser heutiges Glaubens- und Gemeindeleben heranholen.

»An den Tag, an dem unsere Gemeinde aus der Taufe gehoben wurde, erinnere ich mich noch genau. Es war einer der ehemaligen Jesusjünger, der damals in den engen Gassen des Basars eine Predigt hielt, die alle aufhorchen ließ, ganz gleich, ob es sich um Einheimische handelte oder um Pilger, die zu einem der großen Feste in unsere Stadt gekommen waren.

Ich erinnere mich auch noch an unsere Begeisterung. Die Begeisterung, einer grßen Menschenmenge anzugehören, die von ein und derselben Idee ergriffen war. Die Gewißheit, daß Jesus, dem viele von uns zu Lebzeiten begegnet waren, der Messias war. Die Zuversicht, daß er in wenigen Wochen zurückkehren würde, um endgültig und für alle sichtbar die Herrschaft Gottes aufzurichten. Die Überzeugung, mit der wir unseren Besitz aufgaben: ›Gehe hin, verkaufe alles, was du hast, gib's den Armen, und folge mir nach‹. Wir machten ernst damit. Wir gaben alles her. Die Begeisterung, mit der wir losließen, gewann uns täglich Dutzende neuer Glaubensgenossen hinzu. Wir teilten, was wir hatten. Keiner behielt für sich. Der Messias aber ließ auf sich warten. Monate. Ein Jahr. Drei. Noch immer strömten neue Mitglieder in unsere Gemeinschaft und brachten ihren Besitz ein. Außerdem unterstützen die neumissionierten Gemeinden an den Küsten Kleinasiens und Griechenlands die Zentrale, das Haupt, unsere Gemeinde in Jerusalem. Davon ließ sich eine zeitlang leben. Doch auf die Dauer versiegte die Quelle.

Wir hatten unsere Begeisterung geteilt. Unsere Erwartung. Wir teilten unsere Enttäuschungen und Fragen.

Zuletzt teilten wir unsere Armut.

Wir wollten dem materiellen Besitz keine Bedeutung mehr beimessen. Aber offen gesagt: Im nachhinein halte ich die Armut für die gefährlichste Anfechtung unserer Gemeinde. Nicht, daß unserer Gemeinde viele den Rücken kehrten, weil der Messias auf sich warten ließ. Nicht, daß die Erklärungen der Apostel immer hilfloser und fadenscheiniger wurden. Immer waren es genug, die an der Zuversicht festhielten, die wir empfangen hatten.

Aber die Armut:

Die zersetzte, wenn ich einmal so sagen darf – die Moral der Truppe. Dabei ging es nicht um Luxus. Es ging um das tägliche Brot. Wir mußten uns ernähren und vor allem die Kinder, die in unserer Gemeinde hineingebo-

ren worden waren. Wer mochte es den Familienvätern vorhalten, daß sie das ›Teile alles, was du hast‹ mit der Zeit stillschweigend umgingen und hier und da etwas zurücklegten, um die hungrigen Mäuler auch in schlechten Zeiten stopfen zu können.
Doch wenn einer von sich zurückhält, um wieviel mehr die anderen! Mißtrauen machte sich breit unter uns. Was gab der eine? Was behielt der andere? Wer nutzte wen aus? Manche bereuten, ihr einst reiches Hab und Gut so leichtherzig in den Wind geschlagen zu haben.
Die Hoffnung der Gemeindevorsteher richtete sich nach außen. Richtete sich auf den großen Fischzug. Wenn es gelänge, die eine oder andere reiche Familie zu gewinnen! Die Finanzen wären saniert, die Zukunft gesichert, die Gemeinde gerettet. Ohne es uns einzugestehen, taxierten wir von nun an die Besucher unserer Gottesdienste. Und wir machten Unterschiede in der Behandlung. Kamen gewöhnliche Leute, wurden sie höflich und zuvorkommend begrüßt. Handelte es sich sichtlich um Wohlhabende, wurden sie umworben und hofiert. Die Häupter neigten sich tiefer. Das Lächeln war breiter, die Worte gewinnender. Man wies ihnen einen bequemen Platz in der Nähe des Vorstehers zu.
Kein einziger der anvisierten Zielgruppe der Gutbetuchten hat sich je von unserer Taktik überzeugen lassen. Warum? Wohl deshalb, weil der spürbare Respekt vor dem Geld dem Kern unserer Botschaft und dem Glauben der Gemeinde widersprach. Wir konnten nicht mehr überzeugen, weil wir nicht mehr überzeugt waren.
Wahrscheinlich wäre unsere Gemeinde an diesen Problemen zerbrochen, wäre da nicht ein Mann aufgetreten, den ich selbst nie zu Gesicht bekommen habe. Er predigte den Gemeinden an der Küste. Und er schrieb Briefe. Sie handelten nicht vom künftigen Leben im Reich Gottes, wie sonst die Briefe der Apostel. Sondern vom Leben in der Gegenwart. Davon, wie die Menschen und speziell wir Christen, zusammenleben sollten. Handelten nicht nur von der Barmherzigkeit Christi, sondern auch von der Barmherzigkeit, die Christinnen und Christen sich untereinander schulden.
Dieser Mann – später nannten ihn alle Jakobus – hat mit seinen Predigten und Briefen die Kirche gerettet. Er hat uns eine neue Moral gegeben, die es uns ermöglicht hat, über Jahre und Jahrzehnte auf den Messias zu warten ...«
An dieser Stelle breche ich die narrative Skizze ab. Die Gemeinde singt ein zum Thema passendes Lied (möglich EG 395)

Zum weiteren Verlauf

1. Zwischen der Kirche damals und heute gibt es eine Menge Unterschiede.
2. Es gibt eine Gemeinsamkeit zwischen beiden: Auch die Kirche heute läuft in Gefahr, auseinanderzubrechen. »Segmentierung« der Kirche in Interessengruppen, die sich gegenseitig kaum wahrnehmen, sich von ein-

ander im Stich gelassen fühlen, einander mißtrauen. Welche Beispiele fallen mir ein?
3. Jakobus hat der Kirche eine neue Moral verordnet. Welche Moral braucht unsere Kirche heute? Von welchem »neuen Paradigma« her könnte sie Zusammehalt finden? Könnte ich selbst einen oder mehrere konsensfähige Leitsätze formulieren?
4. Schlüssel und Schlußwort des Predigttextes ist die Barmherzigkeit. Im Schlußteil der Predigt sollen die folgenden Seligpreisungen aufzeigen, wie der barmherzige Umgang miteinander und mit mir selbst aussehen kann.

Möglicher Schluß

Acht Seligpreisungen - heute gesagt

Selig, die über sich selbst lachen können. Sie werden nie aufhören, sich zu amüsieren.

Selig, die einen Maulwurfshügel von einem Berg unterscheiden können. Sie werden vielen Schwierigkeiten entgehen.

Selig, die fähig sind, zu schlafen, ohne sich dafür zu entschuldigen. Sie sind auf dem Weg zur Weisheit.

Selig, die sich darauf verstehen, zu schweigen und zuzuhören. Sie werden viel Neues erfahren.

Selig, die darauf acht haben, was andere brauchen, ohne sich selbst für unentbehrlich zu halten. Sie werden Geschwister in Fülle finden.

Selig, die ein böses Wort oder einen schiefen Blick vergessen können. Ihr Weg wird voller Sonne sein.

Selig, die die Haltung des anderen mit Wohlwollen deuten, auch wenn der Augenschein dagegen spricht. Sie werden Boten des Friedens sein.

Selig vor allem ihr, die ihr den Herrn erkennt in allen, die euch begegnen. Ihr habt das wahrhaftige Licht und die wirkliche Wahrheit.

In Abwandlung der »Seligpreisungen für Weise« aus der Kirche der ehemaligen DDR (Fundort unbekannt).

19. Sonntag nach Trinitatis

Annäherungen an den Predigttext Jakobus 5,13-16

Gerhard Monninger

»Wenn ich mich mit diesem Text auseinandersetze, bin ich entweder sehr bedürftig oder prinzipiell an Fragen der Bibelauslegung interessiert. Einfach so, just for fun, würde ich mir eine andere Lektüre wählen. Wortwahl und Formulierungen sind nicht die meinen. Ich muß zuerst eine gewisse Ehrfrucht aufbringen, wenn ich mich auf den Abschnitt einlassen soll. Allerdings kommen mir dann immer noch verschiedene ziemlich weltliche Gedanken.«

Meine Gesprächspartner wußten nichts von den theologischen Vorbehalten, die z. B. Martin Luther gegen den Jakobusbrief vorgetragen hat. Aber sie empfanden zunächst einmal eine große Distanz zu diesen Versen: zu fromm, zu direktiv, nicht plausibel.

Bei einer zweiten Annäherung wuchs der Widerstand sogar noch, aber zugleich öffneten sich auch Schneisen für ein vertieftes Verständnis. Der Ausgangspunkt war: Hier legt jemand einige Rezepte für den christlichen Alltag vor. Es genügt nicht, in hohen Tönen vom Glauben zu sprechen, man muß ihn auch praktisch umsetzen.

Warum muß mir jemand sagen, daß ich beten soll, wenn ich leide? Sehr viele Menschen beten, wenn es ihnen schlecht geht, sogar wenn sie nicht an Gott glauben. Sie denken: Schaden kann es auf keinen Fall, vielleicht ist etwas dran.

So selbstverständlich ist es aber dann doch nicht mit dem Gebet. Viele haben noch das Sprichwort im Ohr: »Lerne leiden, ohne zu klagen!« Wenn Gebet als Klage verstanden wird, ist eine Ermutigung dazu durchaus sinnvoll. Und warum nehmen immer mehr Menschen Valium ein, wenn sie zu einer Beerdigung gehen?

Wenn ich guten Mutes bin, dann singt es aus mir heraus, da brauche ich keinen Jakobus. Im Stadion singen die Fans: »So ein Tag, so wunderschön wie heute« und die CSU-Anhänger beim politischen Aschermittwoch in Passau die Bayernhymne.

Aber wer mit jungen Leute zu tun hat, stellt fest, daß sie nicht mehr singen, sondern singen lassen. Sie legen die CD ein, auf der geschrien, gejauchzt, geseufzt, getobt wird. Singen tun sie nur, wenn sie alkoholisiert sind. Sin-

gen ist uncool. Wer singt, läßt andere in sein Inneres schauen. Dazu braucht man Selbstvertrauen und Vertrauen in andere. Das hat etwas mit Glauben zu tun.
Wenn ich ein körperliches Gebrechen habe, dann traue ich einem Mediziner mehr zu als einem »Glaubensmann«. Man soll den Kranken nicht gleich mit dem lieben Gott kommen. Ich habe auch kein Bedürfnis, gesalbt zu werden. Das ist ja wohl katholisch? Da gibt es doch die letzte Ölung.
Aber: »Zu mir hat einmal ein Hals-Nasen-Ohren-Arzt gesagt: ›Sie interessieren mich nur bis daher‹ und hat dabei auf mein Brustbein gedeutet. Die Nähe eines Menschen, der einem vertraut ist, ist oft mehr wert als wissenschaftlich hochrangige Medizin. Aber viele Menschen meiden ja ein Krankenzimmer, weil sie Angst bekommen und überlassen den Patienten der Krankenhausmaschinerie.
Kleine Kinder brauchen Hautkontakt; vielleicht brauchen wir Erwachsenen das auch hin und wieder. Die Sache mit dem Öl ist vielleicht so gemeint. Ich stelle mir vor, jemand streicht mit seinem Zeigefinger über meine Stirn, ganz leicht, das muß gut tun.
Eine Gesprächspartnerin erinnert sich an einen Krankenhauspfarrer, der eine Sammlung von Duftölen hat und sie in seiner Arbeit einsetzt. Er ist Fachmann dafür, welche Düfte welche Empfindungen wecken können. Bei Sterbenden verwendet er gerne Rosenöl. Er sagt: Wenn schwerkranke Menschen nichts mehr sagen und sich nicht mehr bewegen können, ist ihre Fähigkeit, Düfte wahrzunehmen, oft noch uneingeschränkt. Für sie ist der Duft, der vom Handrücken oder von der Stirn aus in ihre Nase strömt, eine wichtige Botschaft. Sie sind nicht abgeschnitten von der Liebe der Menschen, das heißt doch auch, nicht abgeschnitten von der Liebe Gottes.
Die Wendungen, in denen von Sünden die Rede ist, reizen meine Gesprächspartner am stärksten zum Widerspruch. Ich tue nichts gravierend Böses und ich fühle mich nicht sündig; ich könnte aber auch nicht sagen, daß ich sündlos bin. Was ich mir vorwerfe, sind verpaßte Gelegenheiten. Ich glaube freilich kaum, daß solche Gedanken zu Jakobus passen!
Besonders ärgerlich ist, daß Jakobus nur dem Gebet des »Superchristen« eine Wirkung zuspricht. Das Gebet soll »ernstlich« sein; es soll ein Gebet »des Glaubens« sein? Was ist das bitte? Der Beter muß »gerecht« sein! Wer ist denn gerecht?
Aber: Betet man eigentlich, um ein bestimmtes Ergebnis zu erzielen oder um eine Übereinstimmung mit dem Willen Gottes zu suchen? Das letztere könnte das Gebet des Glaubens sein. Man müßte in diesem Fall bei einer Krankheit immer an den doppelten Ausgang denken: daß die Krankheit überwunden wird oder daß keine Heilung erreichbar ist. Alles, was im Einklang mit dem Willen Gottes steht, ist doch gut? Könnte man am Ende sagen: Das Leben kann heil sein, auch wenn es zerbricht?
Wir formulieren die Rezepte für den christlichen Alltag vorläufig einmal so:

Gib deinem Schmerz eine Stimme!
Gib deiner Freude eine Stimme!
Die Nähe eines Menschen kann gesund machen. Überlaßt Kranke nicht allein einer perfekten medizinischen Versorgung!
Denkt daran: In manchen Situationen drücken Berührung und Düfte das aus, was Worte nicht mehr hören können.
Suche im Gebet die Übereinstimmung mit dem Willen Gottes. Dann kann kommen, was mag!

Zum Gottesdiest

Susanne Labsch, Brigitte Weisbrod, Sebastian Ritter

Exegetisch-homiletische Skizze

Die Annäherungen zu Jakobus 5,13–16 stellen bereits einige grundlegende exegetische und homiletische Fragen: Wie steht es um das alltägliche und praktische Christentum? Was bedeuten die Verben: beten, salben, bekennen, aufrichten? Schließlich: Was meint Heilung und Heil?
Die Frage nach der Einheit von Glaube und Werken stellte sich für die Gemeinden zur Zeit des Jakobusbriefes in einer Welt, die von der zunehmenden Kluft zwischen Armen und Reichen gezeichnet war und in einer Zeit, in der Christen als kleine Minderheit in ihrer Gesellschaft lebten. Da drängen sich manche aktuellen Bezüge auf.
»Der Jakobusbrief ist ganz und gar paränetisch ausgerichtet und protestiert gegen ein quietistisches, bloß verbal oder kognitiv-theoretisches Christentum, das die praktische Verwirklichung im Alltag des christlichen Lebens vernachlässigen zu können meint und dadurch zu einem Pseudochristentum erstarrt.« (Schrage, Ethik des Neuen Testamentes, Göttingen 1989, Seite 286). Im Jakobusbrief werden die Christen der dritten und späteren Generationen aufgerufen, ihren christlichen Glauben im Alltag zu leben. Theologisch gesehen argumentiert der Jakobusbrief theozentrisch und ähnlich wie jüdische Weisheitslehre. Daher bleibt die Frage offen, ob und wie christologisch der Brief ausgedeutet und ausgelegt werden kann.
Ganze Briefpassagen ähneln der traditionellen Spruchweisheit, so auch unser Abschnitt, der zunächst ziemlich zusammenhangslos aussieht: Da werden zuvor die unsozialen Reichen angeprangert (Jakobus 5,1–6), die Gemeinde aufgerufen, geduldig auf Christi Wiederkunft zu warten (5,8–11), das Schwören verboten. Der Brief möchte auf verschiedenen Gebieten eine Verhaltensänderung der Glaubenden bewirken, wir könnten diese überschreiben mit ›Lernziel Solidarität‹. Er gibt den Gemeinden

Weisung für ein gelingendes Leben. Das geht nicht ohne Konflikte weder im Inneren der Gemeinde noch mit der Gesellschaft, in der die Glaubenden gerade leben.
Bemerkenswert ist, daß den Ältesten die Aufgabe zugewiesen wird, Kranke zu besuchen, über ihnen zu beten und sie zu salben. Es diente der Entlastung und Machtbeschränkung des Gemeindeleiters oder der Gemeindeleiterin (vgl. dazu: Irene Dannemann zum Jakobusbrief, in Feministische Bibelauslegung, Gütersloh 1998, Seite 698 sowie Elza Tamez, Eine hermeneutische Übung anhand des Jakobusbriefes, in Evang. Theol. 51. Jg., Heft 1, Seite 92–100).
In unserem Abschnitt wird nicht davon gesprochen, daß das Gebet der Ältesten direkt heilend im Sinne einer medizinischen Therapie wirke. Es wird die kranke Person retten, gesund machen bzw. erretten im Endgericht, beide Bedeutungen schimmern hier durch. Gott wird die Kranken aufrichten (V. 15). Hier wird dasselbe Wort gebraucht für aufrichten und auferwecken. Die Salbung war zur Zeit des Jakobusbriefes noch nicht die letzte Ölung zur Sterbevorbereitung, sondern eine gängige Praxis der Therapie bei Kranken. Auch Jesus und seine Jünger und Nachfolgerinnen salbten Kranke (Markus 6,13). Das zweite Vatikanische Konzil weist drauf hin, daß die Salbung allen Glaubenden, die krank und gesundheitlich angegriffen sind, gespendet werden kann, sie ist wiederholbar.
Bei Vers 16 sollten wir beachten, daß »Krankheit und Sünde nach christlichem Glauben nicht in ursächlichen Zusammenhang gebracht werden. Der Vater Jesu Christi straft Sünde nicht, in dem er die, die sündigen, kränkt. Dennoch ist Krankheit häufig Anstoß zur Lebensrevision. Der Schritt vom diffusen Gefühl irgend etwas sei nicht in Ordnung zum konkreten Benennen von Sünde ist heilsam, gerade auch, wenn er von emotionaler Erschütterung begleitet wird.« (Ruedi Heinzer, Mit Kranken beten, Zürich 1993, Seite 15 zu Vers 16).
Die Bibel schildert in erster Linie die Not der Kranken, die Not durch eine Krankheit. »Die biblischen Schriften sind nicht eigentlich an der Krankheit als solcher interessiert, sondern an der existentiellen Erfahrung, die mit der Krankheit verbunden ist ... Das Interesse richtet sich ... auf den kranken Menschen ... Eine Sicht aber, die die subjektiv empfundene Krankheitsnot berücksichtigt, die psychische Erlebniswelt und seine individuelle Geschichte in den Blick nimmt, hat größere Chancen, ihm gerecht zu werden und ihn damit letztlich zu heilen.« (Klaus Seybold, Ulrich Müller, Krankheit und Heilung, biblische Konfrontationen, Stuttgart 1978, Seite 163).
Dabei erfahren kranke Menschen verschiedene Formen von Heilung wie Dietrich Ritschl es in seinem Artikel ›Heilung‹ im neuen Evangelischen Kirchenlexikon beschrieb: Sie können eine vollkommene Genesung erfahren, die Wiederherstellung aller körperlichen und seelischen Kräfte. Sie können aber auch psychische Hilfe zur Selbsthilfe lernen, die es ihnen ermöglicht, mit ihrer Krankheit weiter zu leben, diese in ihr weiteres Leben

zu integrieren bzw. die eigenen Beschränkungen und Grenzen anzunehmen. Ferner kann Heilung auch darin liegen, daß mitmenschliche Beziehungen erneuert und neu geordnet werden.
Solche Erfahrungen von Frauen und Männern in verschiedenen Gemeinden möchte die Predigt aufnehmen und formulieren. Jede und jeder von uns kann krank werden, jede und jeder trägt Erfahrungen eigener Krankheit und Schwäche mit sich herum. Wir wollen eine Abspaltung der Kranken von den Gesunden - und umgekehrt - vermeiden, Krankheit und Kranke wie im Jakobusbrief in den Gemeindealltag aufnehmen. Wenn die Annäherungen einige Rezepte für den christlichen Alltag formulieren, dann liegen sie ganz auf der Linie des Jakobusbriefes. Die Not der Gemeindeglieder anzusprechen, derer, die gerade krank sind, über einige der Rezepte des Jakobusbriefes in der Predigt nachzudenken und ein oder zwei davon in der Gemeinde ›auszuprobieren‹ - dazu möchte der folgende Predigtentwurf die versammelte Gemeinde anregen.

Zur Liturgie

Der Gottesdienst am 19. Sonntag nach Trinitatis widmet sich der Frage »Heilung an Leib und Seele«.
Das *Wochenlied:* »Nun laßt uns Gott dem Herren Dank sagen und ihn ehren ...«, EG 320, kann als durchgängiges Motiv gesungen werden; wir schlagen die Strophen 1-4 als Eingangslied und die Strophen 5-8 als Schlußlied vor.
Den *Wochenpsalm* 32 möchten wir mit der Gemeinde im Wechsel beten und ihn mit der Antiphon von G. Schwarz rahmen: »Du hast meine Klage verwandelt, verwandelt in einen Reigen« (EG Baden 781,8). Diese Antiphon könnte das Psalmgebet auch nach Vers 5 gliedern.
Das *Bußgebet* kann aus der Perspektive der Gemeinde vor Gott bringen, wie wir in den Gemeinden Kranke vergessen und Krankheit verdrängen.

»Gott, Du schenktest uns das Leben,
wir aber investieren so viel in unsere Sicherheit
und unseren Genuß,
daß uns nicht viel bleibt an Zeit und
Gedanken zum Teilen mit den Geschwistern,
für die Gemeinschaft, für die Liebe.
Wir haben lebensfeindliche Götzen verehrt
und Dich vergessen.
Vergib uns unsere Schuld,
zeig' uns den Weg zum Leben
und hilf' uns, ihn auch zu gehen.«

Nach Ruedi Heinzer, Mit Kranken beten, © Theologischer Verlag Zürich 1993, Seite 19

Als *Gnadenzusage* der Heilandsruf, Matthäus 11,28-30

Nach der *Lesung* einer der Heilungsgeschichten für diesen Sonntag (Markus 2,1-12; Markus 1,32-39 oder Johannes 5,1-6) möchten wir den Kanon anstimmen: »Freuen können sich alle, die das Wort Gottes hören und bewahren« (EG 657, Regionalteil Baden).

Die Predigt könnte sehr gut von zwei moderneren Liedern aus dem Evangelischen Gesangbuch gerahmt werden: »Ich steh' vor dir mit leeren Händen, Herr«, EG 382 und »Herr, du hast mich angerührt ...«, EG 383. Nach der Predigt auch das Lied: »Wenn die Last der Welt dir zu schaffen macht, hört er dein Gebet« (EG 645, Regionalteil Baden).

Fürbitten
Gott, wir danken dir für alles Helle in unserem Leben
für Momente der Gelöstheit und Freude.
Wir danken dir für jede Geste
die uns aufrichtet und stärkt.

Bitten wollen wir dich um Kraft
für alle Menschen,
denen kein Wunder hilft,
die krank und verkrümmt
ihr Leben dahinbringen,
die an ihrem Körper leiden.

Schenke ihnen Menschen,
die sie begleiten,
die lindern und stärken
und sie nicht der Verlassenheit preisgeben.
Wir bitten dich für diejenigen,
die nicht aufrecht gehen können
vor Sorgen und Kummer,
vor unaussprechlicher Traurigkeit,
für Menschen, die durch die Anforderungen des Alltags
gebeugt sind.

Laß sie wieder einen Weg vor sich sehen,
der sich zu gehen lohnt.
Laß sie Zeichen des Trösters entdecken
und der Stärkung,
damit ihr Leben reicher wird und lebenswert.

Wir bitten dich für die Frauen, Männer und Kinder,
deren Menschenwürde mit Füßen getreten wird,
denen viel zu schwere Lasten aufgebürdet werden,
die sie nicht mehr zu tragen vermögen.

Gib uns Einfühlungsvermögen und Mut,
damit wir sie nicht übersehen
und uns dafür einsetzen,
daß sie nicht zerbrochen werden.

Wir bitten dich
für uns selbst
mit all unseren Verkrümmungen an Körper und Seele,
laß' uns nicht freudlos werden und hart.

Gnädiger Gott,
heile uns an Körper, Seele und Geist.

Aus: Roselies Taube u. a., Frauen in Bibel und Kirche, Ökumenische Gottesdienstmodelle, Echter Verlag, Würzburg 1993, Seite 60.

Sendungwort oder Segen
Eure Hilfe ist der Herr,
der Himmel und Erde gemacht hat.
Er ist euer Arzt.
Er möge euch stärken und heilen.
Er gebe euch Zuversicht und Ausdauer.
Er wandle euer Leiden in Segen.
Der Herr erfülle euch
mit seinem Heiligen Geist
und schaffe euer Leben neu
zum Lobe seiner Herrlichkeit.

Ruedi Heinzer, Mit Kranken beten, © Theologischer Verlag Zürich 1993, Seite 143, Nr. 169.

Wir möchten Sie anregen, den Gemeindegliedern ein Blatt mit nach Hause zu geben mit Gebeten für und mit Kranken. Darauf könnte sich u. a. finden der Text des Liedes »Der Mond ist aufgegangen« insbesondere die Strophen 1–3 und 7. Für Strophe 7 schlagen wir als Anfangszeile vor: »Ihr Schwestern und ihr Brüder, legt Euch in Frieden nieder …« sowie die Texte von EG 382 und 383.
Viele Anregungen finden sich im Regionalteil des EG Baden unter 861–870 und bei Ruedi Heinzer, Mit Kranken beten, a. a. O.

Vorschlag zur Predigt

Liebe Gemeinde,
diese Worte klingen zu fromm und zu fremd:
»Wenn einer unter Euch krank ist, dann rufe er die Ältesten der Gemeinde zu sich, daß sie über ihm beten und ihn salben mit Öl im Namen des Herrn.«
»Das geht doch bei uns nicht …« werden Sie einwerfen und viele Beobachtungen und Argumente haben Sie dabei auf Ihrer Seite:

»Hier im Neubaugebiet erfährt mag ja gar nicht, wer gerade krank ist«, sagt eine Frau aus dem Besuchsdienstkreis.
»Wir können doch niemanden einfach gesund beten!«, wendet der Vater einer Konfirmandin ein, der als Pfleger arbeitet.
»Und das mit dem ›Salben‹, das erinnert an die letzte Ölung bei den Katholiken - das machen wir doch nicht als Protestanten«, meint eine Frau, die seit Jahren ihre Schwiegermutter zu Hause pflegt.
Jede und jeder unter Ihnen hat mit solchen oder ähnlichen Beobachtungen auch recht. Doch heute morgen müssen wir uns von einem kleinen Abschnitt aus der Bibel als Gemeinde fragen lassen - wie halten wir es denn mit unseren Kranken - als Gemeinde?
Wie gehen wir in einer evangelischen Gemeinde um mit Menschen, die erkrankt sind? Ich möchte Ihnen von drei Menschen erzählen aus Gemeinden, in denen ich gelebt habe, drei Kranke, drei Geschichten mit unterschiedlichem Ausgang. Das war zunächst Ivo, ein Junge von 11 Jahren. Er wurde von allergischem Asthma gequält. Jederzeit konnten sie auftreten, die fürchterlichen Anfälle mit Atemnot. Ivo oder seine Eltern hatten immer Medikamente für den Notfall bei sich: Ein Spray und starke Zäpfchen. Eines Nachts half auch das nichts mehr, Ivo mußte ins Krankenhaus eingeliefert und beatmet werden. Er wollte so gerne mit auf die kurze Kinderfreizeit. Nach der Behandlung im Krankenhaus ging er in eine Kur im Schwarzwald, sechs Wochen oder länger würde er nicht mehr zur Jungschar und in den Kindergottesdienst kommen können.
Dann erinnere ich mich an Karola. Sie erkrankte mit 35 Jahren an Brustkrebs. Sie hatte gerade ihre Halbtagsstelle wieder angenommen, der eine Sohn war in der Grundschule, der andere im Kindergarten. Sie hatten begonnen, ein Haus zu bauen. Karola hatte viel Angst und machte sich große Sorgen und genauso ihr Mann zu Hause. Wie sollte er es schaffen, ohne Karola mit Beruf, zwei Söhnen, dem gerade begonnenen Hausbau ...
Und Herr Müller. Er war gerade achtzig, litt an Herzbeschwerden. Immer war jemand bei ihm, meistens seine Schwiegertochter, deren Kinder gerade aus dem Haus waren. Er brauchte Sicherheit und einen regelmäßigen Tagesablauf.
Was können wir als Gemeinde in diesen Situationen tun? Wo werden wir gebraucht? Eigentlich, könnten wir sagen, können wir gar nichts tun. Ivo und Karola brauchten zunächst eine gute ärztliche Behandlung und Pflege - und Gott sei Dank bekamen sie sie auch: Ivo mochte eine Krankenschwester besonders gern, Karola hatte zu einem Gynäkologen im Krankenhaus Vertrauen und konnte mit der Krankenhausseelsorgerin gut über ihre Ängste sprechen, der Hausarzt besuchte Herrn Müller regelmäßig und stellte die Medikamente gut ein. All das geschah und geschieht in unserem Gesundheitssystem.
Und unsere Gemeinde, was hat sie damit zu tun?

Die Gemeinde zur Zeit des Jakobusbriefe rang darum: Wie gehen wir mit unseren Kranken um in der Gemeinde? Der kleine Abschnitt im Jakobusbrief möchte Rezepte geben für den Alltag als Christinnen und Christen in einer Gemeinde. Rezepte für ein gelungenes christliches Leben - auch in Krankheit, zwischen Kranken und Gesunden.
Eines war ihnen klar: Jedes Kind, jede Frau, jeder Mann bleibt Mitglied der Gemeinde, auch wenn Sie längere Zeit krank sind. Das scheint selbstverständlich - und ist es doch nicht. Die Frau, die sich im Besuchsdienstkreis engagiert, hat recht - oft erfährt sie, oft erfahre ich als Pfarrerin, oft erfahren Sie als Nachbarin erst spät, was los ist. Manchmal scheuen wir uns, hinzugehen und nachzufragen. »Wie geht es Ihnen wirklich?«
Und umgekehrt: Wir scheuen uns, Hilfe aus der Gemeinde zu rufen, wenn eine oder einer lange krank ist, scheuen uns anzurufen und andere herbei zu bitten.
»Ist einer von Euch krank, der rufe zu sich die Ältesten der Gemeinde, daß sie über ihm beten ...« Das können wir lernen! Wir können lernen, Menschen aus der Gemeinde wirklich in Anspruch zu nehmen, ihr Gebet, ihre Hilfe anzunehmen und umgekehrt nachzugehen, nachzufragen. Das ist eine Gemeinde: Menschen die nacheinander fragen, einander nachgehen, einander brauchen und rufen ...
Ivo empfing eines Nachmittags in der Klinik im Schwarzwald Besuch aus der Jungschar. Es war ein wunderschöner, segensreicher Nachmittag für alle gewesen. Ivo zeigte stolz, ›seine Klinik‹ und seine Freunde erzählten von der Freizeit und zeigten die Photos. Die Diakonin hatte eine Duftlampe mit Thymian-Öl mitgenommen, das tat ihm sichtlich gut.
Für Karolas Familie fand sich eine Frau in der Gemeinde, die ihre Söhne einmal in der Woche nach der Schule zu sich nahm, für sie kochte und bis zum Abend betreute. So konnte Karola sich ein wenig erholen, und ihr Mann brauchte sich nicht abzuhetzen ...
Herr Müller wurde einmal im Monat von einer Frau aus der Nachbarschaftshilfe besucht, an diesem Nachmittag hatte seine Schwiegertochter frei ...
Das sind für mich drei Beispiele von Gemeinde, dafür, daß Menschen, die krank werden, in der Gemeinde bleiben und die Gemeinde bei ihnen ...
Doch wie ist das mit dem Gebet, wie ist das mit dem Salben und wie ist es mit dem Sündenbekenntnis in der Krankheit? Diese drei Handlungen, die der Jakobusbrief bespricht - beten, salben, bekennen, möchte ich kurz mit Ihnen anschauen:
»Und das Gebet des Glaubens, wird dem Kranken helfen, und der Herr wird ihn aufrichten; und wenn er Sünden getan hat, wird ihm vergeben werden.«
Wenden wir uns zunächst dem Gebet zu:
(Hier möchte ich kurz auf ein mögliches Mißverständnis eingehen, daß unser Gebet den Kranken direkt heile.)
Wenn wir als Kranke beten und für Kranke beten, dann tragen wir ihre und unsere Sorge um sie vor Gott. Wir nehmen sie mit in unser Gebet. Der elsäs-

sische Pfarrer Jean-Fréderic Oberlin hatte eine Kreidetafel angebracht neben seiner Tür, darauf schrieb er die Namen der Personen, für die er besonders beten wollte. Wir werden sie damit nicht heilen, aber wir unterstützen und tragen sie mit. Umgekehrt kann ich sagen, als ich selbst längere Zeit im Krankenhaus lag, habe ich wohltuend gespürt, daß Menschen in der Gemeinde für mich beteten und fand langsam die Kraft, selbst zu beten.
Was bedeutet nun das Salben? Wir bringen es ausschließlich in Zusammenhang mit der letzten Ölung, das Sterbesakrament in der katholischen Kirche. Die Salbung wird als Zeichen für den bevorstehenden Tod gesehen. Die Gemeindeglieder zur Zeit des Jakobus salbten ihre Kranken, da sie aus Erfahrung wußten: Das Salböl tut gut, der Duft, die zärtliche Berührung, das Gebet und der Segen können Kranken sehr wohl tun. Diese Geste beruhigt, kräftigt, schenkt Geborgenheit, zeigt: »Wir sind bei Dir, und Gott ist mit Dir ...«
Auch Sterbenden tun diese Gesten wohl. Jesus nahm die Salbung durch eine Frau in Bethanien als ein wohltuendes Zeichen an: »Sie hat ein gutes Werk an mir getan ... Sie hat meinen Leib im voraus gesalbt für mein Begräbnis.«
Diese wohltuende Geste kann nicht erzwungen - nur geschenkt und angenommen werden.
Und wie steht es um das Bekenntnis der Sünden? (Hier möchte ich eventuell kurz auf das Mißverständnis eingehen, eine Krankheit hänge direkt mit persönlicher Schuld zusammen.)
Vielleicht kennen Sie das auch: Wenn ich krank bin, dann denke ich mehr nach, ziehe Bilanz und möchte Gedanken und Taten, die mich belasten, abladen und ablegen können, meine Verhältnisse ordnen.
»Der Herr wird den Kranken oder die Kranke aufrichten ...« Das ist Gottes Sache, einen Menschen aufzurichten. Wir können auch so übersetzen: »Der Herr wird den Kranken erwecken ...« Das ist der Horizont, in dem wir beten: »Leben wir, so leben wir in Christus, sterben wir, so sterben wir in Christus ...« Es steht in Gottes Hand, eine Kranke oder einen Kranken so aufzurichten: so aufzurichten, daß ich die Kraft finde, gesund zu werden oder so aufzurichten, daß ich lerne, mit meiner Krankheit und meinen Beschränkungen zu leben, oder so aufzurichten, daß mein Leben und meine Beziehungen sich ändern, daß ich Vergebung erfahre.
All das sind Möglichkeiten, ›heil‹ zu werden. Auch wenn ich nicht gesund werde, kann ich ›Heil‹ erfahren. Auf die eine oder andere Weise ist das auch den Kranken so gegangen, die ich Ihnen vorgestellt habe:
Ivo hat in der Klinik im Schwarzwald gelernt, besser mit seiner Krankheit zu leben. Er kann mögliche Anfälle gleich erkennen, er hat Atemübungen und Haltungen gelernt, die ihn erleichtern, er hat weniger Angst und seine Eltern auch. Ivo war inzwischen auf einer Konfirmandenfreizeit und fährt mit Begeisterung Roller-Blades. Nächstes Jahr will er selber Helfer auf einer Kinderfreizeit werden. Das Öllämpchen bewahrt er noch. Das ist

sozusagen das Salböl für ihn, duftendes, seinen Atemwegen wohltuendes Öl, so wie zur Zeit Jakobus die Kranken mit Öl gesalbt wurden, um ihnen wohlzutun.
Herr Müller und seine Angehörigen wollten die Möglichkeit der Krankensalbung nicht in Anspruch nehmen. Es war ihnen zu fremd. Sie kann wohltun, dann wenn eine Person sie selbst für sich verlangt. Herr Müller wollte die Beichte und das Abendmahl. Ein Erlebnis aus dem Krieg hatte ihn fürchterlich bedrückt. In den biblischen Psalmworten konnte er abladen und loswerden, was ihn bedrückt. Den Rest wird Gott richten. Beim Abendmahl waren seine Familie und zwei Älteste zugegen. Ich habe das als tröstend und sehr entlastend erlebt, denn so war seine, Herrn Müllers Gemeinde da - nicht die Pfarrerin allein.
Karola ist vor zwei Jahren gestorben. Sie wurde 40 Jahre alt. Es tut heute noch weh - ihrem Mann, ihren Söhnen und allen, die sie lieb hatten. Fünf Jahre lang hat sie gegen den Krebs gekämpft, bis der jüngste zehn Jahre alt war und aus der Grundschule kam. Dann starb sie. Alle medizinische Kunst und alle Gebete haben sie nicht am Leben halten können. Es war eine große und schwere Beerdigung für alle.
Ihr Mann ist mit den Söhnen im gemeinsamen Haus geblieben. Er sagt: »Hier habe ich ein Netz von Nachbarinnen und Verwandten, das uns trägt.« Ich denke noch oft an sie - und bete für sie. »Der Herr wird sie aufrichten«, so glaube und hoffe ich. Er wird die Trauernden aufrichten und - Karola, wenn er sie von den Toten erwecken wird.

Schluß

Von drei kranken Menschen in verschiedenen Gemeinden habe ich Ihnen heute erzählt. Die Frage wird uns bleiben: Wie gehen wir mit Kranken um in unsrer Gemeinde? Wie möchte ich, daß mit mir umgegangen wird, wenn ich krank werde?
Im Sommer war ich im Urlaub in den Niederlanden und besuchte den Gottesdienst einer großen reformierten Gemeinde an der Vecht. Zu Beginn des Gottesdienstes begrüßte ein Ältester die Gemeinde und sagte dann: »Der Blumenstrauß auf dem Altar ist heute bestimmt für unsere Schwester N.N. in der Brugstraat. Sie ist gerade aus dem Krankenhaus entlassen worden.« Beim anschließenden Kirchen-Kaffee hörte ich, daß jeden Sonntag nach dem Gottesdienst die Blumen auf dem Altar zu einem kranken Gemeindeglied gebracht werden. Es gibt einen Blumendienst, zu dem sich Gemeindeglieder eintragen. Diese Geste hat mich sehr beeindruckt. Ich nahm den Gemeindebrief mit und fand darin Namenslisten - nicht allein von Geburtstagskindern - sondern auch der Menschen, die krank waren und auf die Fürbitte und Nachfrage ihrer Gemeinde angewiesen sind.
Ich habe mit unseren Ältesten Rücksprache gehalten. Herr X. und Frau Y. werden den Blumengruß heute zu N.N. bringen. Am Ausgang werden Sie

ein Blatt erhalten. Mit Gebeten für Kranke und in Krankheit. Ich bitte Sie um Ergänzungen und Rückmeldungen. Mögen Ihre Gebete in unserer Gemeinde zum Segen werden.

Kontexte

In dem Kurort Bad Salzuflen, in dem viele Krebspatienten ihre ersten Operationen auskurieren, findet sich auf einem Fachwerkhaus aus dem 16. Jh. folgende Inschrift: »crede Deo sufferque malum libenter et ora« (Glaube an Gott, ertrage das Böse willig und bete).

Die Krankenhaus-Seelsorgerin Dorothea Bobzin erzählt in ihrem Buch »Das behalt ich mir, Begegnungen mit Kindern im Krankenhaus«, Lutherisches Verlagshaus, Hannover 1993, folgende Begebenheit:
Als ich mich der Siebenjährigen bei meinem ersten Besuch bei ihr vorstellte – »Dorothea Bobzin, ich bin eine Krankenhaus-Seelsorgerin« – da platzte sie heraus: »Sag bloß, du kommst vonner Körche« (von der Kirche).
Etwas beklommen – weil ich nicht wußte, was nun wohl auf mich zukommen mochte – sagte ich: »Ja, ich komme von der Kirche.«
»Toll« sagte sie, »ich komme nämlich auch vonner Körche, weil ich in den Kindergottesdienst gehe.«

Oberlin schrieb mit Kreide auf eine Schiefertafel neben der Tür in seinem Arbeitszimmer die Namen all derer, für die er in besonderer Weise beten wollte. Er rief alle Gemeindeglieder zu solcher Fürbitte auf.
(Aus: Erich Psczolla, Jean-Fréderic Oberlin, 1740–1826, Strasbourg 1985, Seite 149)

Ich danke dir, o Herr, daß du mein Gebet erhört hast. Ich werde die Wochen nicht vergessen. Vom ersten Augenblick an verstanden wir uns.
Du weißt, wie aufgedunsen ihr schmächtiger Leib war. Aber die Augen, o Herr, diese strahlenden grauen Augen im dem gelben Gesicht. Wie lernten wir und die Töchter jeden Abend neu miteinander auf dein Wort zu hören. Und das war es, was sie immer wieder hören wollte.

Ich danke dir, Herr, für dein Wort! Ich danke dir, daß wir etwas zu sagen haben, wo nichts mehr zu sagen ist.
Amen.
(Aus: Christian Troebst, Gebete aus der Provinz, © Chr. Kaiser/Gütersloher Verlagshaus, Gütersloh 1976)

Reformationsfest

Annäherungen an den Predigttext
Brief an die Gemeinden in Galatien 5,1-6

Wolfgang Gerlach

Gruppe: Gesprächskreis vorwiegend akademisch gebildeter Erwachsener

1. Informationslücken:
»Ich fand den Brief an die Galater nicht. Ich bin bestürzt über meine Bibelfremdheit.«
»Wo saßen / sitzen eigentlich die Galater?«
»Sind die Galater eine jüdische Gemeinde oder Heiden?«
»Um meine Unkenntnis über die Galater etwas abzubauen, habe ich kurzerhand den ganzen Galaterbrief gelesen und kam zu dem Ergebnis: Aha, daher also seine Berufung auf seine Autorität.«
»Das Thema ist doch wohl: Gesetz und Freiheit, Judentum und Christentum. Frage: Wie weit ist der Heide Gottes Kind?«
»Was führt den Paulus zu den Galatern? Die müssen doch wohl ein Problem haben. War es die Frage: Bin ich, wenn ich beschnitten bin, dann ein Erwählter?«

2. Stimmen des Befremdens:
»Der Text ist mir sehr fremd. Ich kann damit nichts anfangen.«
»Ich finde es unerhört, daß und wie hier der Gegensatz zwischen Gesetz und Liebe aufgebaut wird.«
»Der Text wirkt auf mich dogmatisch und abstoßend.«
»Warum argumentiert Paulus so vehement?«
»Ich liebe den ersten Satz (Gal 5,1 a), und ich war dann ganz enttäuscht: ›Also, lieber Paulus, du bist penetrant, hochnäsig und mir viel zu sicher. Sag mal, wo holst du eigentlich deine Sicherheit her‹?«
»Ein hochprovokanter Text: Die sogenannte Gesetzlichkeit der Juden wird gegen die Liebe Christi ausgespielt.«
»Warum einen solchen Text ausgerechnet zum Reformationsfest?«

3. Verlockendes:
»Der Text erinnert mich an Luthers reformatorische Entdeckung von der ›Freiheit eines Christenmenschen‹.«

»Der Text spricht mich an, weil er mich nach Freiheit und Knechtschaft in mir fragen läßt.«
»O, da steckt viel drin, aber ich weiß so wenig. Ich warte mit Spannung ab, was hier aus dem Kreis kommt.«

Die authentischen Zitate, die ich nur ein wenig systematisiert habe, zeigen mir, wie weit entfernt solche Texte von uns Zeitgenossen heute sind und wie wenig wir Theologen uns das wohl in der Regel bewußt machen. Die Themen von Paulus und seiner Zeit sind nun wahrlich nicht die unseren. Und auch Luthers Fragen sind nicht von vornherein die unseren.
Auch wird in mir erneut bei dieser Gesprächsrunde die Frage nach der Bedeutung solcher in den Kanon der Bibel gekommener, höchst zeitbedingter Texte lebendig: Warum sollen wir heute irgendwelche Probleme von einem Herrn, namens Paulus, heute zum Maßstab unserer Fragen und Konflikte machen? Ich habe mit Paulus, seit ich Pfarrer bin, denkbar wenig gemein. Und warum soll ich entweder ihn umbiegen oder mich verbiegen, damit wir endlich theologische Schnittmengen bekommen oder sich eine Predigt daraus fertigen läßt?
Beschneidung ist kein Thema von mir oder von Christen heute. Wenn schon die Frage nach der Differenz zwischen Juden und Heiden in oder zwischen den Zeilen steckt, dann können Antworten nur auf dem Hintergrund von Auschwitz kommen. Paulus weiß nicht, was Auschwitz war. Allenfalls muß er sich hie und da gefallen lassen zu hören, daß er oder unser Mißverständnis von seinen Texten als mitverantwortlich eingestuft wird für das, wie Christen sich in diesem Jahrhundert an Juden vergingen. Ist das nicht ziemlich dreist und überheblich zu behaupten: »Ihr habt Christus verloren, die ihr durch das Gesetz gerecht werden wollt«? Muß Paulus so sehr gegen seine Herkunft aus dem Judentum kämpfen, daß er seine jüdischen Glaubensgenossen vom Heil ausschließen zu können (oder gar zu müssen) meint? Und hat die Kirche aus solchen Sätzen nicht die Legitimation zu dem verhängnisvollen Schlachtruf abgeleitet: Nulla salus extra ecclesiam?
Jesus selber war ein Beschnittener und hat sich auf Heidenmissionen überhaupt nicht verstanden: Geht nicht in der Heiden Häuser, sondern geht zu den verlorenen Schafen des Hauses Israel - so lautet sein Missionsbefehl (Mt 10,5 f.). Er hat die Heidin aus Syrophönizien gegen alle Regeln einfühlsamer Seelsorge abblitzen lassen und sie mit Hündlein verglichen. Mit Hunden werden Heiden zwei Jahrtausende später die Juden verglichen: Baden für Hunde und Juden verboten! Oder müßten wir billigerweise sagen: Matthäus malt uns nur ein Bild von Jesus, der so garstig sein konnte gegenüber einer glaubensstarken Frau, bis sie, die Heidin, ihn schließlich eines Besseren, und d.h. eines »Frömmeren« belehrte?
Nun bleibt dem/der Leser(in) die Aufgabe zu entscheiden, ob solche »Annäherungen« in Gestalt ihres Gegenteils – nämlich als Distanzierung –

für eine Predigtvorbereitung taugen! Vielleicht mag ja manch gute Predigt auf dem Humus begründeten Widerspruchs gegen meine häretischen Fragen erwachsen!

Zum Gottesdienst

Ralf Handelsmann

Exegetisch-homiletische Skizze

Der Text ist in sich gut abgegrenzt. Viele Ausleger (z. B. J. Becker, NTD Bd. 8/1, 1. neubearbeitete Aufl. 1998 sowie Heinrich Schlier, KEK Bd. 7; 6. Aufl. der Neubearbeitung 1989) behandeln zwar den Abschnitt Galater 5,1–12 als einen Abschnitt, weisen dann aber darauf hin, daß ab Vers 7 ein zweiter Anlauf zur eindringlichen Ermahnung durch Paulus genommen wird, indem er die Galater an ihren guten Start mit dem Evangelium von Jesus Christus erinnert.

Das beherrschende Thema des Galaterbriefes überhaupt, nämlich Freiheit, wird fortgesetzt. Paulus hatte den Gedanken in 3,1 ff. entwickelt, ihn 4,21 ff. mit exegetischer Auslegung der Geschichte von Sara, Hagar und Isaak entfaltet. Der Abschnitt ist emotionsgeladen gestaltet. Paulus kämpft um die junge Gemeinde.

Die Gemeinden Galatiens (sie würden heute im Hochland der Türkei liegen) sind von Paulus gegründet. Sie haben sich zunächst gut entwickelt. Doch dann sind andere Missionare gekommen und haben Boden gewonnen. Diese scheinen eine streng judaistische Position (z. B. J. Becker, Seite 12 f.) zu vertreten. Sie propagieren, daß die Heidenchristen ohne die jüdische Gesetzlichkeit keine theologische Berechtigung haben. Das kann Paulus nicht hinnehmen. Er argumentiert dagegen und polemisiert z. T. kräftig, ohne die Gegner genau zu benennen.

Paulus weist in dem Text auf die Entscheidungssituation hin zwischen dem »alten« Gesetz und dem Evangelium Christi. Es gibt neben dem Glauben an Christus und seine Befreiungstat keinen »Schleichweg« oder »Nebenweg«, sondern nur ein »Entweder-Oder«. Der Begriff der »Freiheit« ist hier von Paulus in einem umfassenden Sinn gebraucht. Diese christliche Freiheit ist a) Freiheit von der Sünde, b) das Gerufensein unter die Gnade Christi durch das Evangelium, c) das Gerechtfertigtsein auf Grund des Glaubens an Christus, d) Geistbesitz und Anteil an der Kindschaft Gottes, e) letztlich (wie H. Schlier KEK zur Stelle hinzufügt) ist es eine Freiheit, die nicht einmal durch den Tod begrenzt wird. Es geht um den kompletten Kern paulinischer und wohl auch reformatorischer Theologie.

Entsprechend hart formuliert Paulus die Konsequenzen: Wer diese Freiheit (V. 4) verbiegt, der verliert sie. Wer der Meinung ist: Die Beschneidung und manche Taten des Gesetzes können ja nicht schaden, der irrt gewaltig. Wer den Weg des Gesetzes geht, der muß ihn ganz gehen, aber gleichzeitig wird diese Person die im Glauben geschenkte Freiheit Christi verlieren. Und zu gewinnen ist nichts, denn niemand kann das ganze Gesetz tun. Damit keine Mißverständnisse aufkommen, sei darauf hingewiesen, daß Paulus sich nicht gegen Judenchristen oder Juden wendet. Für ihn ist der Zeitpunkt der Bekehrung wichtig. Beschnitten oder unbeschnitten sein als solches zählt nicht. Nach Paulus empfängt ein Mensch die christliche Freiheit in diesem umfassenden Sinn in dem Moment, wo die Heilsbotschaft von Christus glaubend gehört wird, d. h. für Juden, die als beschnittene Mitglieder der jüdischen Glaubensgemeinschaft Christen werden, ist die Beschneidung kein Hindernis. Denn sie erkennen ja diese geschenkte Freiheit im Evangelium erst später und messen danach dem Gesetz keine Heilsbedeutung mehr zu. Die Galater aber wurden als Heiden und Christen. Für sie gilt darum sofort und ausschließlich: Rechtfertigung (Freiheit) durch Christus muß geglaubt sein (V. 5). Und der Glaube ist ein Geschenk Christi. Er ist tätig (sichtbar) durch die Liebe, die daraus folgend gelebt wird.

Luthers Erkenntnis in seiner Schrift von der Freiheit eines Christenmenschen (das protestantische Prinzip) läßt sich auch mit diesem Text begründen. Ich erinnere: Ein Christenmensch ist ein freier Herr über alle Dinge und niemand Untertan (keine neue Gesetzlichkeit, hier Beschneidung). Ein Christenmensch ist ein dienstbarer Knecht aller Dinge und jedermann untertan (der sola fide lebende neue Mensch lebt seine Freiheit durch Liebe aus). Martin Luther weist zu Recht darauf hin, daß Evangelium und Gesetz nicht vermischt werden dürfen. Er schreibt: »Wer das Evangelium recht vom Gesetz zu unterscheiden weiß, der danke Gott und darf wissen, daß er ein Theologe ist.« (WA 40, I, Seite 207, 17 f.). Gerade am Reformationsfest darf daran erinnert werden, was Luthers Ausgangsfrage war, nämlich: Wie bekomme ich einen gnädigen Gott (und wie muß ich ihn fast zwangsläufig verlieren)? Die inhaltlichen Aussagen des Textes müssen verortet werden in dem Zusammenhang der Rechtfertigungslehre, die unter den drei Bedingungen, sola Christi, sola scriptura, sola fide, gelebt wird. Um keine inhaltlichen Gräben zur katholischen Kirche an der falschen Stelle auszuheben, kann es sich anbieten, für die eigene Vorbereitung die »gemeinsame Erklärung zur Rechtfertigungslehre« (auch wenn es darüber viel zu diskutieren gibt) heranzuziehen.

Entscheidend für die Predigt wird es aber sein, die theologischen Fachbegriffe weitgehend zu vermeiden, ohne sie inhaltlich zu vernachlässigen. Ich gehe davon aus, daß am Reformationstag häufig Gottesdienste mit Schülern stattfinden. In einer ganzen Reihe von Bundesländern sind zwar noch Ferien bzw. es ist die erste Woche nach den Ferien, aber wo es möglich ist,

möchte ich solche Gottesdienste empfehlen. Gelingt dies, bedeutet das aber auch, die Frage nach der Beschneidung, der Unterscheidung von Juden- und Heidenchristen ist völlig belanglos für diese Zielgruppe. Hier anzusetzen und historisch den Text zu predigen bietet sich bestenfalls vor einem akademisch gebildeten Publikum (ich erinnere an die empfundene Fremdheit [Distanz] des Textes in den Annäherungen) an.
Allerdings ist die Frage nach dem Weg zum Heil (zum Glück im Leben und darüber hinaus) für Jugendliche und Erwachsene hochaktuell. Jeder stellt die Frage für sich und jeder und jede beantwortet sie auch. Allerdings ist das selten eine bewußte Antwort und leider ist zu Beginn des 3. Jahrtausends nach Christi Geburt auch nicht mehr klar, daß der reformatorische Kern geglaubt und gelebt wird. Umfragen zeigen, daß immer mehr Menschen selbst der Kerngemeinden (und der Kirchenfernen ohnehin) sich »ihren« Glauben selber zusammenstellen. Im Juli 1999 kann das Deutsche Allgemeine Sonntagsblatt einen langen Artikel mit der Überschrift »Glauben a la carte« veröffentlichen, der genau dies in unseren Gemeinden beschreibt. Es ist also längst das Praxis, was Paulus damals massiv bekämpft. Jeder und jede hat seinen/ihren Glauben, aber es ist ein Flickenteppich, der häufig genug gar nicht tragen kann! Da mischt sich christliches Gedankengut auf ganz erstaunliche Weise mit neuen Formen der Werkgerechtigkeit, werden neue Gesetzlichkeiten gelebt, auch wenn sie mit dem Verlust von Freiheit einhergehen. Selbst Heilswege anderer Religionen (ich erinnere an den großen Zulauf, den der Dalai Lama in Norddeutschland hatte) werden zu den christlichen Glaubensrudimenten hinzugefügt, ohne ein Bewußtsein für sich ausschließende Gedankengänge zu haben. D. h. ich will ansetzen bei den falschen Heilswegen (und damit Lebenswegen) heute und im Sinne des Paulus die Freiheit des christlichen Weges konkret dagegen stellen. Paul Tillich (Auf der Grenze, Stuttgart 4. Aufl., 1962, Seite 108 f.) hat erkannt, daß in einer weitgehend profanen Kultur, das protestantische Prinzip nicht nur theoretisch mit gestaltlosen Worten verkündigt werden darf, sondern die profane Kultur und Lebensart unserer Tage muß eine protestantische Gestaltung erfahren. Es gilt deshalb deutlich Stellung zu beziehen zu falschen Wegen unserer Gesellschaft. Tillich sagt dazu: Man kann keine falsche Meinung über Christus haben, nachdem man ihm begegnet ist. Man kann nur die Wahrheit tun, indem man ihm nachfolgt oder die Lüge tun, indem man ihn verneint« (P. Tillich: In der Tiefe ist Wahrheit, Frankfurt, 15 Aufl. 1985, Seite 110). Wie ich sagen würde: Weil ich an Christus glauben darf, weil ich frei (gerechtfertigt) bin, kann ich mit Liebe dieser Welt begegnen. Ich kann (und werde) von Zweifeln geplagt werden, aber ich kann nicht halb glauben bzw. bewußt gleichzeitig zwei Lebenswege gehen. Tue ich es doch, muß ich mich nicht wundern, wenn ich nirgends ankomme und jeden Halt verliere. Ich kann und muß Grenzen falscher Gesetzlichkeit überschreiten, wenn ich Nachfolge leben will, so wie Christus das vorgelebt hat.

Je nach der erwarteten Hörerschaft werde ich Beispiele brauchen, wo falsche »Heils«-Wege zu sehen sind. »An ihren Früchten sollt ihr sie erkennen«, ist dafür ein guter, immer noch aktueller Maßstab. Sollten Gottesdienste mit Schülern/Schülerinnen geplant sein, empfiehlt sich eine Vorbereitung mit den Religionslehrern oder Schülergruppen. Nur so ist gewährleistet, daß die ausgewählten Beispiele auch im Bewußtsein der Zielgruppe wirklich eine Rolle spielen. Wenn das Reformationsfest am kommenden Sonntag thematisiert werden soll (so in unserer Gemeinde), könnten Konfirmanden/Konfirmandinnen beteiligt werden.
Wenn selbst der akademisch geprägte Gesprächskreis (siehe Annäherungen) es als Verlockung empfunden hat, über Freiheit und Knechtschaft im eigenen Leben nachzudenken, wird es hier immer konkrete Ansatzpunkte geben. Eine Gefahr für die Predigt sehe ich darin, bei den erkannten oder vermuteten Zwängen stehenzubleiben. Dann kommt aber die Zusage der Freiheit des Evangeliums zu kurz. Dies ist (wie immer) der schwierigste Punkt der Predigt. Er wird nur gelingen, wenn der Prediger/die Predigerin von sich und eigenen Erlebnissen zu berichten weiß. Hier können die anderen Texte des Gottesdienstes und die Musik mithelfen, daß dies gelingt.

Vorschlag zur Liturgie

Musik/Lieder
Ich habe Lieder ausgewählt, die auch jüngere Menschen noch ansprechen könnten. Ziel meiner Musikauswahl ist es, das große Geschenk Gottes an uns spürbar werden zu lassen und die Folgen der christlichen »Freiheit« in der tätigen Liebe für andere als etwas Wertvolles und Gutes zu zeigen. Wenn als Zielgruppe viele Jugendliche oder Schüler im Blick sind, dann sollte überlegt werden, ob nicht eine Band (vielleicht eine Schulband) einbezogen werden kann. Alternativ kann auch Musik von der CD/Cassette eingesetzt werden. Ich rate in diesem Fall zum sparsamen Umgang mit der Orgel.
Lieder: EG 595 (Anh. Niedersachsen) Fürchte dich nicht ...; EG 395 Vertraut den neuen Wegen ...; EG 606 (Anh. Niedersachsen) Kehret um ...; EG 613 (Anh. Niedersachsen) Liebe ist nicht nur ein Wort ...; EG 603 (Anh. Niedersachsen) Ins Wasser fällt ein Stein ...; EG 604 (Anh. Niedersachsen) Wo ein Mensch vertrauen gibt ...; EG 607 (Anh. Niedersachsen) Vertrauen wagen ...; EG 420 Brich mit den Hungrigen ...; EG 432 Gott gab uns Atem ...; EG 585 (Anh. Niedersachsen) Ich lobe meinen Gott, der aus der Tiefe mich holt ...; EG 557 (Anh. Niedersachsen) Unser Leben sei ein Fest ... besonders Strophe 2 ... Brot und Wein für unsere Freiheit ...; Herr, deine Liebe ist wie Gras und ... (besonders Strophe 2 Wir wollen Freiheit um uns selbst zu finden ...). Ich weiß, daß viele Kolleginnen und Kollegen dies Lied nicht mehr hören können, aber es transportiert durch die gute

Akzeptanz in der Gemeinde mehr als man vermuten kann; z. B. in: Mein Liederbuch für heute und morgen, tvd-Verlag Nr. B 14; Es geht ohne Gott in die Dunkelheit ... von M. Siebald aus: Jesu Name nie verklinget, BD. 5, Hännsler Verlag

Votum in der Begrüßung
Wir Menschen haben tief im Herzen einen Wunsch: Wir möchten frei sein, wie Vögel im Wind, frei von Ängsten und Zwängen, von allem, was uns zu Boden drückt. Wir wollen frei sein von dem, was unsere Freude lähmt und was oft genug die guten Einfälle unserer Liebe erstickt. Gott schenkt uns Christen solche Freiheit in Verantwortung. Das wollte und will der Reformationstag uns bis heute zeigen.

Bekenntnis
Wir glauben an Gott, der unserem Leben Sinn gibt - Ursprung und Ziel aller Wirklichkeit, durch den wir mit allem verbunden sind.
Und an Jesus Christus, unseren Herrn - ein Mensch, geboren wie wir, in dem das eigentliche Leben war, die Nähe Gottes und dessen Macht, uns in ein neues, unverdient geschenktes Leben in Freiheit und Dankbarkeit zu rufen. Er wurde abgelehnt von den Menschen, ausgeliefert an die Staatsmacht, in Kreuz und Tod ausgesetzt der tiefsten Sinnlosigkeit, ruft er uns trotzdem zur Entscheidung und gibt uns Mut zum Glauben, Lieben, Hoffen, weil er teil hat an Gottes lebenschaffender Wirklichkeit, die immer neu auf uns zukommt, uns begnadigt, uns befreit und uns fordert.
Wir glauben an seine gegenwärtige Wirksamkeit, daß in ihm alle Kirchen eins sind, daß verbindliche Gemeinschaft durch ihn möglich ist, daß er uns befreit von aller Entfremdung unseres Lebens und Hoffnung sinnvoll macht, selbst angesichts des Todes. Wir glauben, Gott der Freiheit und Güte, hilf unserem Unglauben.
Aus: Friedrich Karl Barth / Gerhard Grenz / Peter Horst (Hrsg.), Gottesdienst, Peter Hammer Verlag, Gesamtausgabe 1990, hier leicht verändert.

Eingangsgebet
Gott der Güte, wir sehnen uns danach, unser Leben in deiner Freiheit zu leben. Wir möchten auf eigenen Füßen gehen und andere nicht mutwillig treten. Aber aus uns heraus gelingt das selten. Darum: Laß uns nicht fallen, laß uns getragen sein vom Glauben an dich und Wege finden, wo wir im Herzen spüren können: Wir sind frei, weil du uns Freiheit schenkst.

Fürbittengebet
Wir bitten dich, Gott, um Freude trotz Leiden
um Vertrauen trotz Mißtrauen,
um Entgegenkommen trotz Verstocktheit.
Laß die Zeichen deiner Güte, deiner Parteilichkeit

für uns auch künftig Hoffnung sein und bleiben:
für unsere Hände, für unser Herz, für unsere Gedanken.
Laß uns diese Hoffnung in Lieder und Taten weitertragen.

Wir bitten dich auch für alle, die Leid erfahren haben
und Kummer auch weiterhin aushalten müssen
ohne Aussicht auf Besserung ihrer Situation.

Wir bitten dich für Gesunde, für Kranke, für Sterbende
und für alle, die schon verstorben sind.
Sei du mit ihren Freundinnen und Freunden, Eltern, Kindern.

Gott, sammle du unsere Tränen in deinem Krug
und verwandle sie.

Mieke Korenhof, in: Beratungsstelle für Gestaltung, Zugänge zum Kirchenjahr: Advent bis Pfingsten, Materialheft 77, Frankfurt/M. 1996, Seite 86.

Vorschlag zur Predigt

Heute ist Reformationstag. Er erinnert uns daran, daß auch da, wo es um unseren Glauben geht, nicht alles selbstverständlich in die richtige Richtung geht.
Unser Glauben ist ja etwas sehr Persönliches. Er geht erst einmal nur uns und unseren Gott etwas an. Und trotzdem: Die Reformatoren haben gezeigt: Es ist nicht egal, was und woran wir glauben. Ich jedenfalls bin überzeugt: Wenn mein Glaube mich tragen soll, wenn er wirklich mehr ist und bleiben soll in meinem Leben als schöne Worte, dann kann ich ihn mir nicht einfach selbst zusammenbasteln. Denn wenn ich mir über meinen Glauben Gedanken mache, dann ist da ja die Frage: Wem will ich Macht einräumen über mich? Wessen Kraft vertraue ich? Oder anders gesagt: Welchen Weg im Leben will ich gehen und ... welchen muß ich lassen?
Ich will Ihnen dazu eine Geschichte erzählen: Es ist die Geschichte einer Expeditionsgruppe, die sich aufgemacht hatte, einen großen Wald zu durchqueren, um die Quelle des Lebens zu finden. Der Weg war unübersichtlich, manchmal wie ein Irrgarten, aber die Expeditionsteilnehmer hatten jeder eine gute Karte dabei. Trotzdem kamen lange nicht alle ans Ziel. Einige konnten mit der Karte nicht umgehen, sie verliefen sich hoffnungslos. Andere wurden müde. Sie konnten mit ihren Kräften nicht haushalten. Sie kamen an eine Kreuzung und hatten bald genug von schlechten Wegen. Sie fragten nicht mehr: Führt der Weg an mein gutes Ziel? Nein, sie gingen immer die scheinbar breitesten Wege in der Hoffnung auf die nächste Gaststätte. Aber die schönsten Wege blieben oft nicht schön. Und was nützte es den Menschen, wenn sie eine Zeit gut laufen konnten, wenn sie aber immer wieder von ihrem Ziel abkamen. Manchmal entpuppten sich die scheinbar breiten Wege sogar als Sackgassen.

Einige aber, die clever waren, die auf den Kartenschreiber vertrauten, die auch wußten, wie sie sie lesen sollten, diese kamen an die Quelle und fanden eine gute Heimat. Es war unterwegs manchmal hart, es gab Blasen, verstauchte Füße und manchmal fiel jemand auch hin. Doch sie kamen wieder auf die Füße, sie stützten sich gegenseitig, und der Weg war zu schaffen. Schließlich war er ja erprobt.
Sie und Ihr hier im Gottesdienst, finden Sie nicht auch: Es ist doch ganz klar, wer Umwege macht, kommt nicht gut ans Ziel, und wer einfach in irgendeine Richtung geht, nur weil der Weg scheinbar gut aussieht, der muß sich doch nicht wundern, wenn er oder sie nicht da ankommt, wo sie hin wollte. Und wer vom Kartenlesen keine Ahnung hat, sollte sich nicht allein aufmachen.
Und trotzdem, das passiert jeden Tag. Wir hören dann in den Nachrichten von Unglücken auf Grund von Leichtsinn und Selbstüberschätzung. (Pause)
Aber das passiert auch da, wo es um unseren Glauben geht. Martin Luther und die Reformatoren haben damals angeprangert, daß die Kirchen, und damit viele Menschen, den richtigen Weg verlassen haben. Das passiert auch heute immer wieder. Und es geschieht schleichend. Mancher Mensch merkt gar nicht, wenn sie oder er auf dem Holzweg ist …

Zum weiteren Verlauf
Jetzt muß sich anschließen, was denn die falschen Wege heute sind. Ich kann hier nur einige exemplarisch anreißen, denn die Beispiele sind unzählbar.
Falscher Weg a): »Ich kann alles allein schaffen! Ich brauche nur den Glauben an mich!« Tatsächlich geht das ja oft eine ganze Zeit gut, bis die Probleme zu groß sind, oder die Person auf dem falschen Fuß erwischt wird. Dieser Weg ist gangbar. Aber das Ergebnis ist klar. Selbsterlösung funktioniert nicht. Selbst in den guten Tagen einer solchen Existenz ist es nur Gottes Gnade, die Gesundheit schenkt, Ausbildung, Geisteskraft, materiellen Wohlstand, o. ä. Es ist ein Leben im Kartenhaus, nach außen manchmal unheimlich stabil aussehend, aber jeden Tag kurz vorm Einsturz.
Falscher Weg b): »Ich bastele mir meinen Glauben selber, dann brauche ich nur zu glauben, was mir einleuchtet!« Die Begriffe Gott, Jesus (Heiliger Geist kaum noch) kommen durchaus noch vor, aber es wird nicht mehr versucht, Gott zu finden, sondern eine Bestätigung für die eigene Meinung wird gesucht. Man betet in der Not zu einem höheren Wesen, aber Jesus war nur noch ein guter Mensch. Christliche Freiheit wird als Begriff gern gehört, aber nur in dem Sinne, daß ich scheinbar glauben und tun kann, was ich möchte.
Falscher Weg c): »Die Religionshopser«. Sie kennen partiell gut die Bibel, genauso die Schriften des Buddhismus oder eine Reihe von Meditationsansätzen. Doch nirgendwo ist Tiefe. Es bleibt bei Techniken ohne echtes

Verständnis oder gar Glauben. Diese Menschen haben ein großes Bedürfnis nach echtem Glauben, eine starke Sehnsucht nach Gott als tragendem Grund. Aber sie haben auf ihrem Weg nie dauerhaft das Gefühl von Geborgenheit, von einem »Getragensein« in guten und bösen Tagen.
Falscher Weg d): »Das hat mit meinem Glauben nichts zu tun. Unsere Gesellschaft wird alles schon in Ordnung bringen!« Ob die Kräfte des Marktes angebetet werden, ob die Technik als Allheilmittel angepriesen wird oder die Statistiker und Sozialogen. Wenn der eine oder andere eine neue Richtung angibt, dann wird der eigene Glaube dafür verbogen. Ein Kirchgang zu den Schlüsselfesten im Leben gerne, aber doch bitte keine Hinweise auf die Ungerechtigkeiten in dieser Welt und unsere Mitverantwortung. Solche Menschen hetzen oft durchs Leben. Sie suchen immer den neuesten, besten Weg, wollen up to date sein und kommen nie zur Ruhe, denn sie spüren, ihr Weg trägt nicht dauerhaft.
Diese Reihe ließe sich fortsetzen. (Bei Jugendlichen kann es sich anbieten, die falschen Wege von Drogen- und Alkoholkonsum zu nennen oder die Wege von Gewalt gegenüber Mitschülern oder gegenüber Sündenböcken wie z.B. Ausländern. Ich empfehle aber, maximal zwei Beispiele auszubauen. Jeder und jede fügt in Gedanken dann andere dazu. Entscheidend ist dabei die Deutung. Nämlich: Diese Wege sind falsch, weil sie nicht tragen können, weil sie kein echtes Lebensglück (vielleicht fällt Ihnen hier ein treffenderer, aber bitte kein Fachbegriff, ein) bringen.
Dann muß der Kern der Textbotschaft kommen. Unser Gott schenkt uns echte Freiheit, die sich auch bewährt. Er läßt uns leben ohne falsche Gesetzlichkeit. Er räumt uns nicht die Stolpersteine des Lebens aus dem Weg, aber er gibt uns die Kraft, wieder auf die Beine zu kommen und auch Leid zu überstehen und oft genug daran sogar zu wachsen. Beispiele hierfür müßten bei jedem Kollegen/jeder Kollegin im Kopf sein. In Gottes Freiheit können wir Brücken bauen, um die Abgründe des Lebens zu überschreiten. (Mit der nötigen Vorsicht sollten hier eigene Erlebnisse oder sogar Glaubenserlebnisse angeboten werden. Alternativ können bei der Zielgruppe des Gottesdienstes bekannte »Vorzeigechristen« der Geschichte und Gegenwart in Erinnerung gerufen werden. Von Popsängern mit christlichen Hintergrund, über Fußballstars oder unseren Bundespräsidenten bis zu Martin Luther King ist die Auswahl groß).
Aber diese Freiheit der Christen will gelebt sein. D.h. der Glaube an den dreieinigen Gott kann kein Spielball sein, wenn er tragen soll. Gerade junge Menschen zweifeln alles an. Das ist auch ihr gutes Recht. Auch der Glaube der Elterngeneration darf hinterfragt werden, aber wo diese Fragen echt gestellt werden, wird sich erweisen, daß der Kern der christlichen Verkündigung tragfähig ist. Zweifeln gehört zum Weg des Glaubens für mich untrennbar dazu. Und ganz wichtig: Die Menschen müssen lernen auch die scheinbar besseren, verlockenderen Wege zu hinterfragen. Manchmal ist das leicht, manchmal braucht man dazu Hilfe.

Schluß

Am Schluß der Predigt komme ich auf die Geschichte zurück... Liebe Gottesdienstbesucher hier in ... Ich erinnere an meine Geschichte. Diejenigen, die die Quelle des Lebens gefunden haben, die waren clever. Sie konnten ihre Karte lesen. Das hat Übung gebraucht. Die Karte von uns Christen ist die Bibel. Mit ihr zurechtkommen ist auch nicht leicht, will geübt sein. Das geht bei uns in der Kirchengemeinde und natürlich auch da, wo Christen sonst leben und so die Texte erfüllen.

Unser christlicher Glaube trägt im Leben. Das ist zu spüren. Das geht beim Rockkonzert unserer Band oder bei der Gospelmusik, wenn über die Texte und Melodien etwas von unserem Glauben durchschimmert. Das geht in vielen Gruppen und Kreisen, wo Menschen sich mit ihrem Glauben im Herzen einsetzen für andere. Das geht manchmal nicht ohne lernen, wie im Konfirmandenunterricht. Das geht manchmal nur durch das schmerzhafte Erkennen, wie sehr unser Gott uns trägt und wie wenig wir, wenn's drauf ankommt, allein können. Aber es geht!

Es gibt genug Irrwege. Immer wieder werden sie uns angeboten. Und der Preis der Freiheit ist es, selbst zu prüfen, wo der richtige Weg lang geht. Doch prüfen heißt ja nicht: alles ausprobieren. Feuer ist heiß und Wasser naß, ich muß das nicht immer wieder ausprobieren. Ich kann mich schlau machen ohne leichtsinnig zu sein.

Es ist manchmal mühsam, mit unserem Glauben zu leben, das gebe ich gern zu. Aber es lohnt sich. Denn wer das Geschenk des Glaubens annimmt und lebt, der wird im Leben echte Freiheit spüren können. Reformationstage erinnern mich immer wieder daran, daß das so ist. Sie erinnern mich daran, aufmerksam meinen Weg im Leben anzuschauen und mir selbst die Frage zu beantworten: Bin ich noch auf dem Weg, der zur Quelle des Lebens führt? Oder muß ich mein Leben reformieren, also so verändern, daß der Weg von Jesus Christus wieder den Grund bildet.

Übrigens: Auch ein Mann mit Namen Paulus vor bald 2000 Jahren hat das den Christen einer Gegend schon massiv empfohlen, denn die waren falsch abgebogen. Ich lese uns das jetzt noch einmal vor, denn seine Worte für uns zu übersetzen habe ich gerade versucht. (Textlesung).

20. Sonntag nach Trinitatis

Annäherungen an den Predigttext
1. Brief an die Gemeinde in Korinth 7,29-31

Brigitte Berndt

An dem Gespräch über den Predigttext nahmen Frauen aus dem Kirchenchor teil; Alter zwischen 50 und 65 Jahren. Friedersdorf liegt in der Nähe von Königswusterhausen. Die Frauen haben alle eine langjährige Erfahrung mit der Gemeindesituation in der DDR, also Diasporasituation.
Einleitende Gesprächsrunde über Erfahrungen beim Hören von Predigttexten und Erwartungen an die Predigt: Bei manchen Texten verstehe ich kein Wort. Manche Texte sind mir gleich sympathisch, andere dagegen unsympathisch. Ich bin dann immer neugierig - was wird der Pfarrer dazu sagen? Mancher Text ist wie aus einer anderen Welt, mit meinem Leben hat der nichts zu tun. Ich erlebe oft: Donnerwetter, das paßt ja ganz in meine Situation. Na ja, der Pastor dreht es so, wie er es haben will. Jeder Pfarrer legt es halt anders aus.
Lesung des Predigttextes - Luthertext
Die Worte sind sehr widersprüchlich. Wir freuen uns und sollen so tun, als ob wir uns nicht freuten. Das ist unehrlich. Das heißt doch: etwas vorgaukeln, etwas vormachen. Das ist Aufwiegelung zur Unehrlichkeit. Verheiratet sein und so tun als ob nicht? Ich denke, es heißt, wir sollen losgelöst sein von allem.
Lesung des Predigttextes - Gute Nachricht
Die Tage sind gezählt. Es entspann sich unter diesem Aspekt ein längeres Gespräch über die Ehe:
Also nicht alles so tragisch nehmen - jedem seinen Freiraum lassen - den anderen nicht unter Druck setzen, um ihm meinen Willen aufzuzwingen - das Anderssein akzeptieren - auch wenn die Interessensgebiete sehr unterschiedlich sind - nicht Klammern, nicht Festhalten.
Weinen, als weinte man nicht: Wenn man traurig ist, verschließt man sich oft ganz. Der andere kann mit einem gar nichts anfangen. Das ist furchtbar, es ist wie eine Gefangenschaft, wenn man sich nicht öffnet. Ich denke an Leute, die mit ihrer Trauer sich verschließen, stets in ihrer Trauer leben. Nach 7 Jahren sagen immer noch: »Nein ich komme nicht zur Feier.«

Freuen, als freute man sich nicht: Sich nicht nur bestimmen lassen von der eigenen Freude angesichts der Leidenden - taktvoller miteinander umgehen. Was bedeutet meine Freude gegenüber einem Menschen, der tief traurig ist? Es tut ihm weh. - Es geht um Annehmen und Loslassen. - Ich bin nicht einverstanden mit Paulus: Freuen ist erlaubt. Da will ich keinen Schleier Traurigkeit drüber. Ich denke an das Lied »Freuet euch der schönen Erde ...« Wir freuen uns doch viel zu wenig. Paulus sagt doch selbst: »Freuet euch in dem Herrn allewege ... (Phil 4,4)« - Ich möchte das Leben genießen, auch das gute Essen.
Kaufet ein, als besäßet ihr es nicht: Na ja, mitnehmen kann man nichts. Das letzte Hemd hat keine Taschen - Seht diesen Ring, ich habe ihn geerbt. Würde ich ihn mir kaufen, soll ich ihn so kaufen, als hätte ich ihn nicht gekauft. Ich soll ihn nicht als Mammon behandeln. Es gibt Größeres als diesen Diamanten. Ja nicht sein Herz dran hängen. Wenn ich etwas besitze, soll ich so besitzen, als hätte ich es nicht. So, als wenn ich es jederzeit loslassen könnte. Damit ist doch nicht gesagt, daß ich mich nicht freuen darf. Auch ist nicht gesagt, daß ich diesen Ring gleich der Ingrid schenken soll. Innerlich loslassen, d. h.: OK ich kann es weggeben, ich muß es nicht für mich behalten.
Geht euren Beschäftigungen so nach, daß ihr nicht darin aufgeht (Gute Nachricht). Wir sollen auch Freizeit haben, nicht nur die Arbeit sehen. Wenn auf einem Grabstein steht »Sein Leben war nur Arbeit«, halten die Angehörigen es für ein Lob. Ich finde es furchtbar; nur in seiner Arbeit aufgehen. Es geht um drei wichtige Themen unseres Lebens: 1. Partnerschaft, 2. unsere innerliche Befindlickeit, 3. unser Verhältnis zum Besitz. Bei allem geht es um Abgeben und Loslassen. Haben, als hätte man nicht.
Wie kann einer so leben? Die Zeit ist kurz. Die Gestalt der Welt vergeht. - Für junge Menschen ist das schwieriger. In meinem Alter, ich als olle Frau, da beschäftigt man sich damit, was für Zeit einem noch bleibt. Unsere Tage sind gezählt! Kann das helfen? - Vielleicht fehlt noch das Wort Liebe. Nicht über jeden Dreck ärgern. Da braucht eine Geduld. Die Sicht vom Ende her, vom Tode her müßte das leichter machen. - Da fällt mir ein: Meine Schwägerin erzählte von meinen Bruder. »Wenn der kocht, dann klebt die ganze Küche, der Fußboden und und ... Der kocht so gerne und auch gut, aber alles klebt.« Ich habe gesagt: »Weißt du, wenn er jetzt im Sarge läge, würdest du sagen: ›Mensch, käme er doch zurück!‹« »Ja, und wenn die Küche noch so klebt, das wäre mir egal!«
Die Zeit ist kurz. Was ist also wichtig? Mir fällt das Lied ein: »Ewigkeit, in die Zeit leuchte hell hinein, daß uns werde klein das Kleine und das Große groß erscheine ...« Was bleibt? Die Liebe, die wir verschenkt haben.
Die beiden Sätze »Unsere Tage sind gezählt; die Zeit ist kurz« sind Fundament für befreites Leben. Ja, wenn wir so leben könnten, es wäre wirklich eine Befreiung. Da muß man erst mal aus sich selbst herauskommen.

Zum Gottesdienst

Susanne Hansen

Exegetisch-homiletische Skizze

Die Notizen aus dem Gespräch der Frauen sind faszinierend. Sie machen deutlich, wie grundverschieden unsere heutigen Glaubens- und Denkvoraussetzungen zu denen des Paulus sind, daß die Lebensthemen, die uns im Alltag beschäftigen, aber immer noch ähnlich sind.
In 1. Korinther 7,29-31 will Paulus seine Gemeinde vorbereiten auf die Wiederkunft Christi und das Ende der irdischen Zeit, was nach seiner festen Überzeugung noch zu seiner Lebenszeit geschehen wird. Die Begrenztheit der Zeit versteht er in eschatologisch-apokalyptischem Sinn. Bald wird Christus wiederkommen, bald wird das Reich Gottes allem irdischen Tun ein Ende setzen. Alles Irdische ist damit vorläufig geworden, ist nicht mehr wirklich wichtig, wird bald Vergangenheit sein. Wesentliches kann eigentlich nicht mehr getan werden. Eine kurze Wartezeit noch - dann wird alle Hoffnung auf Gott erfüllt. Paulus schreibt an eine Gemeinde, die durch die Botschaft vom baldigen Kommen des Reiches Gottes offenbar zutiefst verunsichert ist, wie der gesamte 1. Korintherbrief zeigt. Alles steht in Frage. Was gestern noch galt, gilt nicht mehr. Die Christen in Korinth wissen nicht, wie sie jetzt leben, wie sie sich verhalten sollen. Wie kann man christlich mit dieser Lebenssituation umgehen, in die man so plötzlich hineingeworfen wurde? Offensichtlich waren sie aber der Meinung, daß trotz der begrenzten Zeit noch einiges zu klären wäre. Schade, daß der Zuschnitt der Perikope das Anliegen des Paulus unterschlägt, das im folgenden Vers folgt: »Ich will aber, daß ihr ohne Sorgen seid.« Paulus spricht als Seelsorger zu Menschen, die von ihm Lebenshilfe erhoffen. Sein Rat im Blick auf die zu erwartende Loslösung von allem: schon jetzt innerlich sich einüben in die Distanz. Sich nicht einfangen und festhalten lassen von dem, was morgen nicht mehr wichtig sein wird.
Die Frauen des Friedersdorfer Kirchenchores bringen die »Begrenztheit der Zeit« spontan in Verbindung zu der Begrenztheit der Lebensdauer eines jeden Menschen. Offensichtlich ist die Naherwartung des Paulus für Christinnen und Christen unserer Tage bestenfalls historische Erinnerung. Die christliche Gemeinde unserer Tage hat sich in der schon für beendet erklärten irdischen Zeit wieder häuslich eingerichtet. Aus der großen eschatologischen Zeitenwende ist die persönliche Zahl von Lebensjahren geworden, an deren Gezähltsein erinnert wird. Daß wir Menschen uns aber dessen ungeachtet bis heute mit ähnlichen Lebensfragen herumschlagen, zeigt die Anknüpfung der Frauen an die Aussagen von Paulus zur Lebensführung. Seine Hinweise treffen auf offene Ohren. Das kennen wir auch: Sklave selbstgeschaffener Zwänge zu sein, uns in Befindlichkeiten verlie-

ren, sich mit Besitzdenken um Lebensqualität bringen. Das ist aktuell, heute mindestens so wie zu Zeiten des Paulus.
Die Kritik der Chorgruppe an Paulus macht aber auch deutlich, daß wir uns beim Umgang mit diesem Text auf dünnem Eis bewegen. Er führt leicht in Versuchung, seine Lebensregeln losgelöst von der Naherwartung der Parusie zu einer dauerhaft gültigen christlichen Ethik umzufunktionieren. Leben unter der Maxime »hos me«, »als ob nicht ...« klingt vordergründig einleuchtend, verleitet hinter der Maske christlicher Vorbildhaftigkeit aber leicht zu einer Lebenseinstellung, die alle weltlichen Dinge in ihrer Bedeutung abwertet, Christen aus jeglicher Verantwortung für die Gestaltung der Welt weitgehend entläßt und zu unberührter Gefühllosigkeit und einer Haltung zynischer Indifferenz einlädt (»Aufwiegelung zur Unehrlichkeit«, nennen dies die Frauen). An diesem Text und seiner Geschichte wird exemplarisch deutlich, wie wenig sinnvoll es ist, unter Vorgabe von »Bibeltreue« situationsgebundene Aussagen der Bibel ohne kritische theologische Betrachtung in unsere Zeit zu übertragen.
Uns ist der Gedanke an eine zeitliche Begrenztheit des Irdischen keineswegs fremd. Allemal nicht im Jahr der Jahrtausendwende, das vielen Berechnungen eines möglicherweise kommenden Weltendes zu neuer Blüte verholfen hat. Unser Lebensgefühl von Zeitknappheit beruht seit Jahren auf dem Wissen um unsere fortschreitende Zerstörung unserer eigenen Lebensgrundlagen. Längst ist die Welt nicht mehr die Bedrohung des Menschen, gegen die er sich schützen muß, sondern wir sind auf bestem Wege, die Welt und damit uns selbst auszulöschen. Die Mahnung, daß die Zeit kurz sei, ist uns auf diese Weise seit Jahren wieder vertraut geworden. Verknüpft mit dem Verlust unseres Glaubens an die Ewigkeit nach unserer Zeit, hat sich alles Wünschen auf die individuell absehbare Lebenszeit verlagert, in der allein das Leben zu gewinnen ist – »Laßt uns essen und trinken, denn morgen sind wir tot«. Wir möchten »das Leben genießen« (s. o. die Frauen), andere Hoffnung ist wenig geblieben.
Fremd geworden ist uns eine Deutung des Weltendes, die nicht Selbstausrottung, sondern Kommen des Reiches Gottes ist, sich mit Hoffnung und Freiheit, mit Erlösung und der Möglichkeit verknüpft, alles Ersehnte zu gewinnen. Im Gegensatz zu Paulus löst der Gedanke an das Ende bei uns in der Regel Angst aus. Es ist eben nicht gleich, auf welche Art von Ende wir gedanklich zugehen.
Anders als zum Beispiel Römer 12 oder das 5. Kapitel des Galaterbriefes eignet sich unser Text nicht für eine Umsetzung in eine allgemeine, allzu simple christliche Sozialethik zur Jahrtausendwende. Wir brauchen heute eine Ethik, die davon ausgeht, daß es lohnt, Dinge noch anzupacken und zu verändern, keine Ethik, die sich von vornherein daran ausrichtet, daß die Zeit zum Umsetzen des Gehörten sowieso abgelaufen ist. Christen hatten und haben mehr Zeit, als Paulus dachte. So muß in der Predigt über diesen Text dieser andere Lebenskontext mit einfließen. Es gilt zu unterscheiden

zwischen einem Sich-von-der-Welt-abwenden und einer Glaubenshaltung, die mich die Dinge der Welt mit anderen Augen sehen läßt, die die Spannung hält zwischen christlicher Glaubenshoffnung und unserer Weltverantwortung.
So ist diese Perikope heute wohl primär eine seelsorgerliche, gerichtet an Menschen, die sich urplötzlich mit der Begrenztheit von Zeit auseinandersetzen müssen. Sie wird wieder überraschend aktuell da, wo sie uns als moderne Menschen anspricht in unserem alltäglichen Ringen mit (zu) begrenzter Zeit. An diese spannungsvolle Erfahrung gilt es anzuknüpfen. Hier endet auch das Gespräch der Frauengruppe: »Ja, wenn wir so leben könnten, es wäre wirklich eine Befreiung. Da muß man erst mal aus sich selbst herauskommen...« Ob sie darüber hinaus als Grundorientierung für ethische Orientierungen zu sehen ist, wird zu diskutieren sein.

Vorschläge zur Liturgie

Eingangspsalm
Psalm 62,6–13 oder Psalm 90

Schriftlesungen
Prediger 3,1–14 und Matthäus 6,25–34

Eingangsgebet
Gott, da bin ich nun. Hier in dem Haus, das deinen Namen trägt. Auf dieser harten Bank. Ein bißchen außer Atem noch. Noch nicht so ganz angekommen mit meiner Seele. Noch ein bißchen im Zweifel, ob das richtig war, mir diese Stunde zu nehmen. Eine Stunde für mich. Mitten in diesem Wochenende, das so vollgepackt ist. So viel ist liegengeblieben im Haushalt in dieser Woche, was noch zu tun wäre. So viel hatte ich mir vorgenommen, was schon längst mal wieder dran wäre. So geht es mir oft, Gott.
Nimm mich nun bitte so, wie ich bin. Laß mich zur Ruhe kommen jetzt und laß all das zurückbleiben, was durch meine Gedanken jagt. Laß mich etwas finden in dieser Stunde, was ich mitnehmen möchte in meinen Alltag draußen. Laß mich etwas finden, was mir hilft, gelassen und ruhig diesen Sonntag zu feiern.

Nach der Predigt
Schöpfer meiner Stunden und meiner Jahre,
du hast mir viel Zeit gegeben.
Sie liegt hinter mir
und sie liegt vor mir.
Sie war mein und wird mein,
und ich habe sie von dir.

Ich danke dir für jeden Schlag der Uhr
und für jeden Morgen, den ich sehe.
Ich bitte dich nicht,
mir mehr Zeit zu geben.
Ich bitte dich aber um viel Gelassenheit,
jede Stunde zu füllen.
Ich bitte dich, daß ich ein wenig dieser Zeit
freihalten darf von Befehl und Pflicht,
ein wenig für Stille,
ein wenig für das Spiel,
ein wenig für die Menschen am Rande meines Lebens,
die einen Tröster brauchen.
Ich bitte dich um Sorgfalt,
daß ich meine Zeit nicht töte,
nicht vertreibe, nicht verderbe.
Jede Stunde ist ein Streifen Land.
Ich möchte ihn aufreißen mit dem Pflug,
ich möchte Liebe hineinwerfen,
Gedanken und Gespräche,
damit Frucht wächst.
Segne du meinen Tag.

(Aus: Jörg Zink, Wie wir beten können, Kreuz Verlag, Stuttgart 1991, Seite 75)

Vorschlag zur Predigt

Möglicher Anfang

Die Zeit ist kurz, sagt Paulus. Recht hat er. Kurz sind unsere Tage. Zu kurz oft für alles, was darin Platz haben soll. Der Beruf. Der Haushalt. Der Partner und die Kinder. Der Garten. Die Einladungen von Freunden und das Hobby. Erste Einkäufe für Weihnachten. Der Brief zum Geburtstag. Das Ehrenamt in der Gemeinde. Und essen möchte man schließlich auch mal. Vielleicht sogar ein Buch lesen. In der Badewanne sitzen. Und schlafen auch noch, jeden Tag.

All das ist wichtig. Es ist schön, ist uns wertvoll. Und es kann doch zum Zwang werden, dem man sich ausgeliefert fühlt. Zum alltäglichen Hürdenlauf, der dauerhaft in Betrieb hält. Davon können wohl besonders Frauen ein Lied singen, die so viele Pflichten und Aufgaben im Alltag zuammenbringen müssen. Manchmal läßt sich alles nur mit Mühe unter einen Hut bringen.

Nicht selten bleibt ein schales Gefühl. Der Eindruck, viel geschafft zu haben, aber doch das Wesentliche im Leben dabei zu verpassen. Einzeln betrachtet möchte man nichts von all dem missen, was den Tag füllt. Aber

von dieser Art Leben möchte man sich befreien - um dann »richtig« zu leben.
Paulus rennt bei uns offene Türen ein mit dem, was er an die Gemeinde in Korinth schreibt. Ein bißchen mehr Abstand zu allem, ein bißchen innere Distanz und mehr Freiheit von Zwängen und Gewohnheiten, das wäre gut.

Zum weiteren Verlauf
Zeit fühlt sich anders an, wenn plötzlich Grenzen da sind. Wenn unerwartet die Zeit knapp wird, kann das großen Streß auslösen. Es kann aber auch Lösungen beschleunigen. Ich muß mich entscheiden, muß Prioritäten setzen und weniger wichtige Dinge weglassen. Meistens entdecke ich dann, daß ich so mein Ziel erreiche. Oder ich fasse Mut, riskiere ein offenes Wort, statt wieder alles auf morgen zu verschieben - meine Konfliktbereitschaft steigt, ich werde klarer, packe es an.
Unsere Erfahrungen mit unerwartet begrenzter Zeit haben meist mit Leid, mit Angst oder Verzicht zu tun. Wir denken an Termindruck, an die Begrenzung unserer Lebenszeit durch Krankheit und Unfall, vielleicht auch an Endzeitgefühle angesichts fortschreitender Umweltzerstörung und dem, wie diese Erde den Generationen nach uns übergeben wird. Kennen wir eigentlich noch ein Ende, das sich mit großer Hoffnung, mit erfüllten Träumen, mit Visionen von Glück verknüpft? Vielleicht tun wir uns mit Veränderungen in unserer Gesellschaft so schwer, weil wir als Ziel zunehmend die Katastrophe sehen und nicht mehr das Glück.
Paulus und seine Verkündigung: Das Nahen des Reiches Gottes noch zu seinen Lebzeiten. Ansage der baldigen Erfüllung aller Sehnsüchte, Eintreffen von allem, worauf man nur warten und hoffen kann. Wie lebt es sich, wie fühlt und denkt man, wenn das Ende der Zeit unerwartet so kommt?
Diesen Horizont brauchen wir, um zu verstehen, was Paulus meint, wenn er empfiehlt: Weint, als weintet ihr nicht, lacht, als lachtet ihr nicht, besitzt, als besäßet ihr nicht ...! Losgelöst von diesem weiten Horizont wären die Zeilen an die Korinther zynisch, lieblos und ein Aufruf zur Gleichgültigkeit. So tun als ob, sich nicht einlassen, Beziehungen verleugnen, das ist keine »christliche« Lebenshaltung.

Schluß
Die Menschen in Korinth erwarteten nicht den Untergang, sondern die Einlösung aller ihrer Träume vom Glück. Und das bald. Wer auf das Reich Gottes hofft, lebt anders. Der Brief, der in seiner Zusammenstellung wie eine Antwort auf einen ganzen Fragenkatalog klingt, läßt vermuten, daß nicht Gleichgültigkeit und »Wurstigkeit« sich breitgemacht haben, sondern daß die Gemeinde in eine noch nie gekannte Auseinandersetzung mit ihrer Lebenspraxis und Lebensführung kam. Sie machen sich Gedanken, sie »sorgen« sich. Wie jetzt umgehen mit Partnerschaft? Mit Besitz? Mit

Gefühlen? Menschen orientieren sich völlig neu, hinterfragen Gewohntes, suchen neue Wege. Auslöser ist die große Hoffnung, die alle Lebenspläne durchkreuzt hat.
Es ist nicht nur die plötzlich so kurze Zeit, die das Leben durcheinander wirbelt. Es ist auch der Blick auf das, was sich da angekündigt hat, der Inhalt dessen, was kommt. Aus einer überwältigenden Hoffnung zu leben, das setzt Energien frei. Das nimmt die Angst vor Konflikten und Scheitern. Das bringt alles in Bewegung.
Wie wäre denn das, würden wir nicht Zeitmanagement versuchen, um identischer und erfüllter zu leben, sondern würden uns anrühren lassen von den großen christlichen Verheißungen? Von den Sätzen der Bibel, die uns erzählen, was sein soll, was wichtig ist und letzten Bestand hat, wohin wir gehen? Wahrscheinlich würde das unser Leben nicht auf einen Schlag radikal ändern. Aber es würde sich manches bewegen. Vieles, was uns heute Kopfzerbrechen macht, wäre vielleicht nicht mehr so wichtig. Vielleicht wären wir auch schneller beim Wesentlichen. Wir wären dem richtigen Leben wieder auf der Spur.
(Paulus hat konkrete Bezüge gewählt. Ich würde das auch tun und an einer aktuellen Thematik durchbuchstabieren, was das an diesem Sonntag heißen könnte: aus einer großen Verheißung heraus meinen Alltag neu entwerfen).

Kontexte

Die Zukunft ist nicht mehr der fraglos sichere Raum, in den hinein wir uns entwerfen können, sondern ist selbst von ökologischen oder nuklearen Gefahren bedroht. Solche Bedrohungen spiegeln sich auch als Unmöglichkeit wider, treu, zuverlässig und zielstrebig zu sein. Wir werden apathisch und hängen am Tropf unserer Drogen, von denen Alkohol, Tabletten, Fernsehen und Kokain nur die mächtigsten sind ... Der Strom der Zeit trägt nicht mehr. Das äußert sich als Erschlaffung der Lebenskräfte, als Verzweiflung unter dem Schein der Depressivität, als Mangel an Vitalität und Lebensfreude ...
(Geiko Müller-Fahrenholz, Erwecke die Welt. Unser Glaube an Gottes Geist in dieser bedrohten Zeit, © Chr. Kaiser/Gütersloher Verlagshaus, Gütersloh 1993, Seite 140)

Die erste Philosophie über das Leben bringt einem das Leben selbst bei, nicht irgendwelche schönen Sätze, die über das Leben gesprochen werden. Diese kommen nachträglich und kommen oft zu spät gegen die Realphilosophie des Lebens. Dennoch sind die Aussagen und Bilder, die ein Volk vom wahren Leben hat, nicht gleichgültig. Das Leben kann sich nicht halten, ohne daß wir eine Sprache und ohne daß wir Bilder vom Leben haben. Diese Bilder und diese zusammenhängende Sprache vom neuen Leben verlieren wir immer mehr. Was die Christen dieser Gesellschaft schuldig sind – zumindest dieses – das ist die Sprache von dem, was kommen soll ... Die wichtige Arbeit der Christen ist, am Aufbau der Träume zu helfen.
(Aus: Fulbert Steffensky, Feier des Lebens. Spiritualität im Alltag, Kreuz Verlag, Stuttgart 1991, Seite 116 f.)

Drittletzter Sonntag des Kirchenjahres

Annäherungen an den Predigttext Hiob 14,1-6

Klaus von Mering

Die Stimmen derer, die mir etwas zu diesem Text gesagt bzw. aufgeschrieben haben, sind teils nachdenklich, fragend, teils besserwisserisch belehrend. Da die Zettel mehrheitlich keine persönlichen Angaben enthalten und ich sie sehr breit ausgestreut habe, weiß ich (fast) nichts über Lebensalter, sozialen Status oder Zugehörigkeitsgefühl zur gottesdienstlichen Gemeinde der AbsenderInnen. Tatsächlich ist das nach meiner Erfahrung auch weit weniger wichtig als viele offenbar meinen: Regelmäßige Gottesdienstbesucher haben m. E. häufig, wenn sie sich konkret zu einem Text äußern sollen, die gleichen Schwierigkeiten wie sogenannte Distanzierte. Sie lassen sich nur in der Regel etwas leichter zum Reden (Schreiben) ermuntern - und sagen dann das, was sie, Text hin oder her, für richtig oder falsch halten. Menschen, die selten in der Bibel lesen, haben diesen Ausweg nicht - weil sie nach eigener Einschätzung nicht oder zu wenig glauben und das in dieser Situation als Manko empfinden. Aber wenn man ihnen erst über diese Hürde geholfen hat (z. B. durch das Angebot einer anonymen Rückantwort), sind ihre Verstehensprobleme von biblischen Texten kaum größer als die der ersten Gruppe.

Ich hatte bei meinen ersten Fragebogen versehentlich versäumt, unter dem kopierten Textabschnitt aus Lutherbibel und Guter Nachricht auch die Bibelstelle anzugeben. Darauf meldeten sich mehrere sehr versierte BibelleserInnen mit der Frage zurück, ich möchte sie doch bitte aufklären, aus welchem Buch der Text stamme oder ob es sich »tatsächlich um eine Textcollage« (!) handele.

Ob man nun mit Vorliebe routinierte PredigthörerInnen zu einem Text befragt, weil man sich sagt, die stellten schließlich das Gros der späteren ›Verbraucher‹, oder ob man bewußt auf Distanzierte zugeht in der Hoffnung, hier auf besonders ungewohnte Gedankengänge zu stoßen - gegen phrasenhafte Bekenntnisse oder oberflächlich dahinplätschernde Kritik schützt weder das eine noch das andere. Rückmeldungen, die mich als Prediger weiterbringen, zeichnen sich weder durch bloße Unkonventionalität noch durch Bibeltreue aus, sondern allein dadurch, daß sie die Fähigkeit zum Staunen und die Hartnäckigkeit des Fragens befördern.

Zu solchen Rückmeldungen zähle ich z.B. die eher beiläufig geäußerte Bemerkung: »Wann ist jemand ›rein‹ oder ›unrein‹? Wer weiß das außer Theologen?« Was für eine Erwartung! Bin ich als Priester angesprochen, der über die Zugangsberechtigung zu Gott entscheidet? Oder bin ich als Studierter gefragt, der sich mit Definitionen auskennt? Der Werbeslogan, der ›rein‹ als Steigerung von ›sauber‹ suggeriert, könnte für den Schriftgelehrten sprechen, die Erfahrung, daß eben solche Waschmittel ein reines Gewissen gerade zu verhindern imstande sind, weist mich eher in die andere Richtung: Könnte es sein, daß die prophetische und priesterliche Funktion von uns PastorInnen heute näher beieinander liegen als uns lieb ist? Wie sieht eine Kirche aus, in der die entschlossene Kritik an gesellschaftlichen Mißständen und einladende, mitreißende Spiritualität keine Alternativen mehr sind? »Hiob fordert Gott auf, ihn in Ruhe zu lassen. Wie stimmt das zusammen mit der Feststellung vom Anfang, ›der Mensch ... ist voll Unruhe‹?« Vielleicht öffnet sich die Tür zu wirklicher Ruhe für uns erst, wenn wir nicht mehr nur versuchen, eine andere vor der Unruhe der Welt hinter uns zu schließen. Nur wer sich wirklich beunruhigen läßt von der Einsicht in die eigene Verstrickung in lebensgefährdende Verhaltensweisen und mit den schlichten Strickmustern von rein und unrein bei Freund und Feind nicht mehr zurechtkommt, wird selbst ein Ohr entdekken und andere öffnen für die flüsternde Einladung zur Ruhe, wie sie von einer liturgischen Feier oder einem Gebet ausgehen können.
»Sehr eigentümlich« findet eine Einsenderin - sie wohnt in einem Altersheim - den »Schluß: Wie sich ein hart arbeitender Tagelöhner auf den Abend, den ›Feierabend‹ freut, sehnt sich der Mensch (nach nichts als!) nach Ruhe. Das kommt hier in meiner Umgebung unter sehr vielen alten Menschen immer wieder hervor: Einzige Sehnsucht ist Ruhe - ›denn ich bin des Treibens müde, süßer Friede, komm, ach komm in meine Brust‹. Von Gericht, von Angst ist nicht die Rede, allenfalls uneingestanden vielleicht: Diese unendlichen, mühsamen, kostspieligen Anstrengungen, das alte Leben zu verlängern, stehen zu der Sehnsucht nach dem Ende in krassem Gegensatz. Während ich bei mir zu beobachten meine, daß ich ›Angst‹ habe, aus dem Glauben zu fallen im letzten, unbewachten Augenblick, ist bei den anderen andeutungsweise nur Angst, daß dies (als mühsam und lebensunwert verschrieene!) Alter aufhören könnte. Nicht die Schmerzen des Sterbens, des Endes - da vertraut man weitgehend auf die Medizin - sondern daß es einfach ›aus‹ ist.«
Eine(n) andere(n) beschäftigt die Frage: »Wie freut sich ein Tagelöhner?« Der Zusammenhang läßt vermuten, daß hier ein Mensch redet, der viel und gerne (ge)arbeitet (hat). Ist die Arbeit für ihn stets so erfüllend gewesen, daß ihm die Freude auf deren Beendigung fremd ist? Oder waren die Entzugserscheinungen am ›Feierabend‹ so groß, daß die Mühsal der Arbeit aus dieser Perspektive hinter den »Fleischtöpfen in Ägyptenland« versank? Oder - noch anders - sucht hier jemand nach dem ›Lohn‹ seiner Arbeit,

den der Tagelöhner allabendlich in klingender Münze sehr handgreiflich einstreichen kann? Ich muß an die vielen Ehefrauen denken; die in ›guten Verhältnissen‹ lebten, einschließlich der Tatsache, daß ihr Mann ihnen weder Haushalts- noch Taschengeld vor- oder nachrechnete; und die es dann doch »ein ganz neues Lebensgefühl« fanden, »eigenes Geld zu verdienen«, auch wenn das mit mancherlei Beschwernissen gegenüber dem bisherigen Leben verbunden war.
»Gönne ihm sein bißchen Lebensfreude - als ob das der Sinn des Lebens wäre!«, kommentiert einer empört. »Lebensfreude«, das kann nur etwas von dieser Welt sein? Etwas, was man durch Übertreten von Geboten erreicht, etwas Unzüchtiges und zugleich Banales, das im Leben eines Christen keinen Platz hat, haben sollte - und wenn doch, dann allenfalls geduldet, weil wir eben - leider! - auch nur Menschen sind? Ich denke demgegenüber: Wie gut, daß zwischen soviel Auseinandersetzungen mit dem Sterbenmüssen und der ungeschminkten Rede vom Gericht auch die Lebensfreude ihren Platz findet.
Die Formulierung eines Lesers »Mich beeindruckt die große Glaubenssicherheit des Hiob« läßt mich vermuten, daß er in dieser Aussage eher das Bekenntnis eines Menschen sieht, der sich unmittelbar von Gott beachtet weiß. Ich lese V. 3 dagegen eher so: Obwohl der Mensch schon von Haus aus ein so hinfälliges Wesen ist, tut Gott mir zusätzlich noch an, daß er an mir sein Gericht exerziert. Diesen Tonfall des Protestierens, des Mit-Gott-Rechtens finde ich nur in einer der Rückäußerungen wieder: »Erst bekomme ich feuchte Augen, wenn es heißt: Und trotzdem, obwohl der Mensch so unbedeutend ist, läßt Gott ihn nicht aus den Augen. Aber dann befällt mich ungeheure Wut. Dieser Gott beurteilt, ja verurteilt mich! Das ist ein sadistischer Gott, der die bestrafen will, die er nach seiner Idee geschaffen hat.«
Immerhin meldet sich Protest bei der Formulierung »du selbst bestimmst die Grenzen seines Lebens«, zweimal wird ausdrücklich der Suizid angesprochen. Ich denke, an dieser Stelle wird die Predigerin/der Prediger die Formulierung von Kurt Martis »Leichenreden« meditieren müssen: »Dem Herrn, unserem Gott, hat es ganz und gar nicht gefallen, daß N. N. auf diese Weise den Tod fand.«
Zwei Stimmen zum Schluß, die m. E. gut markieren, zwischen welchen beiden Möglichkeiten die Predigt sich wird entscheiden müssen:
»Der Text ist eine philosophische Aussage. Die Beschreibung einer Einsicht, der wir uns zu beugen haben, auch wenn wir sie in unserem oberflächlichen Alltag gern verdrängen.«
»Die Person (sc. Hiob) spricht als eine Art Anwalt der Menschen zu einem Gott, der sein Vorgesetzter ist, von dem er aber menschlich nicht besonders viel hält«.

Zum Gottesdienst

Susanne Kahl-Passoth

Theologisch-homiletische Skizze

1.
»Es war ein Mann im Lande Uz, der hieß Hiob. Er war fromm und rechtschaffen, gottesfürchtig und mied das Böse.« So beginnt ein Buch der Bibel, das wie kein anderes Aufnahme in die Weltliteratur gefunden hat. Warum muß der Gerechte leiden? Was ist, wenn einem guten Menschen Böses widerfährt? Das sind Fragen, die Menschen bis heute stellen, wenn sie mit schwerer Krankheit und Tod konfrontiert werden. Warum läßt Gott das zu? Warum fährt ein Betrunkener ein unschuldiges Kind zu Tode? Warum läßt Gott einen Diktator am Leben und läßt unschuldige Menschen umkommen? Warum hat Gott den Holocaust geschehen lassen?
Das Hiobbuch geht von der Vorstellung aus, daß der Mensch mit seinem Tun sein Geschick bestimmt, d.h. wenn er Gutes tut, rechtschaffen lebt, wird er ein gutes Leben haben. Wenn er dagegen Böses tut, werden ihn die Folgen seiner Taten einholen: »Unrecht Gut gedeiht nicht.«
Hiob, ein reicher Herdenbesitzer und Dorfpotentat, wird von Gott auf die Probe gestellt: Ist sein Reichtum eine Folge seiner Frömmigkeit oder bewirkt die Frömmigkeit seinen Reichtum? Innerhalb kurzer Zeit verliert er seine Viehherden und seine Kinder, schließlich seine Gesundheit und körperliche Unversehrtheit. Seiner Frau geschieht nichts.
Die drei Freunde Hiobs, Elifas, Bildad und Zofar, besuchen ihren kranken Freund, um ihm Trost zu geben. Sieben Tage und Nächte schweigen sie mit Hiob, um ihn dann mit ihren Reden zu quälen. Während Hiob an dem Zusammenhang von Tun und Ergehen zu zweifeln beginnt, halten die Freunde daran fest. Hiobs Reden schwanken zwischen Klage und Anklage Gott gegenüber. Aber in keinem Moment stellt er seine Beziehung zu Gott in Frage.
Vom Leid der Frau ist im übrigen keine Rede, denn schließlich waren es auch ihre Kinder, die umgekommen sind, lebt auch sie nun in Armut, hat einen kranken und entstellten Mann (hierzu Näheres im Kompendium Feministische Bibelauslegung, hrsg. von Luise Schottroff und Marie-Theres Wacker).

2.
Der Predigttext ist ein Ausschnitt aus einer drei Kapitel umfassenden Hiobrede. In diesem Teil (13,8–14,22) wendet Hiob sich an Gott. Die Vergänglichkeit des menschlichen Lebens ist das Thema des Abschnitts. Die Aussage des Textabschnittes ist ohne Trost, Ermutigung oder einem Zeichen der Hoffnung. Das Leben des Menschen ist kurz und voller

Unrast (V. 1). Zur Verstärkung dieser Aussage wird die Kurzlebigkeit der Blumen und des Schattens herangezogen, angelehnt an die klimatischen Verhältnisse des Orients (V. 2). Schließlich äußert Hiob seine Verbitterung darüber, daß Gott den Menschen, der nur ein kurzes vergängliches Leben hat, mit Aufmerksamkeit begleitet und ihn dann richtet. Demnach hat der Mensch gar keine Chance für ein nur rechtschaffenes Leben (V. 3). Über die Bedeutung von V. 4 gibt es keine Eindeutigkeit: Sind alle Menschen unrein, weil sie von einer Frau geboren sind? Oder: Macht die Geburt alle Menschen unrein? Macht die Unreinheit den Menschen zu einem sterblichen Wesen? Nach 3. Mose 12,2 ff. ist die Mutter unrein, nach der Geburt eines Mädchens im übrigen doppelt so lange wie nach der Geburt eines Jungen. Mit der Geburt des Menschen wird auch sein Todesdatum festgelegt, und der Mensch hat keine Möglichkeit, daran zu rütteln (V. 5). Die einzige Freude des Menschen ist, daß, wenn Gott wegschaut, er sich ausruhen kann wie ein Tagelöhner nach einem anstrengenden Arbeitstag (V. 6).

3.

Es ist der drittletzte Sonntag des Kirchenjahres, an dem der Text gepredigt wird, der Sonntag vor Volkstrauertag und Ewigkeitssonntag, eine stimmungsmäßig eher dunkle Zeit. Der Mensch wird an seine Vergänglichkeit erinnert, mit diesem Text in einer Weise, die wenig Mut macht, sich dieser Tatsache zu stellen. Durch seine Kürze und Klarheit wirkt er trostlos.
Diese Trostlosigkeit empfinden viele Menschen nach dem Tod eines Angehörigen. Da erreicht sie erst mal kein Wort der Ermutigung. Der Schmerz oder die Verzweiflung hüllt sie ein. Da ist Schweigen nötig, bzw. der Versuch das, was Trauernde empfinden, in Worte zu fassen. Die Predigt sollte alle GottesdienstbesucherInnen nicht ohne Hoffnung lassen.
Durch meine langjährige Arbeit mit Trauernden weiß ich, daß viele Trauernde es vermissen, daß auch außerhalb von Karfreitag und den letzten Sonntagen des Kirchenjahres von Tod und Trauer die Rede ist. Im Gegensatz zur katholischen Kirche belassen wir es in der Regel bei der Trauerfeier, der Abkündigung am Sonntag darauf und der am Ewigkeitssontag. Da viele Trauernde Schwierigkeiten haben, ihren Mitmenschen verständlich zu machen, wie es um sie bestellt ist, wie sie »behandelt« werden wollen, da Sterben, Tod und Trauer Tabuthemen in unserer Gesellschaft sind, wäre es für alle Beteiligten hilfreich, wenn diese Themen auch sonst aufgegriffen werden. Es geht ja nicht nur darum, Verständnis für diese Menschen zu entwickeln, sondern auch zum Nachdenken über die Begrenztheit des eigenen Lebens zu ermutigen.
Was ich problematisch finde an diesem Text, ist das Gottesbild, das er vermittelt: Gott ist weit weg von den Menschen, lenkt ihr Leben, und wenn sie Freude haben wollen, dann muß Gott wegschauen (Was so ein Gottesbild auslöst, finde ich sehr gut beschrieben bei Tilman Moser, in seinem Buch »Gottesvergiftung«). Dieser Gott befreit und ermutigt nicht zum Leben.

Auf der anderen Seite war Hiob in einer verzweifelten Situation, in der Menschen bis heute Gott anklagen und von Gott in einer Weise reden, wie sie es vor »ihrem Unglück« oft nicht getan hätten.
So wird mein Entwurf für den Gottesdienst in der Spannung stehen zum einen die Situation des Hiob und damit der Trauernden, über ihr Unglück Klagenden heute aufzunehmen, zum anderen ihm etwas entgegen zu setzen. Wichtig ist es, den Text nicht aus seinem Zusammenhang herauszunehmen, die Geschichte Hiobs nicht davon abzutrennen. Nur so ist die Trostlosigkeit des Textes verstehbar.

Vorschläge zur Liturgie

Lieder
EG 152, 153, 64,2-6, 274, 275, 278, 171, 175

Eingangsvotum
In der Hoffnung darauf,
daß Gott sich unserer erbarmt,
Jesus Christus uns zum Trost wird,
Gottes Geist uns zum Leben ermutigt,
feiern wir unseren Gottesdienst.

Psalm
90,1-14 (15-17); 139,1-14,23,24; 38,1-16,22,23; 42,2-6; 74

Kyriegebet
Gott, dir sei es geklagt:
Sterben und Tod haben kaum Platz unter uns;
Der Angst, Verzweiflung, Trauer anderer gehen zu viele aus dem Weg;
Menschen,
die schwer erkrankt,
die mit dem Tod eines ihnen lieben Menschen nicht zurechtkommen,
die von Arbeitslosigkeit,
Gewalt und Ungerechtigkeit betroffen sind,
bleiben allein.
Wir rufen zu dir:

Gemeinde: EG 178,12 Kyrie

Gott, dir sei es geklagt:
Wir fragen,
warum läßt du es zu,
daß Mädchen und Frauen
mißbraucht, geschlagen, vergewaltigt werden,
daß junge Menschen verunglücken,

daß Menschen vor der Zeit sterben,
daß die Welt so ungerecht ist?
Wir verstehen dich oft nicht.
Wir rufen zu dir:

Gemeinde: EG 178,12

Gott, dir sei es geklagt,
Trauernde, verzweifelte Menschen
verlieren den Boden unter den Füßen,
kennen sich selber nicht wieder,
haben Angst,
mögen nicht essen und trinken,
alles ist ihnen gleichgültig,
vergraben sich in ihren Wohnungen,
oder irren durch die Straßen,
brechen plötzlich in Tränen aus,
wissen nicht,
wie sie weiterleben können.
Wir rufen zu dir:

Gemeinde: EG 178,12

Zusage
Die auf Gott harren, kriegen neue Kraft,
daß sie auffahren mit Flügeln wie Adler,
daß sie laufen und nicht matt werden,
daß sie wandeln und nicht müde werden.

Kollektengebet
Gott,
wir können wissen,
daß wir mit allem,
was uns beschäftigt,
belastet und ängstigt
zu dir kommen können.
Höre unsere Klage,
und mach uns bereit,
auf dein Wort zu hören,
durch Jesus Christus.

Lesung
Epistel: Römer 5,1–5; Evangelium: Johannes 9 in Auswahl

Fürbittgebet
Gott, wenn Menschen in ihrer Verzweiflung und Wut
sich bei dir bekagen,

dich beschimpfen,
sich von dir abwenden,
höre ihnen zu,
wo wir es nicht aushalten,
hab Geduld mit ihnen,
wo wir ungeduldig sind,
wende dich nicht ab von ihnen,
wo wir es längst getan haben.
Gott, wir bitten für alle,
die verzweifelt und voller Trauer,
die verbittert und zynisch,
die wütend und ohne Hoffnung sind.
Gib, daß sich Menschen finden,
die sie begleiten,
die mit ihnen schweigen,
die sie nicht allein lassen,
die bereit sind,
sich immer wieder
die gleichen Geschichten anzuhören.
Gott, Gewalt und Ungerechtigkeit,
Katastrophen und Kriege
kosten jeden Tag Menschen das Leben.
Ermutige uns alle immer wieder neu,
daß wir für Frieden im Kleinen und Großen eintreten,
daß wir uns einmischen,
nicht abfinden mit dem Zustand unserer Welt.
Gib, daß uns die Hoffnung nicht verloren geht,
daß wir immer wieder auferstehen können zum Leben.
Allein schaffen wir das nicht,
aber mit deiner Hilfe ist vieles möglich.
Darauf vertrauen wir.

Segen
Gott segne und behüte euch,
Gott lasse sein Licht leuchten
in eure Angst und Verzweiflung hinein.
Gott erbarme sich eurer
und schenke euch neues Leben.

Vorschläge zur Predigt

Möglicher Anfang
Der Fall hat vor einiger Zeit Schlagzeilen gemacht. Ein zwölfjähriges Mädchen ist von einem jungen Mann aus ihrer Nachbarschaft erst vergewaltigt

und dann ermordet worden. Für die Öffentlichkeit war es ein Fall unter vielen, der Empörung hervorrief.
Für die Eltern und Geschwister des Mädchens, ihre Großeltern und Klassenkameradinnen und Klassenkameraden, ihre Lehrerin war es kein Fall, sondern der sinnlose und schreckliche Tod eines Menschen, der einen Platz in ihrer aller Leben hatte. Warum ausgerechnet sie, warum tut ein Mensch überhaupt so etwas? Sie hatte doch noch ihr ganzes Leben vor sich. Warum hat Gott zugelassen, daß ein unschuldiges Kind auf so brutale Weise umgebracht worden ist? Was hätten wir tun können, um das zu verhindern? Haben wir genug aufgepaßt? Allein der Versuch der Vorstellung, was das Mächen hat aushalten müssen, läßt den Schmerz über diesen Tod ins Unendliche wachsen. Wie können sie mit diesem Tod weiterleben? Wird ihrer aller Leben nun immer von diesem Tod besetzt sein?
Hiob, ein sehr reicher Mann und Dorfpotentat, war ein frommer und rechtschaffener Mann. Er war gottesfürchtig und mied das Böse. So heißt es am Anfang des Buches Hiob. Dieser Mann verliert innerhalb kürzester Zeit alles das, was sein Leben ausmachte, was ihm wichtig war: seine Viehherden, seine Kinder und seine Gesundheit. Einzig seine Frau blieb am Leben. Als seine Freunde, Elifas, Bildad und Zofar von seinem Unglück hören, besuchen sie ihn. Sieben Tage und Nächte schweigen sie mit ihm, um dann mit ihm in heftige und quälende Gespräche einzutreten. Was hat Hiob getan, daß Gott ihn so gestraft hat? Damals herrschte die Auffassung, daß der Mensch mit seinem Handeln selbst bestimmt, wie sein Leben aussieht. So wie die Jünger Jesu in dem eben verlesenen Text fragen: »Wer hat gesündigt, dieser (blind geborene) oder seine Eltern, daß er ist blind geboren?«, so fragen auch die Freunde des Hiob.
Was hat Hiob getan, daß sein Leben so zerstört worden ist, er seine Kinder, seinen Besitz, seine Gesundheit, sein Ansehen verloren hat?
Bis heute fragen Menschen sich das, wenn sie mit einer Katastrophe in ihrem Leben konfrontiert werden. Irgend jemand muß doch verantwortlich sein, wenn so etwas geschieht. Ist Gott nicht der Beschützer des Lebens, haben wir Gott nicht unser Kind in der Taufe anvertraut, dafür gebetet, daß es behütet aufwächst, verschont bleibt vor allem Bösen? Der Zusammenhang von Tun und Ergehen spielt auch heute immer wieder eine Rolle, wenn etwas Schreckliches geschieht. Haben wir das verdient?

Zum weiteren Verlauf
»Der Mensch, geboren vom Weibe, kurz an Tagen und satt an Unrast. Wie eine Blume geht er auf und welkt, er flieht wie ein Schatten und hat keinen Bestand.« So beginnt unser Predigttext, ein Teil einer längeren Rede des Hiob, mit der er sich an Gott wendet. Sehr nüchtern beschreibt Hiob die Begrenzung und Vergänglichkeit des menschlichen Lebens. Nichts von den Möglichkeiten, der Fülle an Erfahrungen, die in dieser Zeit angesammelt werden können, nichts von der Freude am Leben. Es klingt bitter, so als ob

er alles das vergessen hat, was vorher war, als er noch reich und angesehen war. Wie ausgelöscht scheint das zu sein, was sein Leben vorher bestimmt hat. Die erlebte Katastrophe überdeckt alles.
Aber so geht es Menschen, die plötzlich und unerwartet aus ihrem alltäglichen Leben herausgerissen worden sind: Nichts, was ihr Leben ausgemacht hat, hat noch Bestand. Die Gedanken der Eltern des vergewaltigten und ermordeten Mädchens kreisen nur noch um die Tat, um das Leid, das ihre Tochter hat aushalten müssen. Einige Menschen empfinden das Leben vor einer solchen oder ähnlichen Katastrophe nur als Hohn.
Hiob geht sogar so weit, daß er Gott verspottet: Wenn das Leben schon so kurz ist, warum macht Gott sich die Mühe, es ständig zu beobachten? Der Mensch kann Gott doch gar nicht gerecht werden. Kleinlich empfindet er Gott, wie einen Erbsenzähler, der jede noch so kleine Verfehlung registriert, um ihn, Hiob, dann zu richten. Und wenn Gott das Maß der Tage schon fest beschlossen hat, könnte Gott ihn doch in diesen Tagen in Ruhe lassen, damit er sich wie ein Tagelöhner anstrengender Arbeit freuen kann ...

Möglicher Schluß
Hiob erspart Gott nichts, und Gott erspart Hiob nichts. Hiob ist in seiner Klage und Anklage und damit Zurückweisung Gottes radikal, denn er fühlt sich von Gott im Stich gelassen. Und trotzdem: Er wendet sich von Gott nicht ab. Er hält die Beziehung aufrecht, beschimpft und verspottet Gott. Jürgen Fliege hat einmal in einem Interview von Gott als »Gauner« gesprochen. Darüber haben sich viele aufgeregt. Hiob tut im Grunde genommen nichts anderes, auch wenn seine Sprache etwas feiner ist. Die öffentliche Aufregung über Flieges Äußerung macht deutlich, daß Menschen meinen, sie dürften über und mit Gott so nicht reden und ein Pfarrer schon gar nicht.
Eine Frau in der Gruppe für Trauernde erzählte ganz verschämt, mit einem unsicheren Blick in meine Richtung als Pfarrerin, daß sie kurz nach dem plötzlichen Tod ihres Mannes und dem darauffolgenden Tod von dessen Mutter auf den Balkon ihrer Wohnung gegangen sei und Gott beschimpft habe. Sie war sehr erleichtert, als ich ihr sagen konnte, daß ich das gut verstehen würde, es im übrigen für solche Ausbrüche viele Beispiele in der Bibel gäbe. Auf Gott schimpfen, mit Gott schimpfen ist erlaubt. Es ist befreiend. Zu jeder Beziehung gehört es, daß es auch mal Krach und Streit gibt, daß einer mit dem anderen nicht einverstanden ist und das auch sagt und dies durchaus nicht immer mit wohl gesetzten Worten. Schließlich sind die Menschen wütend und verletzt. Wie eine große Wunde brennt der Schmerz über den Verlust in ihnen. Zur Trauerarbeit gehört es, daß das raus muß.
Gott hält das aus. Und wenn wir an das Ende des Hiobbuches denken: »Und Gott segnete Hiob fortan mehr als einst ... Und Hiob starb alt und lebenssatt«, kann Gott ihm seine radikale Anklage nicht übel genommen haben.

Gott versteht unseren Zorn, unseren Schmerz über unsere Verzweiflung. Gott ist dafür da, hört uns an und hält es aus. Das zu wissen, ist befreiend und ermutigend. Wer seinen Schmerz und seine Wut herunterschluckt und verdrängt, wird beides nicht los, bleibt vom Tod und der Verzweiflung besetzt.
Das Gottesbild des Hiob ist eines unter vielen, der Zusammenhang von Tun und Ergehen gegenüber Gott spielt keine Rolle, so greifen viele gerade in kritischen und belastenden Situationen auf diese alten Vorstellungen von Gott zurück. Sie schieben Gott die Verantwortung zu, weil sie jemanden brauchen, den sie anklagen können. Das ist befreiend und entlastend. Daß Gott kein kleinlicher Erbsenzähler ist, sondern seine Augen fürsorglich auf uns richtet, daß Gott nicht verurteilt, sondern vergibt, daß Gott uns nicht einengt, sondern uns die Fülle der Möglichkeiten des Lebens eröffnet, kann ein Mensch in der Situation wie Hiob nicht wahrnehmen. Aber wenn wir in Krisen und nach Katastrophen die Beziehung zu Gott nicht abbrechen, dann geschieht Auferstehung in das Leben hinein. Es braucht seine Zeit, aber Gott wird sich als Gott des Lebens erweisen. Das hat Gott uns zugesagt.

Kontexte

»Jeder Versuch, das Leiden als unmittelbar oder mittelbar von Gott verursacht anzusehen, steht in der Gefahr, sadistisch über Gott zu denken.« (Seite 37)
»Es ist zu fragen, was aus einer Gesellschaft wird, in der bestimmte Formen von Leiden kostenlos vermieden werden, wie es dem Ideal der Mittelklassen entspricht, in der die als unerträglich erkannte Ehe rasch und glatt gelöst wird, in der nach der Ehescheidung keine Narben bleiben, in der die Beziehungen der Generationen möglichst rasch, konfliktfrei und spurenlos abgelöst werden, in der die Trauerzeiten vernünftig kurz sind, in der die Behinderten und Kranken schnell aus dem Hause und die Toten schnell aus dem Gedächtnis kommen.« (Seite 52)
»Das Leiden muß Sprache finden und benannt werden, und zwar nicht nur stellvertretend für viele, sondern in persona von den Leidenden selber. Es ist notwendig, daß Menschen zum Sprechen kommen, um nicht vom Unglück zerstört oder von der Apathie verschluckt zu werden.« (Seite 97)
»Jedes äußerste Leiden erfährt die Verlassenheit von Gott. In der Tiefe des Leidens verstehen sich Menschen als aufgegeben und von allem verlassen. Was dem Leben Sinn gab, ist leer und nichtig geworden ...« (Seite 108)
»Wo immer Menschen mit dem sinnlosen Leiden konfrontiert werden, da muß der Glaube an einen Gott, der gleichzeitig Allmacht und Liebe verkörpert, ins Wanken geraten und zerstört werden.« (Seite 175)
(Aus: Dorothee Sölle, Leiden, © Kreuz Verlag, Stuttgart 1987, 7. Aufl.)

Vorletzter Sonntag des Kirchenjahres

Annäherungen an den Predigttext Offenbarung 2,8–11

Susanne Gröpler

Ein Teilnehmer unseres Gesprächskreises war gerade in Smyrna und fühlte sich auf diesem Hintergrund von dem Text besonders angesprochen. Uns anderen fiel es sehr schwer, mit der Sprache und dem Inhalt klarzukommen.
Was ist Bekanntes an dem Text? »Wer Ohren hat, der höre ...« steht auch in Einleitung oder Schluß mancher Märchen. Sonst erschien uns der Text sehr rätselhaft.
Besonders fremd schien uns das Wort »zweiter Tod«. Einer Teilnehmerin fiel eine Parallele zur heutigen Gesellschaft ein: »Der ist für mich gestorben« – man ist nicht mehr im Interesse der Leute, selbst der Tratsch über jemanden hat aufgehört. Man kann also auch zu Lebzeiten schon tot sein. Der Text könnte ein Appell an den Bischof oder Gemeindevorsteher sein, durchzuhalten in der Zeit der Christenverfolgung.

Ich kenne deine Bedrängnis und deine Armut
Die Bedrängnis im Beruf – Mobbing – fällt uns als erstes ein. Diese Erscheinung zieht sich durch alle Berufe und macht selbst vor der Kirche nicht halt. Leute werden unter Druck gesetzt, förmlich aus dem Beruf gedrängt, von Kollegen oder auch vom Arbeitgeber, wenn es sich nicht mehr rechnet. Auch seelische Qualen, wie unerwiderte Liebe, Ehelosigkeit, kann eine schlimme Bedrängnis sein. Die äußere und innere Armut unserer Gesellschaft wird besonders an der Situation der Kinder und Jugendlichen deutlich: Oft fehlt es an Zeit, Liebe und Phantasie für die Kinder. Sie sind oft sich selbst überlassen, viele Eltern können oder wollen sich nicht um sie kümmern, weil sie vielleicht selber durch ihre Arbeit völlig überlastet sind und keine Zeit und Kraft für ihre Kinder haben. Dazu kommt die Perspektivlosigkeit für Kinder und Jugendliche.
Viele Arbeitslose hingegen sind materiell nicht wirklich arm, sie glauben sich nur in Bedrängnis durch ihr Anspruchsdenken (»Das steht mir zu!«)

Du bist aber reich
In manchen Teilen dieser Erde ist dagegen das Anspruchsdenken ein ganz anderes, wir würden diese Menschen als materiell arm bezeichnen. Doch sie fühlen sich nicht so und sind in ihrem Lebenswandel sicher froher und zufriedener als wir. Sie sind innerlich reich.
Man kann innerlich reich sein durch die Liebe und Offenheit der Welt gegenüber. Die ersten Christen waren in Bedrängnis, aber innerlich reich und hatten inneren Frieden, auch wenn materielle Armut herrschte. Durch den Glauben an die Liebe Gottes war ihr Leben sinnvoll.
In unserer heutigen Situation spricht uns dieser Text Mut zu. Ein Ende all dieser Bedrängnisse und Armut ist abzusehen (10 Tage), für den, der an Gottes Liebe und seine verändernde Kraft glaubt. Wir als Gemeinde sind gefordert, gerade in dieser Zeit auf Gottes Wort zu hören und kleine Schritte auf eine menschlichere Gesellschaft zuzugehen. (»Wer Ohren hat, der höre ...)
Den Versuchungen des Teufels müssen wir widerstehen, Sekten, Kulten und Satanismus nicht tatenlos gegenüber bleiben. Macht- und Profitstreben auf Kosten der Um- und Mitwelt sind die heutigen Versuchungen des Teufels, die unsere Welt kälter werden lassen. Durch kleine Zeichen der Liebe müssen wir diesem Trend entgegenwirken.

Sei getreu bis in den Tod
Dieses Bibelwort erscheint uns etwas überzogen, doch auch da ergab sich ein Bezug zur heutigen Zeit:
Viele Christen in der DDR waren in Bedrängnis - Repressalien und politischem Druck ausgesetzt. Trotzdem blieben sie ihrem Glauben treu - innerlich reich und gestärkt - durch die Zeiten der politischen Wende hindurch.
D. Bonhoeffer: »Die Gemeinde braucht nicht glänzende Persönlichkeiten, sondern treue Diener Jesu und der Brüder. Es fehlt ihr auch nicht an jenen, sondern an diesen.«
Der Schluß dieses Bibelwortes läßt uns in der Hoffnung, daß Gott mit seiner Kirche noch nicht am Ende ist. Wir dürfen gespannt sein, wie unser Leben weitergeht. (... kein Leid geschehen von dem zweiten Tode ...)
Der Vertreter des Textes informierte zum Schluß der Gesprächsrunde aus den Märtyrer-Akten, aus dem »Rundschreiben« der Gemeinde Smyrna über den Tod ihres Bischofs:
Der Prokonsul ermahnte Polykarp: »Nimm Rücksicht auf dein Alter! Schwöre beim Glück des Kaisers. Lästere Christus, und ich lasse dich frei.«
Da sprach Polykarp: »86 Jahre diene ich ihm, und er hat mir nie ein Leid getan; wie kann ich meinen König lästern, der mich erlöst hat?!«
Da beschlossen sie, Polykarp solle lebendig verbrannt werden. Noch auf dem Scheiterhaufen betete Polykarp: »Herr, Vater, deines Sohnes Jesus Christus, ich preise dich, daß du mich dieses Tages und dieser Stunde gewürdigt hast ...«

Die Gruppe war für diesen Passus dankbar. Sie hielt ihn für eine so wichtige Information, daß sie vorschlug, ihn als »Epistel« im Gottesdienst zu verlesen.

Zum Gottesdienst

Gert Hartmann

Theologisch-homiletische Skizze

Der Brief an die Gemeinde in Smyrna (heute: Izmir) ist das zweite der sieben Sendschreiben an kleinasiatische Gemeinden, die der Verfasser von außen und innen bedroht sieht: Als Domitian erstmals die göttliche Verehrung römischer Kaiser forderte, zeichneten sich Verfolgungen derer ab, die sich dieser Anmaßung widersetzten. Zugleich bot der Synkretismus auch innerhalb der christlichen Gemeinden viele Möglichkeiten zur Gestaltung der eigenen Glaubenspraxis. Diese wurden umso attraktiver, als sie Kompromisse legitimierten, die vor Verfolgung bewahrten. Letzteres ist freilich in Smyrna nicht aktuell: Während sich in allen anderen Sendschreiben neben Lob auch Kritik findet, enthält der Brief nach Smyrna ausschließlich Ermutigung und Vergewisserung.

Vergewisserung intendiert Johannes, indem er die historischen Erfahrungen als Partizipation an der Auseinandersetzung Gottes und Christi mit dem Bösen deutet. Deshalb kann seine Botschaft nur wirksam werden, wenn man sich auf die mythische Bildwelt einläßt. Andernfalls blieben nur platte Durchhalteparolen. So werden die konkreten Aussagen der Briefe erst plastisch auf dem Hintergrund der vorangehenden Vision des himmlischen Christus (1,10 ff.), der zu Beginn jedes Briefes mit einzelnen Elemeten dieser Vision noch einmal als eigentlicher Autor vorgestellt wird (2,8, vgl. 1,17 f.). Diese Bilder werden nicht wirksam durch Interpretation, sondern durch anschauliche Sprache. Deshalb empfehle ich als Übersetzung: Walter Jens, Das A und das O, Stuttgart 1987. Seine Sprache läßt die Bilder für sich selbst sprechen.

Unsere heutige Situation ist anders. Weder als Kirche noch als Kirchengemeinde sind wir Repressalien ausgesetzt. Wo einzelne sich als Kirchgänger o. ä. dem Spott bestimmter Mitmenschen ausgesetzt sehen, ist dies nicht zu verallgemeinern.

Überzeugend klingt es, wenn – in den »Annäherungen« – ostdeutsche Christen sich durch den Text an politischen Druck in der DDR erinnert finden. Die Frage ist dann, was ein solcher Text für die Zeit danach lehrt: Dankbarkeit? Gelassenheit? Wachsamkeit? Mißtrauisch werde ich, wenn Leute von der Zeit dieses oder jenes ›Kirchenkampfes‹ mit Nostalgie reden.

Ein weiterer Gesichtspunkt kommt hinzu: Kirche und Christenheit haben im Laufe ihrer Geschichte nicht nur Toleranz und Verfolgung erlebt. Sie sind selber zu Verfechtern von Intoleranz und zu Verfolgern geworden. Dies geschah nicht nur, wo sie in halbherzigem Glauben zu ›Mitläufern‹ anderer Herren wurden; oft geschah es ausdrücklich und eifrig im Namen Christi.

Angemessen und anregend finde ich die Frage der »Annäherungen«, wo heute Versuchungen des Teufels erkennbar werden. Weniger überzeugend wird es, wenn dann alle möglichen Bedrängnisse genannt werden, denen gegenüber es gilt, »kleine Schritte auf eine menschlichere Gesellschaft zuzugehen«. Denn der Text betrifft eine Situation, die kleinen Schritten den Weg versperrt, weil es zur einzigen Alternative geworden ist, (Mit)täter oder Opfer zu sein. Solche Situationen sind die Ausnahme, Gott sei Dank. Aber leider sind sie nicht ganz selten. Und nur solche verhängnisvollen Situationen dürfen und müssen theologisch mit der Rede vom Teufel dualistisch gedeutet werden. Denn wo der Schöpfergott nur als absconditus wahrnehmbar ist, nicht in seiner »Liebe und verändernde(n) Kraft«, bedarf der Glaube einer Erlösergestalt. Der Erlösungsglaube ist uns fremd geworden (wie auch die »Annäherungen« zeigen). Aber den leer gewordenen Platz der Erlösergestalt kann Moralismus nicht ausfüllen.

Ich schlage deshalb vor, von zwei Leitfragen auszugehen:

- Wo finde ich mich an den Rand gedrängt, benachteiligt, ausgestoßen (aus welchen Gründen auch immer, nicht nur wegen meines christlichen Bekenntnisses)?
- Wo wehrt sich mein Gewissen (aus welchen Gründen immer), mitzumachen, was andere tun?

(Zwischen beidem kann, aber muß es nicht Zusammenhänge geben.) Mein Eindruck ist: Obwohl der Text sich auf eine einmalige geschichtliche Situation bezieht, benennt er dennoch Elemente, die für solche Situationen typisch sind. Darin kann er sich als Deutungs- und Glaubenshilfe erweisen:

Bedrängnis (V. 9): Menschen bedrängen andere Menschen nicht nur als räuberische Rechtsbrecher. Sie tun es auch, weil sie sich im Recht glauben. Sie berufen sich auf irgendwelche höheren, u. U. heilige Werte (Nation, Rasse, Familie, Betrieb, Arbeitsplätze usw.), oft legitimiert durch Stellung oder Amt.

Armut und Reichtum (V. 9): In Smyrna war es materielle Armut. Die aktuelle Frage: Was macht – gegebenenfalls – meine Armut aus, nämlich die Hilflosigkeit gegen solche Bedrängnis? Und steht dem ein Reichtum gegenüber, der zwar nicht als Waffe nutzbar ist, aber aushalten läßt? Müßte ein Kompromiß eben diesen Reichtum kompromittieren?

Übrigens: Nicht immer ist ein Kompromiß möglich. Im Mittelalter haben sich Juden den christlich-religiös motivierten Repressalien durch die Taufe entziehen können. Gegen rassistisch und nationalistisch motivierte Verfolgungen half dies nicht.

»Ich weiß, die Juden lästern dich. Die Juden? Nein. Die Schein-Hebräer, die in Wahrheit Satans Kirchgemeinde sind.« (So die prägnante Übersetzung von W. Jens): Dieser mißverständliche Satz hat bei Luther wie bei den Deutschen Christen dazu herhalten müssen, die Juden insgesamt als des Teufels zu diffamieren. Wer im Text gemeint ist (Christen, die sich als Juden ausgaben, Juden, die sich bei den römischen Behörden anbiederten?) und was ihnen vorgeworfen wird (Leugnung der Gottheit Christi? Denunziation?) läßt sich exegetisch nicht klären.
Typisch daran erscheint mir: Wo es Verfolgte gibt, finden sich oft zweifelhafte ›Verwandte‹. Sei es, daß diese selbst sich in der Abgrenzung von ihren ›Stiefgeschwistern‹ besonders hervortun. Sei es, daß der Haß der Verfolgten sich auf sie besonders konzentriert, weil man – zu Recht oder Unrecht – von ihnen Solidarität erwartet hatte und sich nun verraten sieht (und weil man sich an die wirklichen Täter nicht herantraut).
»Der Teufel wird einige von euch ins Gefängnis werfen« (V. 10). Es ist absehbar: Wer einmal zum Außenseiter, Sündenbock o. ä. abgestempelt wurde (und/oder: Wer widersteht, statt sich zum Bundesgenossen machen zu lassen), wird wahrscheinlich Folgen zu tragen haben. Nur selten entspannen sich die Konflikte mit der Zeit von selbst. Meistens werden sie schärfer. Natürlich treffen Menschen die Maßnahmen, nicht der Teufel. Diese Menschen sind nicht einmal immer besonders brutal. Der römische Prokonsul, von dem die Märtyrerakten des Polykarp von Smyrna berichten (siehe die »Annäherungen«), hätte den Bischof wohl gerne verschont. Aber Gutwilligkeit allein macht eben längst nicht frei, dem Entweder-Oder des eigenen Systems eine echte Alternative entgegenzusetzen. In solchen Situationen ist die einzige Frage, ob uns Gott oder der Teufel reitet (Luther).
Zwei Perspektiven bietet der Text (V. 10): »Zehn Tage« wird die Bedrängnis dauern. Das Ende ist absehbar. Es werden Zeiten kommen, lehrt Erfahrung, in denen das Recht der Verfolgten und das Unrecht der Verfolger offenkundig sein werden. – Nur wird es dann für manche zu spät sein. Deshalb ist es realistisch, als zweite Perspektive daneben zu setzen: »Sei getreu bis in den Tod, so will ich dir die Krone des Lebens geben.«
Daß dieses Wort den in den »Annäherungen« zu Wort kommenden Gemeindegliedern »überzogen« erscheint, ist verständlich und in ruhigen Zeiten angemessen. Sonst müßte man Heldenmut und Lust am Martyrium zu christlichen Tugenden stilisieren. Aber wirkliche Bedrängnisse sind von der Art, daß das Selbstopfer die einzige Alternative zur Selbstverleugnung ist. In Smyrna damals und unter dem NS-Regime in junger Vergangenheit konnten auch kleine Schritte in richtiger Richtung das Leben kosten. Oder anders herum: Die »Krone des Lebens« war nur um den Preis dieses Risikos zu haben. In den strukturell analogen Situationen, an die zu denken ich hier anrege, muß es so weit nicht gehen. Aber Treue kann (z. B. wo Mobbing zur Regel wird) den Arbeitsplatz kosten, in anderen Fällen stehen Freundschaften auf dem Spiel oder zu Zugehörigkeit zu einer Gruppe: Nor-

malerweise ist Kompromißbereitschaft eine Voraussetzung für Leben. In verhängnisvollen Bedrängnissen ist es die Kompromißlosigkeit.
Wenn ich anrege, nicht nur an Repressalien um des christlichen Bekenntnisses willen zu denken, so stellt sich die theologisch zu bedenkende und seelsorgerlich zu erprobende Frage: Wird sich Christus, »der tot war und lebendig geworden ist« (V. 8), auch in anderweitig motivierter Drangsal als Tröster und Retter erweisen, der »die Schlüssel des Todes und der Hölle« hat (1,18)? Dies wäre kein Absolutheitsanspruch der kirchlichen Botschaft, die ein Bekenntnis zu Christus als dem einzigen Herrn verlangt. Es wäre ein universales Angebot in der Annahme, daß es in jedweder Bedrängnis gehört werden darf und kann, wenn Johannes Christus sagen läßt: »Ich weiß von deiner Not.«
Dabei sollten Predigt und Liturgie auch der Frage Raum geben, wie wir diese Botschaft hören, wenn wir entdecken, daß wir in dieser oder jener Situation auf der falschen Seite standen.

Vorschläge zur Liturgie

Lesungen
Die Perikopenreihe nennt als Evangelium Mt 25,31–46, als Epistel Röm 8,18–23 (25). Bezüge zum Volkstrauertag und zum Predigttext bietet eher das Bild vom Weltgericht Mt 25.
Als Alternative gebe ich zu bedenken: Als Epistel Offb 1,9–20, weil der Predigttext auf dem Hintergrund der lebendig dargestellten Vision des Joh anschaulicher wird.
Oder man geht noch einen Schritt weiter und liest diese Vision und alle sieben Sendschreiben. Nach jedem Sendschreiben kann ein Kyrie-Ruf oder ein dreimaliges »Herr erbarme dich« gesungen werden. Dadurch würde das sonst übliche Kyrie-Gebet (Sündenbekenntnis) ersetzt. Eingeleitet werden kann dies durch eine Erläuterung der damaligen Situation, wie jetzt im 2. Teil meines Predigtvorschlages vorgesehen. Möglicherweise wären weitere Änderungen (Kürzungen) der Eingangsliturgie nötig.

Lieder
Das herkömmliche Wochenlied (Es ist gewißlich an der Zeit, 149) überzeugt mich nicht.
Vorschläge: Jesu meine Freude (396,1–3.6) nach der Predigt. In eher indirektem Bezug zur Predigt: Jerusalem, du hochgebaute Stadt (150, bes. die Verse 4 und 5) und Mitten wir im Leben sind (518).

Fürbittengebet
Es kann als Kyriegebet gestaltet werden: Ein Kyrie-Ruf der Gemeinde erfolgt aus der Identifikation mit verschiedenen Konfliktpositionen heraus. Z.B.:

Es erschrickt uns zu sehen, wie in der Geschichte der Menschen von Anfang bis heute Fanatismus, Rassenhaß, Glaubenskriege hervorbrechen.
Wo gestern Frieden war, herrscht heute Terror.
Wir leiden an unserer Ohnmacht dagegen.
Wir fürchten, selber davon ergriffen zu werden.
Herr, erbarme dich!
Hier und da finden wir uns selber an den Rand gedrängt, benachteiligt, diffamiert.
Dann wankt unser Vertrauen zu Gott und den Menschen.
Haß und Bitterkeit drohen uns selbst zu ergreifen.
Herr, erbarme dich!
Wir sehen, wie Menschen in unserer Umgebung an den Rand gedrängt, benachteiligt, diffamiert werden.
Wir fürchten die Folgen, wenn wir Partei ergreifen.
Wir fürchten, mitschuldig zu werden, wenn wir schweigen.
Herr, erbarme dich!
Oder: Nach jeder Passage statt des Kyrie-Rufes: »Führe uns nicht in Versuchung, sondern erlöse uns von dem Bösen!«

Vorschlag zur Predigt

Gab es in Ihrem Leben irgendwann eine Situation, in der Sie sich gesagt haben: »Da mache ich nicht mit!«? Gibt es gar heute - in irgend einem Bereich Ihres Lebens (Beruf, Familie, Politik) - eine solche Situation? »Da mache ich nicht mit. Denn es ginge gegen mein Gewissen oder meine Überzeugung, mitzumachen, wo andere ...«
Beispiele nennen: Mobbing, Steuertrickserei, Kirchenaustritt, usw. (Die Beispiele sollten so gewählt und dargestellt werden, daß sie anregen, sich eigene entsprechende Konflikte zu vergegenwärtigen. Nicht Beispiele für Fälle, in denen die Leute nach Meinung die PredigerInnen Widerstand üben sollten.)
Zwei zusätzliche Fragen:
- Stehen (oder standen) Sie da allein? Oder gibt (oder gab) es andere, mit denen Sie einig waren: »Wir machen hier nicht mit«? (Familie, Gruppe, Kirchengemeinde?)
- Gibt (oder gab) es da auch Situationen, in denen Sie sich sagen: »Eigentlich sollte ich nicht mitmachen, aber ...«? Aus Unsicherheit? Aus Angst wovor?

Eine andere Frage: Gab oder gibt es Situationen, in denen Sie sich selbst an den Rand gedrängt finden, benachteiligt, diffamiert, ausgestoßen?
Hinweise auf mögliche, nicht immer gegebene, Zusammenhänge: Man findet sich als Außenseiter oder Sündenbock, ohne es zu wollen - man macht sich durch Widerstand zum Außenseiter - man findet gerade als Außenseiter Einsicht und Mut zum Widerstand usw ...

Die Situation, in der Johannes die Sendschreiben verfaßt:
- Die jungen Christengemeinden als Minderheiten.
- Brisant wird es, als Domitian den Kaiserkult einführt.
- Johannes selbst schon als Verbannter in Patmos (1,9).
- In Pergamon wurde einer, Antipas, schon zum Märtyrer (2,13).

Johannes sieht klar: »Schreib auf, was Du gesehen hast, schreib auf, was jetzt geschieht, schreib auf, was kommen wird« (1,19).

Hinweis auf bekannte geschichtliche Situationen, in denen es ebenso kam, nur daß Opfer und Täter andere waren. Dabei wurden und werden oft ehemals Verfolgte schnell zu Verfolgern. Beispiele von Nationalismus, Rassismus, Konfessionalismus, darunter jedenfalls: Das Schicksal der Juden im »christlichen« Abendland und die oft leider eindeutig (spätmittelalterliches Spanien), bestenfalls zwiespältige (NS-Zeit) Rolle der Kirche. Frage: Gibt es vergleichbare Mechanismen in den Situationen, die den HörerInnen selbst eingefallen waren?

Der Brief des Johannes an die Gemeinde in Smyrna:

Johannes schreibt im Auftrag und in Namen Christi, des Gestorbenen und Auferstandenen, der selbst Tod und Hölle erfuhr und nun »die Schlüssel des Todes und der Hölle« hat.

»Ich (Christus) kenne deine Bedrängnis«: Diese Bedrängnis geht von Menschen aus, die sich im Recht glauben. Oft meinen sie, eine (u. U. heilige, jedenfalls lebensdienliche und legitime) Pflicht zu erfüllen.

Kann es sein, daß jemand sich auch in dieser Rolle wiedererkennt: Harte Urteile fällen oder Entscheidungen treffen zu müssen, sei es mit Eifer, sei es mit Trauer?

Armut und Reichtum: Oft sind es gerade die materiell oder sozial Armen, die zu Außenseitern und Verfolgten werden, weil sie sich am wenigsten wehren können. Oder ist es (auch) deren irgendwie erkennbarer Reichtum (Stolz, Gelassenheit, Beharrlichkeit, o. a.), gegen dessen uneingestandene Attraktivität man sich durch Feindseligkeit wehren muß?

Die falschen Juden, die »Synagoge des Satans«: Es ist nicht klar erkennbar, wer hier weswegen so zornig beurteilt wird. Klar sind nur: 1. Geschichtlich hat dieser Satz verhehrende Wirkung gehabt als Rechtfertigung der Judenverfolgung. 2. In Smyrna waren diese »Juden« nicht die tatsächlichen Verfolger. Aber sie allein (nicht Römer oder römischer Behörden) werden namentlich genannt, der Zorn konzentriert sich auf sie (als Verleumder, Verräter, Denunzianten?).

Oft richtet sich der Zorn der Verfolgten auf ›falsche‹ Freunde: Weil berechtigte Hoffnung auf Solidarität enttäuscht wurde? Oder weil man nicht wahrhaben will, daß die Erwartung von Bundesgenossenschaft vereinnahmende Illusion war? Oder weil die ›Freunde‹ aus Angst vor Mithaftung besonders eifrig (offen oder hinterhältig) die Seite wechseln? Gerät man vielleicht selbst in eine so zwiespältige Rolle, z. B. wenn man nur sagt: »Eigentlich sollte ich nicht mitmachen«?

»Der Teufel wird ...« (V. 10): Wir dürfen nicht Menschen verteufeln, als seien sie in ihrer Brutalität ›wahre Teufel‹, oder seien als Werkzeug des Bösen nicht verantwortlich. Aber in einer Situation, in der man nur Täter oder Opfer sein kann, ist die Verantwortungs*fähigkeit* korrumpiert. Es handelt sich um einen ›Teufelskreis‹, aus dem sich weder Täter noch Opfer - durch guten Willen, kleine Schritte oder Heldenmut - befreien können. Christus hat die »Schlüssel des Todes und der Hölle« und kann die Opfer befreien. Auch die Täter?
»Zehn Tage«: Die Zeit ist begrenzt. Das ›1000jährige Reich‹ währte 12 Jahre. Früher oder später geschieht, was vorher undenkbar schien und nicht machbar war: Die Verhältnisse ändern sich. Die Frage: Bringt die ›Wende‹ lebensdienliche Umstände oder werden nur die Rollen getauscht?
Treue bis an den Tod: Dies ist keine harte Forderung für Zeiten, in denen man es sich auch bequemer machen könnte. Es ist die Verheißung der »Krone des Lebens«, wo ansonsten nur Tod zu sehen ist. In vielen Fällen von Verfolgung bleibt den Opfern gar keine Wahl, weil die Täter einen Frontenwechsel nicht gestatten und z. B. sagen: »Nur ein toter Indianer ist ein guter Indianer«. In anderen Fällen kann man sich durch Abfall freikaufen. Ist der im Himmel und auf Erden verzeihlich? Oder wäre es der »zweite Tod« (V. 11) vor dem ersten?
Der Brief des Sehers von Patmos an die Gemeinde in Smyrna läßt uns an viele Beispiele politischer Verfolgungen denken, auch an viele Fälle vergleichbaren Geschehens in Betrieben, Vereinen, Familien, Nachbarschaften.
Denken Sie noch einmal an die Situation in Ihrem eigenen Leben, die Ihnen zu Anfang eingefallen war. Was ist da anders als in Smyrna, was gleich? Gleich bleibt jedenfalls die Botschaft, mit der Johannes die Christen in Smyrna zu stärken hoffte.
Versuchen Sie, die Worte auf sich und Ihre Situation zu beziehen, wenn ich nun den Brief noch einmal langsam lese: »Das sagt der Erste und der Letzte, ... ich kenne deine Bedrängnis ...«

Kontexte

Fast alle mir zugänglichen Predigtentwürfe und Meditationen richten sich auf die Gemeinde, auf deren Treue und Schuld, nicht auf individuelle Erfahrungen im privaten, gesellschaftlichen oder kirchlichen Leben. Zwar bin ich dem gegenüber skeptisch, denn es postuliert ein mir so nicht wahrnehmbares ›Wir‹. Aber es ist, wie ich zugeben muß, insofern textgemäß, als auch die Sendschreiben an Gemeinden gerichtet sind und deren Schicksal zwischen Tod und Leben meinen.
Allerdings: Die Anrede lautet auch in diesen Briefen »du«, nicht »ihr«. Angeredet ist ja nicht die Gemeinde XY, sondern deren jeweiliger »Engel«. Wer aber ist dieser »Engel«? Ein himmlischer Repräsentant, sagen einige Exegeten, andere denken an Gemeindevorsteher. (Weitere Deutungen übergehe ich.) Das visionäre Bild (1,2) spricht für himmlische Repräsentanten Aber würde Christus an diese kritische

Briefe schreiben lassen? Immerhin: Läßt man sich meditativ auf die Vorstellung ein, daß hier ein Engel - sagen wir: ›Schutzengel‹ - angeredet und für das Geschick ›seiner‹ Gemeinde mitverantwortlich gemacht wird (also nicht nur die Gemeinde selbst mit ihren Allzumenschlichkeiten), erschließen sich vielleicht Perspektiven. Man könnte sich seiner vergewissern, an ihn appellieren (oder an Christus gegen ihn). Mir fiele es dann leichter, als Gemeindeglied »wir« zu sagen.
Und wenn die Gemeindeleiter gemeint sind (obwohl deren Bezeichnung als »Engel« befremdlich klingt)? Versteht man es so, dürften sich die PredigerInnen zunächst selbst angesprochen fühlen. Sie könnten dann in der Weitergabe der zuerst ihnen anvertrauten Botschaft der Gemeinde mit mehr Selbstständigkeit gegenübertreten. Sie könnten z. B. der Gemeinde sagen, wofür sie sich selbst (bei Gutem und Schlimmem) verantwortlich sehen und wofür nicht, was sie der Gemeinde zutrauen und zumuten, was sie lieber zwischen Christus und sich ausmachen.

Buß- und Bettag

Annäherungen an den Predigttext Offenbarung 3,14–22

Heinz Behrends

Stell Dir vor, Du bekommst solch einen Brief:
»Ich will Dir jetzt mal die Wahrheit sagen, weil ich Dich so gut kenne. Du bist so ein schlapper Typ, hast keinen Biß. Du schmeckst wie lauwarmes Wasser. Am liebsten möchte man Dich ausspucken. Aber Du merkst das alles gar nicht. Hältst Dich noch für toll. Ich hab doch alles, sagst Du. Du weißt gar nicht, was für einen jämmerlichen Eindruck Du machst, wie blind Du bist. Wenn ich Dir einen Rat geben sollte: Besorg Dir lieber was Beständiges. Zieh andere Klamotten an. Laß Dir die Augen öffnen. Weißt Du, ich sag Dir das alles, weil ich Dich mag und Dich schätze. Los, ich komme zu Dir und dann reden wir darüber. Aber aufdrängen will ich mich Dir nicht. Aber wenn Du die Tür aufmachst, komm ich zu Dir rein und dann reden wir miteinander und essen und trinken. Hinterher, bin ich mir sicher, wirst Du Dich besser fühlen, stark wie ein König. Denke doch darüber nach.«
So faßt ein Leser den Spannungsbogen des Textes in die Form eines persönlichen Briefes, aber erst am Ende eines Gespräches über ihn.
Die Kraft und die Eindeutigkeit des Briefes an die Gemeinde in Laodizea sprechen an. Da drückt jemand seine Liebe aus, seinen Kampf um Menschen. Er redet deutlich, schreibt in Gegensatzpaaren wie kalt und warm, arm und reich. Wenn man sich hineindenkt, dann redet da ein sehr guter Freund wie nur gute Freunde miteinander reden können, ohne sich zu verletzen.
Die jugendliche Mitarbeiterin vor allem ist von der Sprache fasziniert. Hier wird nicht luschig lamentiert oder argumentiert. Sie wünscht sich, daß der Prediger davon nichts zurücknimmt, daß er den Text nicht entschärft.
Zu diesem Eindruck kommt sie aber erst nach einem ersten Verarbeiten des Textes. Es geht ihr wie allen anderen Hörern und Lesern in der ersten Begegnung mit dem Text: Seine Stimmung ist sofort erfaßt, aber sein Inhalt ist beim ersten Hören nicht zu verstehen. »Das ist starker Tobak.« – »War das ein Brief?« – »Wieso war das ein Brief?« – »An wen wurde der geschrieben?« Der Prediger wird vor Beginn der Predigt die Eröffnung der Offenbarung mit den sieben Sendschreiben erklären müssen. Alle Gespräche zeigen, daß das Verstehen des ganzen Textes schon am ersten Vers scheitern kann.

Der Germanist versucht verständlich zu machen, warum der Hörer den Inhalt des Textes zunächst nicht fassen kann: Es ist die Fülle der starken Bildworte aus den unterschiedlichsten Lebensbereichen des Menschen, die Schlag auf Schlag einander folgen: Gold, Feuer, weiße Kleider, Augen, Tür, Stimme, Thron.
Es ist der Sprung von kaufen, anziehen, salben in Vers 18 zu lieben und züchtigen in Vers 19.
Aber je mehr sich meine Gesprächspartner in den Text vertiefen, um so stärker wird er. Seine Bildhaftigkeit in den Substantiven, seine Aktivität und Bewegungen in den Verben. Seine Emotionalität und Leidenschaft führen in die eigene Tiefe.
Und es entsteht Raum für Einzelfragen:
»Ist das Jesus, der sich da am Anfang vorstellt, der den Brief diktiert?«
»Hat jede Gemeinde einen Engel?«
»Wieso benutzt er das Bild vom Gold? Ist das nicht derselbe Reichtum, den er in Vers 17 kritisiert?«
»Steht da wirklich züchtigen oder ist das nur eine Interpretation der Zeit Luthers? Ist damit erziehen gemeint?
»Ist das schöne Bild in Vers 20 die Ausführung oder die Folge der Buße?«
»Was heißt mit ihm auf dem Thron sitzen?« »Auf dem Thron sitzt doch immer nur einer. Nimmt er an der Herrschaft teil oder ist das so als kleine Aufwertung oder Anerkennung gemeint?«
Und er ruft in seiner starken Sprache und Eindeutigkeit Widerstände hervor.
»Bei Züchtigen habe ich schlimme Erinnerungen an zu Hause. Mein Vater war sehr streng. Ich habe mehr seine Zucht erlebt als seine Liebe«, erinnert die 50jährige Frau immer noch etwas bitter.
»Wenn einer vor der Tür steht und ruft, bekomme ich Angst. Stell Dir vor, Du machst nicht auf und Du hörst, daß der nicht wieder weggeht, sondern vor der Tür stehen bleibt. Dann fühlst Du Dich gefangen. Solche Ängste kenne ich aus meiner Kinderzeit, wenn ich allein war.«
Aber gerade im Benennen der Widerstände und Fragen wird der Text von meinen Gesprächspartnern immer mehr in das eigene Leben hineingenommen. »Ja, so ist das mit der Lauheit und der eigenen Fehleinschätzung, aber was bietet der Text mir denn als Lösung an?«
Buße ist wohl als ein Sich-bereit-Halten gemeint. Aber wie erkennt man die Stimme dessen, der vor der Tür steht? Ich muß die Stimme ja schon mal gehört haben.
Eine Frau erinnert sich, wie die Stimme eines Menschen, den sie vorher nicht gekannt hat, sie so sehr anzieht, daß sie seine Nähe sucht und die Gespräche mit ihm ihrem Leben eine wichtige Wende geben. Ich erinnere meine Gesprächspartner daran, daß die Wirkung der Rundfunkandachten im wesentlichen in der Stimme des Sprechers liegt. Stimme erweckt Vertrauen.

Überhaupt wird Vers 20 als der Schlüssel des Textes empfunden. Auf ihn zielt alles. Da kommt der Weg ans Ziel, der Mensch zur Ruhe. »Da entsteht ja eine richtige Partnerschaft. Ich mit ihm und er mit mir, heißt es da ja.«

Aber was spricht die Stimme? Sind die Worte dem Briefeschreiber gar nicht wichtig?

Was erwarten meine Gesprächspartner vom Prediger oder von der Predigerin?

Die Jugendliche will eindeutige Hilfe für das Leben haben: »Meine Frage ist, warum bin ich hier. Ich brauche Hilfe, daß ich mich nicht verzettele. Uns wird alles mögliche angeboten: richtige Ernährung oder Idole in der Musik als Orientierung und Heil.«- »Bietet der Text denn so ganz anderes an, wenn er Vertrauen zu Christus als Lösung vorschlägt?« - »Nein, das ist nicht dasselbe. Jesus stellt mich immer in Frage. Der hält mich mit seinen kritischen Anfragen immer in Bewegung.«

»Ich möchte durch die Predigt einen Weg geöffnet bekommen. Darum soll sie mir sagen, wer und was diese Stimme ist«, sagt eine 60jährige Frau. Es wird deutlich: Der da spricht, weiß sich in enger Beziehung zum Empfänger des Briefes. Er schreibt aus Liebe. Wenn erst einmal deutlich wurde, daß hier jemand aus großer Nähe spricht, schloß sich der Text auf und wurde zur Beschreibung eines Prozesses zwischen zwei Freunden.

Zum Gottesdienst

Rainer Rohrbeck

Post aus Patmos

Der Predigttext für den Buß- und Bettag 2000 ist das letzte der sieben Sendschreiben an Gemeinden in Kleinasien (Offb 2–3). Die Sendschreiben weisen eine einheitliche Struktur auf, sie sind deshalb kaum als spätere Sammlung ursprünglich eigenständiger Briefe zu verstehen. Es sieht eher so aus, als wären sie gleichzeitig und als Teil des Offenbarungsbuches entstanden. Daß Johannes an sieben Gemeinden in einem relativ begrenzten Gebiet Kleinasiens schreibt, läßt vermuten, daß er mit ihnen in Verbindung steht. Er braucht nur seinen Namen zu nennen, um von ihnen beachtet zu werden. Offenbar kann er sich bei ihnen großer Wertschätzung erfreuen. (Daß er der Herrenjünger und Zebedaide Johannes ist, sagt er mit keinem Wort.) Die Form des Sendschreibens dokumentiert den anredenden Charakter dieser Apokalypse. Dieser Johannes ist ein urchristlicher Prophet, der Offenbarungen Christi empfängt. Mit ihnen tröstet und mahnt er seine Gemeinden in bedrängter Situation. »Die Gemeinden Kleinasiens, die der Verfasser vor Augen hat, haben Zeiten blutiger Christenverfolgung hinter sich und sehen noch schrecklichere Bedrängnisse vor sich.« (Wilckens, Das Neue Testament, Seite 876). Diese Situation des Buches läßt sich am überzeugendsten ans Ende der Regierungszeit Domitians (81-96 n. Chr.) datieren.

Post für Laodizäa

Die Stadt Laodizäa war bedeutend und reich durch Handel und Herstellung von Gebrauchsgütern wie z. B. Tuch aus dunkler Wolle (vgl. dagegen »weiße Kleider« V. 18), ihre Bankhäuser (vgl. »Gold, das vom Feuer durchglüht ist« V. 18), ihre Ärzteschulen und pharmazeutischen Produkte (»Salbe, ... damit du sehend wirst« V. 18). Die Bilder in V. 18 sind also nicht zufällig gewählt, sondern kontrastieren die Lebens- und Geschäftswelt der Stadt.

Die Gemeinde ist schon in paulinischer Zeit von Schülern des Paulus gegründet worden (Kol 1,7; 4,12 f.16). Welche Mißstände der Seher in Laodizäa genau kritisiert, ist nicht mit Sicherheit zu entscheiden. Nach einem verheerenden Erdbeben im Jahre 60/61 n. Chr. gelang es den Laodizäern, ihre Stadt aus eigener Kraft sogleich wieder aufzubauen. Ob Johannes die christliche Gemeinde vom Geist solchen Wirtschaftswunders angesteckt sieht? (so Wilckens, Seite 886)

Der Aufbau des Textes ist klar und entspricht im wesentlichen den anderen Sendschreiben. Nach Schreibbefehl (14 a) und Botenformel (14 b) geht es um die Situation der Gemeinde (15-20). Dem Überwinderspruch (21) folgt der Weckruf (22). Auffallend ist, daß hier das Lob fehlt, das in manch anderen Sendschreiben steht.

V. 14: Wer darf zur Buße rufen? Wer darf so mit einer Gemeinde reden? Ist die Versuchung - damals wie heute -, Macht und Autorität zu mißbrauchen, um das eigene Unbehagen, den eigenen Ärger, die eigene politische Meinung oder die persönliche Verstimmung zum Thema der Verkündigung zu machen, nicht ungeheuer groß? Darf Johannes in eigener Autorität so reden? Dürfen es PastorInnen am Buß- und Bettag? »Es spricht zu euch der Mensch, der Amen genannt wird!« Er ist wahrhaftiger und verläßlicher Zeuge: Er gibt zu verstehen, was andere nicht erkennen, er legt die Situation der Empfänger aus. Er ist treu, weil er der Wahrheit die Treue hält und zugleich den Angeredeten treu bleibt. Die tiefe Verbindung zu ihnen ist Hintergrund für seine Kritik. Verläßlich ist dieser Zeuge, weil er das Prinzip der göttlichen Schöpfung ist. Die Welt hat ihr Gepräge durch ihn erhalten: Christus, das Lamm (vgl. Kol 1,16). So ein treuer, den Angesprochenen verbundener Zeuge darf zur Buße rufen. In seinem Auftrag und nur in seinem Namen dürfen das auch andere. Johannes ist der Gemeinde in Laodizäa verbunden. Er kennt sie (vgl. oben die Bilder in V. 18), er kennt auch ihre Schwachstellen: V. 15-20: Offensichtlich versucht die Gemeinde sich an einem klaren Entweder-Oder vorbei zu mogeln. Wären sie heiß oder kalt, wären sie wenigstens klar auf Christus bezogen. Im Ja stünden sie fest zu ihm, im Nein zum Christus »würde der Gekreuzigte, der - an der Stelle Gottes - das Nein der Menschen an seinem Leibe herumträgt, auch sie ertragen, tragen« (Weder, Seite 192). Doch die Christen in Laodizäa sind lau, nicht heiß, nicht kalt. Auf dem Weg ins Tal ist das Wasser der kohlesäurehaltigen heißen Quellen, deretwegen L. gerühmt und besucht wurde, lauwarm geworden und hat so seine Heilkraft und damit seinen Wert verloren. Wäre es kalt, könnte es immerhin noch erfrischen, doch so wird es ausgespuckt. Der Wahrheit gegenüber gibt es nur zustimmendes Ja oder ein auflehnendes Nein, alles andere ist gedankenlos. Gedankenlose Lauheit wird vom Lamm ausgespuckt.

Zur lauen Unentschiedenheit, die ja viel mit Bequemlichkeit zu tun hat, paßt der Eindruck, daß zumindest viele der Gemeinden sich für reich halten: Reich an materiellen Gütern und/oder auch reich an spirituellen Erfahrungen. Offenbar meinen sie, damit verfügten sie über alles, was nötig ist. Johannes weist sie demgegenüber hin auf das, was unverfügbar ist. Genau darauf kommt es an und daran sind sie arm, bettelarm (V. 17). Oder besteht ihre Armut vor allem darin, daß sie nicht wissen, wie arm sie sind?! Bei Christus können sie erwerben, was es selbst in Laodizäa nicht für Geld zu kaufen gibt: geläutertes Gold als Bild für die Reinheit, die nur Christus schenken kann; weiße Gewänder - ein Bild für Schutz vor Blöße und Schmuck aus fremder Hand; Salbe, die ihnen die Augen öffnet für das Unsichtbare im Sichtbaren. Darin besteht der wahre Reichtum, zu wissen: Ich bin auf Gott und seine Gaben für das Gelingen meines Lebens angewiesen. Liebe ist es, die hinter diesem Aufruf zur Umkehr steht, nicht Besserwisserei oder die Freude an die Kritik. Mit dem Bild von der Strenge in der Erziehung (V. 19) weist Johannes hin auf das, was Eltern bei der Erziehung bewegt oder bewegen sollte (Doch wer selber Kinder erzieht, kennt auch die Versuchung zum Machtmißbrauch auch und gerade in diesem familiären Rahmen. Auch als PredigerIn brauche ich diese stete Erinnerung an die Quelle meiner Rede zur Prüfung meiner Motive!)

Zur Umkehr kann niemand gezwungen werden. Christus wird hier geschildert als einer, der sich um Menschen bemüht. Er ruft, er klopft an, fällt nicht mit der Tür ins Haus, überrumpelt und drängelt nicht. Höflich wie ein Gast wartet er, bis er herein gebeten wird. Wie geben wir diese Bitte Christi weiter? Anklopfen hat immer auch etwas mit Demut zu tun: Ich muß warten, nehme in Kauf, abgewiesen zu werden. Bin ich dazu bereit? Will ich auch in meiner Verkündigung so anklopfen, so höflich um Einlaß bitten? Kann ich »höflich« Buße predigen?

Das gemeinsame Mahl stiftet Gemeinschaft und macht wirklich rein. So wird es denn auch möglich, die eigene Lauheit hinter sich zu lassen, den Versuchungen zu widerstehen und das Böse zu überwinden. Am Ziel wartet die Gemeinschaft mit dem eschatologischen Herrscher, Teilhabe an seiner Macht (»bei mir, auf meinem Thron«). »Merkwürdige Sieger sind das freilich, - Sieger, die sich auf ihre Armut besinnen und sich ausstatten lassen mit der fremden Kraft der Gaben Gottes« (Weder in: Gottesdienst-Praxis, Serie A, IV. Perikopenreihe, Band 4, 1993, Seite 193)

Post für uns

Seit der Buß- und Bettag nicht mehr gesetzlicher Feiertag ist, ist die Schar derer, die an diesem Tag den Gottesdienst feiern, jedenfalls in meinem Umfeld, nicht größer, aber auch nicht wesentlich kleiner geworden. Allerdings habe ich den Eindruck, für einige trägt der Besuch des Gottesdienstes gerade an diesem Tag auch Bekenntnischarakter.
Wie können Menschen den Ruf zur Klarheit und Eindeutigkeit am Buß- und Bettag 2000 hören? Jeder für sein persönliches Leben, für das Leben in Gemeinde und Kirche, für unser gesellschaftliches Miteinander am Anfang des neuen Jahrhunderts?
In diesen Tagen (Juni '99) geht der Kosovo-Krieg zu Ende. In diesem Jahr ruhte viel Vertrauen auf der (Überzeugungs-)Kraft der Waffen. Im Verlauf der letzten Monate wurde deutlich, wie arm wir sind, wie bettelarm, wenn wir uns darauf verlassen. Nach meinem Eindruck haben das zunehmend mehr Menschen so empfunden. Ob es uns (den Christen und den Kirchen) gelingt, nach diesen Erfahrungen, die anderen Wege zu Frieden und Gerechtigkeit neu und wieder stärker ins Spiel zu bringen? Am Beispiel dieses Krieges zeigt sich für mich eine der hermeneutischen Schwierigkeiten beim Umgang mit diesem Text. Warum gab es kein deutliches »Nein!« der Kirchen gegen den Einsatz der Waffen? Waren Christen hier »lau«? Oder ist es einfach schwieriger geworden, in einer komplizierter gewordenen Welt eindeutig Position zu beziehen? Viele engagierte Christen waren in diesen Monaten ratlos, innerlich zerrissen. (Mit Sicherheit läßt sich nur sagen, daß dieser Krieg ja schon viel früher begonnen hat, hier waren viele zu lau, haben zu wenige nach anderen Wegen zum Schutz der Kosovaren gerufen.)
In vielen Kirchen dominieren in den letzten Jahren finanzielle Aspekte die Diskussionen um die Zukunft der Kirchen. Anders als die Christen in Laodizäa fühlen wir uns zwar im Moment überhaupt nicht reich, doch wird nicht vielleicht gerade deshalb den monetären Sorgen zu vier Raum gegeben? Der Prophet aus Patmos würde an unseren immer noch reichen Kirchen vielleicht gerade dies kritisieren, daß wir das »Kapital« nicht wahrnehmen, das wir in der immer noch großen Zahl von Menschen haben, die bei uns mitmachen? Wovon müssen wir umkehren? Wohin geht der Weg?
Die Suche nach dem besonderen Erlebnis, nach »Fun« und persönlichem Glück bestimmt nicht nur zunehmend das Leben von Jugendlichen. Immer

noch kann ein großer Teil der Menschen in unserem Land es sich leisten, dafür viel Zeit und Geld aufzuwenden. Andere verschulden sich, um hier mithalten zu können. Die Versuche, an den Angeboten der Erlebnisgesellschaft teilzunehmen, arten oft genug in »Freizeitstreß« aus. Die Angebote der Freizeitindustrie befördern einen Sog, dem man sich nur schwer entziehen kann. »Was bringt mir das? Was habe ich davon? Als Fragen von Jugendlichen und jungen Erwachsenen an den Gottesdienst und an ehrenamtliches Engagement gestellt, lassen bei vielen nur eine Beteiligung auf Zeit zu. Einsatz für Frieden, Gerechtigkeit und Bewahrung der Schöpfung findet nicht den Widerhall wie noch vor 10 Jahren. Der Boom der Freizeitindustrie verdeckt eine größere Armut an unverfügbaren Erfahrungen oder an Offenheit dafür, sich Leben und Erfüllung schenken zu lassen, statt sie zu organisieren.
Kirche auf dem Markt. Sofern den evangelischen Kirchen überhaupt zugetraut wird, das besondere religiöse Erlebnis zu ermöglichen, bleiben wir PredigerInnen der Versuchung ausgesetzt, darüber all die Ecken und Kanten unserer Botschaft zu kurz kommen zu lassen. Welchen Stellenwert kann auf dem religiösen Markt der Ruf zu Umkehr und Buße haben? Ist das woanders billiger zu haben? Oder ist es umgekehrt so, daß wir es viel zu billig machen, indem wir ausschließlich die unverdiente Gnade und nicht auch den Weg in die Tat betonen? Ich wundere mich jedenfalls oft genug, wenn ich erlebe, welche Opfer, finanziell und zeitlich, Menschen anderen Anbietern auf diesem Markt zu bringen bereit sind. Welchen Weg ins Leben haben wir zu bieten? Einen Christus, der uns nimmt, wie wir sind, aber uns nicht läßt, wie wir sind. Einen, der uns in aller saturierten bürgerlichen Selbstzufriedenheit nicht zufrieden läßt. Einen, der uns heiß oder kalt, jedenfalls nicht lau möchte.

Vorschläge zur Liturgie

Biblisches Eingangswort
Wir liegen vor dir mit unserem Gebet und vertrauen nicht auf unsere Gerechtigkeit, sondern auf deine große Barmherzigkeit. (Dan 9,18)

Psalm
Ps 130 im Wechsel (nach EG 755)

Eingangsgebet/Sündenbekenntnis
Christus, du traust uns zu, das Licht der Welt zu sein.
Du traust uns mehr zu als wir uns selbst. Wir denken an vieles, was wir falsch gemacht haben. Das verstellt uns oft den Blick für die Begabungen und die neuen Chancen, die uns geschenkt sind. Deswegen kommen wir heute zu dir mit allem, was uns auf dem Herzen und auf dem Gewissen

liegt. Du kannst uns frei machen, du kannst Schuld vergeben. Eine jede, ein jeder mag in der Stille vor Gott bringen, was ihre oder seine Sache ist ... Gemeinsam rufen wir: Christus, erbarme dich!

Alternativ:
Christus, wie macht man das: Schuld bekennen?
Die ganze Woche über habe ich versucht, mich zu rechtfertigen, gut dazustehen vor mir selbst und vor anderen. Schuld habe ich höchstens bei anderen entdeckt. Aber du, mein Gott, weißt, wie oft ich mir selbst in die Tasche lüge. Du kennst mich besser als ich mich selbst kenne. Darum brauche ich dir's eigentlich nicht zu sagen und doch will ich es bekennen auch vor meinen Mitmenschen:
daß ich oft eine Rolle spiele, eine Maske trage, daß ich oft nicht wage, meine wahren Gefühle zu zeigen, weil ich Angst habe, mißverstanden oder verletzt zu werden, daß ich oft zu feige bin, die Wahrheit zu sagen, weil ich Auseinandersetzungen scheue und es mit meiner Umwelt nicht verderben will, daß ich oft zu bequem bin, mich auf Menschen einzulassen, die mich brauchen und lieber sage: »Ich habe keine Zeit«.
Vielleicht könnte das alles anders sein, wen ich dich, Christus, nicht immer wieder am Sonntag in der Kirche zurückließe. Vergib mir, daß du in meinem Alltag nur eine Nebenrolle spielst und daß ich so selten wage, ganz ich selbst zu sein, wie du mich gemeint hast.
Mach mich frei von meiner Vergangenheit, nimm alles weg von mir, was falsch war, und schenke mir und allen, die wir heute gemeinsam an deinen Tisch treten, die Chance und die Gnade eines neuen Anfangs, Gott erbarme dich!
Kronshage in: Rosenstock/Köhler, Du Gott, Freundin der Menschen, Seite 61

Gnadenzusage
Nicht ihr habt mich erwählt, sondern ich habe euch erwählt und bestimmt, daß ihr hingeht und Frucht bringt, und eure Frucht bleibt, damit, wenn ihr den Vater bittet in meinem Namen, er's euch gebe. (Joh 15,16)

Schlußgebet
Du, mein Gott, der tröstet, die verzagt sind, der denen Mut macht, die mutlos sind, der denen einen neuen Anfang schenkt, die unter ihrer Verstrikkung in Schuld leiden.
Du, Gott der Vergebung, dich bitte ich: Versage mir nicht deinen Trost, wenn ich den Kopf hängen lasse, wenn ich mutlos bin, wenn mich die Kraft verläßt, wenn ich nicht weiß, wie es weitergehen soll.
Ich bitte dich für alle Furchtsamen, daß ihr Glaube gestärkt wird,
für alle Leidenden an Leib und Seele, daß sie ihr Leid annehmen,
für alle Helfer und Helferinnen, für Pfleger und Ärzte, für Lehrer, Eltern und Kinder, daß sie die Geduld nicht verläßt.

Lehre mich begreifen, daß es mit dir Wege gibt, auch aus scheinbar ausweglosen Situationen.
Ich bitte dich für uns alle, für unser Volk, daß wir die Jagd nach Sündenböcken aufgeben, die aufgeblähte, ungehörige Stimmungsmache, daß wir sorgfältig nach den tatsächlichen Ursachen von Leid und Elend suchen, auch wenn wir dabei eigene Verstrickungen entdecken.
Ich bitte dich für deine Kirche, daß sie Selbstgerechtigkeit meidet, daß sie nicht ihr eigenes Heil sucht, daß sie vielmehr die Liebe handeln läßt, die den Teufelskreis menschlicher Fehlleistungen durchbricht.
Ich bitte dich für uns alle, daß wir nicht aufhören, in deinem Namen zu reden und zu mahnen, zu trösten und zu helfen.
In Anlehnung an Kurt Wolff, Aber ich bitte dich, Seite 126f.

Liedauswahl
Eingangslied: »Ich steh vor dir mit leeren Händen« (EG 382); oder: »Meine engen Grenzen« (EG 600, im Regionalteil Rheinland, Westfalen, Lippe und der Ev.-reformierten Kirche); Lied vor der Predigt: »Nun lob, mein Seel, den Herren« (EG 289,1.2); Lied nach der Predigt: »Laß uns den Weg der Gerechtigkeit gehen« (EG 675); »Sonne der Gerechtigkeit« (EG 262); »Laß uns in deinem Namen, Herr, die nötigen Schritte tun« (EG 658).

Predigtvorschlag I

Der Buß- und Bettag ist abgeschafft, jedenfalls als gesetzlicher Feiertag in den meisten Bundesländern. Wozu brauchen wir den auch? Ich kann mich noch gut an die düstere Stimmung erinnern, die in meinem Heimatdorf die Gottesdienste an diesem Tage bestimmte. Brauchen wir das? Na gut, so was mag auch seine Zeit und sein Recht haben, aber auf so einen immer düsteren Bußtag kann ich gut verzichten, besonders mit seinem ordnungspolitischen Hintergrund in der Vergangenheit!
Doch vielleicht kann ich den Buß- und Bettag auch ganz anders verstehen! Einen Buß- und Bettag, der mich daran erinnert und mir Mut macht, daß ich anders werden kann. Ein Buß- und Bettag, der mir Hoffnung macht, daß die Welt besser werden kann, so einen Feiertag brauche ich, nicht nur einmal im Jahr, sondern wesentlich öfter. Deshalb ist es gut, daß wir heute diesen Tag feiern, auch wenn es kein arbeitsfreier Tag mehr ist!
(Ich schließe an oder beginne mit folgender Phantasiereise, die ich so ähnlich auf dem Kirchentag in Stuttgart in einem Nachteulengottesdienst erlebt habe)
Ich lade Sie ein, mit mir zu einer Phantasiereise aufzubrechen. Dazu setzen Sie sich bitte aufrecht und bequem hin. Schließen Sie die Augen, die Hände ruhen auf Ihren Oberschenkeln. Achten Sie auf ihren Atem. Sie lassen den Atem kommen und gehen, doch Sie nehmen keinen Einfluß auf ihn … Stellen Sie sich eine Tür vor – eine alte Tür – vielleicht ist es eine

Tür, die mittelalterlich aussieht. Sie öffnen diese große alte Tür, betreten einen großen leeren Raum, in der Mitte dieses Raumes ist der Beginn einer Wendeltreppe. Sie gehen diese Wendeltreppe hinunter. Wem oder was werden Sie begegnen, wenn Sie in die Tiefe steigen? Etwas Schönes wird Sie unten erwarten. Gespannt gehen Sie hinunter, Stufe für Stufe, es kommt ein kleiner Absatz, Sie halten inne. (Es wird beschrieben, wie es über 7 Absätze die Wendeltreppe hinunter geht.) Sie sind unten angekommen, stehen vor einer Tür. Sie öffnen die Tür und betreten einen großen geschmückten Raum. In der Mitte des Raumes steht ein Tisch, der für zwei Personen gedeckt ist. Sie werden erwartet. Es hat jemand nur auf Sie gewartet. Freundlich werden Sie begrüßt. Sie haben das Gefühl, jetzt bist du da angekommen, wo du schon immer hin wolltest. Sie essen und trinken. Es ergibt sich ein schönes tiefes Gespräch. Sie verstehen und werden verstanden.
Nach einem langen erfüllten Abend verlassen Sie diesen Raum, steigen Stufe für Stufe die Wendeltreppe wieder hoch, kommen schließlich oben an der großen Tür wieder an. Sie öffnen diese Tür. Diese Reise ist hier beendet, Sie öffnen Ihre Augen, Sie kommen langsam wieder hier in diesem Raum an …
Vielleicht sind Sie auf dieser Reise in Ihr Inneres dem begegnet, der schon immer bei uns ist. Vielleicht sind Sie dem begegnet, der an anderer Stelle sich bei uns einlädt: »Siehe, ich stehe vor der Tür und klopfe an. Wer meine Stimme hört, das Rufen und Pochen, und die Tür aufmacht, bei dem trete ich ein und halte Mahl mit ihm, so wie auch er mein Tischgenosse ist.«
Musik oder Lied EG 664: Wir strecken uns nach dir
Dieses Wort steht im Mittelpunkt eines Textes aus der Offenbarung des Johannes, der Grundlage ist für die Predigt dieses Buß- und Bettages: *Apk 3,14–22*
Liebe Gemeinde,
Einer, bei dem ich so zuhause sein kann. Einer, bei dem ich mich so geborgen und aufgehoben fühle, der darf mir auch sagen, was bei mir nicht in Ordnung ist. Nicht von jedem lasse ich mir was sagen. Seit meiner Pubertät ist es damit vorbei. Aber gute Freunde und Freundinnen, Menschen, die mir wichtig sind und die Leben, Freuden und Leiden mit mir teilen, die dürfen das. Die sollen das sogar! Das brauche ich, und das wünsch ich mir! Ja, im Grunde fehlt mir das heute manchmal sogar, daß einer mir sagt, wie er das findet, was ich tue. Zensuren bekomme ich ja nicht für mein Verhalten, für meine Arbeit werde ich selten getadelt oder gelobt. Manchmal weiß ich gar nicht, wie ich dran bin. Ob es richtig und hilfreich ist, was ich tue oder ob es anderen eher das Leben schwer macht.
Die Leute in Laodizäa werden von einem Freund deutlich hingewiesen auf ihre Versäumnisse, auf das, was bei ihnen falsch ist. Der ihnen das schreibt, kennt sie gut. Er kennt sich bei ihnen aus, weiß, was sie bewegt und auch, was sie hindert, das Gute zu tun. Sie sind nicht heiß, nicht kalt, lau sind sie!
Ich möchte dann kurz die vermutete Situation der Christen in L. schildern, möglichst so, daß sie transparent wird für die Christen in D. im Jahre 2000.

Sie lebten in einer reichen Stadt, hatten wenig Anlaß, sich eine Veränderung des Status Quo zu wünschen. Hatten Angst vor allem, was ihre gesicherte Stellung gefährden könnte. Sie haben etwas zu verlieren, das macht sie vorsichtig, macht sie lau und zögerlich.
Was haben wir zu verlieren? Von mir weiß ich, ich scheue manchmal ein deutliches Wort, aus Angst, es mir mit Leuten zu verderben. Ich spüre deutlich, eigentlich müßte ich z. B. deutlich für die Flüchtlingsfamilie im Ort eintreten, Stammtischparolen entgegentreten, doch ich bin zu feige. Lau. In konkreten Konfliktsituationen scheue ich mich, Verantwortung zu übernehmen für mich und für andere. Heute morgen beim Brötchenholen ließ eine junge Frau aus dem Dorf für die ganze Zeit ihres Einkaufs den Motor laufen. Das hat mich wahnsinnig geärgert. Hätte ich nicht auf charmante Art und Weise versuchen können, sie auf diese Gedankenlosigkeit aufmerksam zu machen? Ich verstecke mich hinter Konventionen, werde so als Mensch mit Ecken und Kanten nicht sichtbar. Ich stehe für meine Überzeugungen nicht ein - aus Angst, die Liebe oder Wertschätzung anderer wichtiger Leute vor Ort zu verlieren, oder aus taktischem Kalkül?
Wenn's geht, hätten hier noch weitere konkrete Beispiele für »laues« Verhalten im persönlichen, im kirchlichen, im politischen Bereich ihren Platz.
Am Beispiel des Kosovo-Krieges oder eines im Herbst 2000 aktuellen Konfliktes könnte die Schwierigkeit, angesichts einer komplizierter gewordenen Welt zu eindeutigen Stellungnahmen zu kommen, problematisiert werden. Es ist nicht immer möglich, überzeugt und entschieden für eine Position Stellung zu beziehen. Das ist aber nicht notwendig eine »laue« Haltung. Entscheidend scheint mir, daß man engagiert um eine Lösung ringt und streitet, mit sich selbst, in der Kirche, in politischen Gremien. Die innere Zerrissenheit in Konfliktfällen, wo jede Entscheidung auf die eine oder andere Weise schuldig macht, ist etwas anderes als laue Selbstzufriedenheit.

Möglicher Schluß
Heiß oder kalt, das beschreibt kraftvolles Leben.
»Heiß« oder »kalt«, das rufen unsere Kinder, wenn sie Topfschlagen spielen. Mit verbundenen Augen gehen oder kriechen die Kinder in eine Richtung, die sie für die richtige halten. »Kalt, eiskalt« rufen die Mitspielenden, wenn die eingeschlagene Richtung ganz und gar verkehrt ist. »Warm«, wenn das ersehnte Ziel nahe ist, »heiß!«, wenn das Kind mit den verbundenen Augen unmittelbar davor ist. Wenn Kinder nach vielen vergeblichen Versuchen sitzenbleiben, sich gar nicht mehr auf den Weg machen, haben sie keine Chance, den versteckten Topf zu finden.
Vieles an diesem Spiel erinnert mich an das, was Johannes den Leuten in Laodizäa und uns schreibt. Wenn wir sitzenbleiben, uns gar nicht erst auf den Weg machen, können wir das Ziel nicht erreichen. Wir sind lau, haben keine Chance. Da ist schon besser, sich auf den Weg zu machen, auch wenn wir nicht wissen, ob es der richtige ist. Wie im Spiel dürfen wir dann einfach

eine andere Richtung einschlagen, es gibt Leute, die uns helfen, einen besseren Weg zu finden. So jedenfalls verstehe ich den Buß- und Bettag: Er hat ganz viel Spielerisches! Zu ernst dürfen wir uns selbst und unsere Irrwege und Versäumnisse nicht nehmen! Wenn wir's zu ernst nehmen, fehlt uns am Ende der Schwung, einfach einen anderen Weg zu probieren, von dem wir ja auch längst nicht immer wissen, ob es der richtige ist. Doch Hauptsache »kalt« oder »heiß«, Hauptsache, wir machen uns auf den Weg.
Beim Kinderspiel Topfschlagen wartet am Ende unter dem Topf in der Regel eine süße Belohnung. Was ist die Belohnung beim Topfschlagen unseres Lebens? Wer oder was erwartet uns? Einer, der schon lange auf uns wartet. Einer, der den Tisch für uns gedeckt hat. Der mit uns essen und das Leben feiern will. Dann werden wir da sein, wo wir schon immer hin wollten. »Siehe, ich stehe vor der Tür und klopfe an. Wer meine Stimme hört, das Rufen und Pochen, und die Tür aufmacht, bei dem trete ich ein und halte Mahl mit ihm, und sie wird meine Tischgenossin sein!«

Predigtanfang II

Wer sich auf die Phantasiereise am Anfang nicht einlassen möchte, könnte nach den Anfangszeilen auch folgendermaßen weitermachen:
Es wird erzählt, daß Gott am Anfang aller Zeiten seinen Menschen Hilfestellung gab, damit ihr Leben in Freiheit und Miteinander gelänge. Gute Gesetze gab Gott den Menschen, und zugleich wollte Gott, daß ihnen auch ihre Übertretung dieser Gesetze vergeben würden. Sie sollten das Alte zurücklassen können, um immer wieder frei und froh Neues zu beginnen. Daher nahm Gott, der Herr, Wohnung bei den Menschen, indem er sich von ihnen ein Haus bauen ließ, ein Gottes- und Menschenhaus. Da konnte man die versprochene Gemeinschaft erneuern und feiern. Was entgleist und verrenkt war, ließ sich wieder einrenken und richten. Was krumm und kompliziert geworden war im Laufe der Woche, ließ sich wieder schlicht und gerade machen. Ja, im Grunde bestand Gottes Richten darin, zu schlichten und Menschen wieder aufzurichten. So brauchte niemand Angst zu haben vor Gott, sondern Mann und Frau konnten ihn fürchten und lieben. Und so lernten sie das auch im Konfirmandenunterricht zu jedem einzelnen Gebot: »Wir sollen Gott fürchten und lieben ...«
Doch irgendwann und irgendwie kam Mißtrauen unter die Menschen, nun fürchteten sie Gott nur noch. Er wurde ihnen dunkel und unberechenbar. Hatten die Prediger ihnen zu sehr gedroht mit Pech und Schwefel? Hatten sie Gott dunkel gemalt? Aus Furcht und Liebe wurde nur Furcht. Und aus Furcht wurde Angst, und wenn Liebe fehlt und das Zutrauen zu ihr, dann wird die Angst immer größer. Immer weniger trauten sich über die Schwelle ins Gottes- und Menschenhaus, die Angst ließ die Menschen immer mehr Türen zusperren. Das Mißtrauen machte sich auch unter den

Menschen breit. Nachbarn und Nachbarvölker hatten Angst voreinander, überwachten einander, machten sich das Leben schwer ... Glücklich wirkten sie nicht, diese Menschen.
»Dabei suchten die Menschen einen Richter, ihre Sehnsucht verriet, daß sie ihn suchten. Im Fernsehen sah man sie ... wie vor Gericht ... sitzen, um sich befragen und prüfen zu lassen von einem richtenden Showmaster! Wer urteilt über mich, so daß ich sagen kann, was ich kann, gelernt habe und weiß?, daß ich bekomme den großen Preis? Ein neuer Abgott, genannt TED, mußte her zum Ersatz und die Rolle des Volksrichters spielen. Die Meinungsforschungsinstitute hatten Hochkonjunktur, seitdem Gott aufgehört hatte, der Richter zu sein. Als Gott, der Herr, dies alles sah, ging es ihm nah. Es schmerzte ihn, daß die Menschen soviel Angst bekommen hatten und soviel unwissende Sehnsucht nach ihm ...« (Steiger, Er geht mit uns, Seite 83)

Kontext

»Es ist nämlich ganz einfach: Wer uns zur Buße rufen und Buße schenken will, muß die Vollmacht dazu haben. Das heißt, er muß selbst eine reine Weste haben. Aber das ist noch gar nicht so wichtig. Viel, viel wichtiger ist etwas anderes: Er muß uns lieb haben. Man muß seinen Worten anhören, daß jeder Vorwurf aus einem blutenden Herzen kommt, aus einem Herzen, das noch viel schwerer an unserer Schuld trägt als wir selbst, weil es größer ist. Und schließlich: Wer uns Buße predigen und Buße schenken will, muß Hoffnung für uns haben. In die Buße lassen wir uns nicht hineindrohen, sondern hineinlocken, einfach darum, weil ja Buße nichts anderes heißt, als daß wir uns selbst aufgeben, endgültig und unwiderruflich. Und das tun wir nur, wenn uns einer Hoffnung macht, eine große, starke, helle Hoffnung.
So einer redet mit uns, liebe Gemeinde. Einer, der eine ganz reine Weste hat. Aber das ist nicht so wichtig. Es redet einer mit uns, der uns lieb hat, dessen Herz um uns blutet. Und es redet einer mit uns, der Hoffnung für uns hat.«
(Ernst Lange in einer Predigt zum Buß- und Bettag 1961, in: Dem Leben trauen, Seite 278)

Gedenktag der Entschlafenen

Annäherungen an den Predigttext
Brief an die Gemeinde in Philippi 1,21-26

Karl-Heinz Ronecker

An unserer Gesprächsrunde zu Philipper 1,21-26 haben teilgenommen: Gerd, Sozialarbeiter, Diet, Leiterin eines Kinderheimes auf der Westbank, Ulrike, Mutter von sechs Kindern, Christiane, Rechtsanwältin und vorab befaßt mit der rechtlichen Klärung von Wiedergutmachungsanträgen, Marianne, Krankenschwester, Georg, Lehrer sowie einige Volontärinnen und Volontäre.

»Paulus macht es mir schwer«, beginnt Gerd. »Ich empfinde zu viel Todes-Sehnsucht bei ihm.«

Da wird ihm jedoch sofort entgegengehalten, daß das Lebensziel des Apostels nicht darin bestünde zu sterben, sondern Christus zu dienen.

»Weil er glaubt, daß am Ende nicht der Tod steht«, betont Ulrike, »fürchtet er sich nicht. Er hofft vielmehr unmittelbar nach dem Sterben bei Christus zu sein. Ich wollte«, fügt sie hinzu, »ich hätte den gleichen festen Glauben. Dann würde ich mich von meinen Sorgen und meiner Angst nicht mehr so sehr durcheinanderbringen lassen.«

»Ich stelle mir das etwas anders vor«, sagt Inge. »Ich habe den Eindruck, Paulus befindet sich zwischen zwei Wünschen. Er wird erst wieder ruhig, als er sich entschieden hat.«

»Ich kann mir nicht denken«, wird ihr erwidert, »daß Leben oder Sterben für ihn eine deutliche Alternative waren. Für Paulus war wichtig, zu wissen, daß am Ende nicht die Katastrophe steht, sondern Christus. Das gab ihm Kraft auf seinem Weg durch das Leben.«

»Wie kommt es überhaupt zu der Frage: Leben oder Dahinscheiden«, will Christiane wissen.

Jens, der Theologe, antwortet: »Das hängt mit seiner Gefangenschaft zusammen. Ich weiß nicht, ob ihr gehört habt, daß vor kurzem in Cäsarea am Meer ein Raum entdeckt wurde, der wohl die Gefangenenzelle des Paulus war. Darin wartete er darauf, nach Rom gebracht zu werden.«

»Der Apostel«, unterstreicht Jens, »saß im Gefängnis. Da kann man leicht ins Grübeln kommen: Was machen sie mit dir? Wirst du wieder frei werden? Werden sie dich umbringen?«

In diesem Zusammenhang wirkt Paulus sehr souverän. Er lebt nicht auf das Sterben zu, sondern aus der Fülle Christi. Die Gewißheit, daß unsere Wege bei Gott enden, macht Paulus Mut.
»Das finde ich ein gutes Wort«, sagt Ulrike, »der Tod wird hier nicht so negativ dargestellt, wie in vielen unserer Gespräche.«
Darum kann der Apostel bekennen: »Das Sterben erschreckt mich nicht, weil es zu Christus führt.« Im gleichen Atemzug kann er jedoch betonen, daß Christus ihm eine Aufgabe gestellt hat. Um deretwillen sei es nötig, weiterzuleben.
»Für das, was hier von Paulus gesagt wird«, erzählt Christiane, »gibt es eine Parallele im Sterben Dietrich Bonhoeffers.«
Zu denen, die mit ihm in das Konzentrationslager Flossenbürg gebracht wurden, zählte Payne Best, ein gefangener Offizier des englischen Secret Service. Payne Best berichtet, Bonhoeffer habe sich von ihm mit den Worten verabschiedet: »Das ist das Ende - für mich der Beginn des Lebens.«
Diese Begebenheit berührt sich mit dem, was der Lagerarzt, zunächst ohne Dietrich Bonhoeffer und die Geschichte seiner Verhaftung zu kennen, notiert hat:
»Am Morgen des betreffenden Tages, etwa zwischen 5 und 6 Uhr, wurden die Gefangen, darunter Admiral Canaris, General Oster und Reichsgerichtsrat Sack aus den Zellen geführt und die kriegsgerichtlichen Urteile verlesen. Durch die halb geöffnete Tür eines Zimmers im Barackenbau sah ich vor der Ablegung der Häftlingskleidung, Pastor Bonhoeffer im innigen Gebet mit seinem Gott knien. Die hingebungsvolle und erhörungsgewisse Art des Gebetes dieses außerordentlich sympathischen Mannes hat mich auf das Tiefste erschüttert.«
»Mir ist wichtig«, betont Jens, »daß der Glaube nicht lebensuntüchtig macht. Im Gegenteil. Er schenkt Ruhe und Überlegenheit. So hilft er auch dazu ganz in der Gegenwart zu leben.«
»Wenn das stimmt«, wirft Gerd ein, »dann könnte ich mein Mißtrauen verlieren. Ich fürchte immer wieder, daß die Rede vom ewigen Leben dazu dient, zu vertrösten. Oft genug wird dann auch noch gesagt, die Erde sei ein so schreckliches Jammertal, daß es keine andere Freude gibt als die, dereinst im Himmel zu sein. Ich denke jedoch, es wäre besser, die Erde ordentlich zu gestalten, als sich wann immer das Leben zudringlich wird, mit einem Salto in die Ewigkeit zu retten.«
»Vielleicht hilft es dir«, wird ihm gesagt, »wenn du nicht nur Paulus und Bonhoeffer als Zeugen kennenlernst, sondern auch Paul Gerhardt. In einem seiner Lieder schrieb er: ›Ach, denk ich, bist du hier so schön, und läßt es uns so lieblich gehn auf dieser armen Erden. Was will doch wohl nach dieser Welt, dort in dem reichen Himmelszelt und und güldnen Schlosse werden.‹«
Der Glaube, so betont der Dichter, will die Freude an der Welt nicht madig machen. Er braucht die Erinnerung an Elend und Tod nicht, um sich nach

Gott zu sehnen. Er kann sich vielmehr von allem Schönen, das er erfährt, auf den hinweisen lassen, der die Quelle des Lebens ist. So können auch wir uns voll Sehnsucht nach Gottes Reich ausstrecken. Und dies nicht, weil das Leben auf dieser Erde so scheußlich wäre, sondern weil es viel Schönes gibt und weil auch das nur ein schwacher Abglanz dessen ist, was einmal bei Gott auf uns wartet.

Zum Gottesdienst

Jobst v. Stuckrad-Barre

Exegetisch-homiletische Skizze

1. Gefangenschaft: Tod und Leben liegen vor Paulus. Beides offenbar ganz unbedrängt abwägend, findet er sich ganz auf der Seite des Lebendigen; wenn er sterben muß, wird damit die Gemeinschaft mit Christus nur um so fester. Dies ihn beseligende Bewußtsein macht den ›Mystiker‹ Paulus nun aber nicht zum Todesmystiker. Es läßt ihn vielmehr fast zum Kosten/Nutzen-Rechner werden: Nötiger ist es, Förderung im Glauben zu schaffen. So will er also bleiben, und zwar bei dieser Gemeinde, ihre Freude, ihr Glaubensruhm ist seine zukünftige Aufgabe.
Darum schreibt er und kündigt sogar schlankweg seine Anwesenheit in Philippi an. Es gibt noch so viel zu tun - er ist von Christus gepackt, gesandt, diese Zuversicht weiterzugeben!
Kein Wort aber von einer Krise seiner Auferstehungshoffnung. Wenn er sterben muß, macht ihm ein (durch uns vorgestellter, u. a. von 1. Thessalonicher 4,15 ausgehender) apokalyptischer Kalender keine Schwierigkeiten: Sterben ist sein Gewinn, um der uneingeschränkten Nähe zu Christus willen. Das sollte und kann Anlaß geben, auch unser Bildmaterial der Hoffnungssprache als das zu nehmen, was es ist, hilfreicher oder sperriger Ausdruck unserer Rezeption der Bibel und unserer Zeit, nicht die Hoffnung selbst. Wie die Fensterbilder mittelalterlicher Kirchen oder die Gleichnisse der Evangelien das zeigen und nahebringen, was die Menschen seither bewegt: Gottes Kommen dir zumute; nicht aber den endgültigen Bild- und Denkhorizont der Hoffnung.
Hier gibt der Abschnitt Philipper 1,21 ff. insofern Sprach- und Sachhilfe, als Paulus die Hoffnung auf den Auferstandenen ganz in die Mitte stellt - das Leben wird durch ihn bestimmt. Daß Luther in Vers 21 Christus auch zum Satzsubjekt macht, wird daher nicht nur um der Schönheit seiner Übersetzung willen vorzulesen und weiterzugeben sein. Aus dem Parallelismus des griechischen Textes wird dann ein Chiasmus, der den ›fröhlichen Wechsel‹

auch formal spiegelt. Der jetzt mein Leben schon so bestimmt, um wieviel mehr ist er mein Gewinn, wenn Sterben und Tod hinter mir liegen; ganz bei (»mit«) Christus zu sein, wie gut. Doch vorher: Zu bleiben und diesen Christus ›bei euch allen‹ zu fördern, ist daher die nächstliegende Bestimmung und Aufgabe des Apostels.

Der Auferstandene wirkt das Leben, das unter seinem Zeichen steht, die von ihm ausgehende Bewegung läßt uns hier Frucht schaffen und Hoffnung schöpfen, die den Tod zweitrangig macht: Der Sieg des Lebens ist der Gewinn.

2. Läßt es sich gleichzeitig leisten – den Auferstandenen, die Auferstehungshoffnung zu predigen und dabei die Trauer, die Erinnerung, die Arbeit der Loslösung ernstzunehmen? Die Hoffnung gilt der Verstorbenen und Lebenden gemeinsamen Zielangabe des Lebens in Gott. Dafür steht der Auferstandene. Ermutigung kann dann heißen: Die Gefühle der Trauer, des Verlustes nicht wegzudrängen, sondern in ihrem Recht aufzunehmen; sie gelten diesem Menschen, dieser individuellen Gestalt des Seins vor Gott. Die an diesem Tage konzentrierten und unweigerlich wieder aufsteigenden Erinnerungen an Sterben und Tod (nicht nur) des vergangenen Jahres sollten schon gar nicht mit dem naheliegenden Hinweis beiseitegedrängt werden, wie gut doch Paulus mit seinen Ängsten zurechtgekommen sei. Legitim aber scheint mir die Überlegung, daß die Gefangenschaft trotz der Schreibmöglichkeiten nicht als reiner Spaziergang vorzustellen sein wird. Im Gegenteil, die bedrängende Ungewißheit zwischen Leben und Tod ist es, die ihm zu schaffen macht. Gerade diese Situation macht auch Kranken oder ihren Nächsten heute oft am meisten zu schaffen, die Ungewißheit, die Kraft und Perspektive nimmt. Eben in dieser Situation ist das entschlossene ›Wozu leb ich, wozu sterb ich‹ des Paulus eine wirkliche Hilfe am Gedenktag der Entschlafenen. Mit Christus zu sein ist seine Basis, seine Hoffnung. Darum kann er zupacken und – loslassen.

Die Gefangenschaft der Glaubenden in der Welt des Todes nimmt aber immer neue Gestalt an. Gegenwärtig sind, soweit es die Beerdigungspraxis betrifft, m. E. zwei unterschiedliche Aspekte auszumachen: Individualisieung des Todeskultes und Anonymisierung der Bestattungen. In beiden Tendenzen mag Angst das treibende Moment sein: die Angst des Vergessenwerdens, des Untergehens im Chaos der Beliebigkeit wie der Gleichgültigkeit. Dagegen die Rede von der Hoffnung, nicht (falscher) Ewigkeit, sondern Hoffnung, die den Auferstandenen meint, also den, der Kreuz und Tod auf sich nimmt und so hinter sich läßt. Diese hoffnungsvolle, unsere Vorstellungsmöglichkeiten genauso wie den Tod aufsprengende Kraft leitet unser Gedenken wie unsere Schritte ins Leben an: nicht ängstlich, sondern fröhlich, nicht unbegrenzt, wohl aber lebendigmachend.

Aus diesem Grund werden an diesem Tage die Namen derer genannt, die ›unter Gottes Wort und Gebet‹ im vergangenen Jahr verstorben sind, betrauert und begleitet, hergegeben und der Sorge Gottes anvertraut, wie wir auch unser eigenes Leben ihm anvertrauen und überlassen. Dieser Zusammenhang des Überlassens und Auf-Gott-Bauens ist das, was Paulus in seiner Gefangenschaft zu klären und zu ›gewinnen‹ hat. Aus der Welt zu scheiden, um bei Christus zu sein, das wäre ihm am liebsten. Doch noch ist es so weit noch nicht - er kann so vieles noch tun, und es erfüllt ihn mit Gottesfreude, wenn er an die Gemeinde, ihr Wachsen und die Zusammenarbeit denkt. So bahnt er sich schreibend seinen Weg und hilft uns im Gedenken wie im Loslassen.

Eine Gefahr, in der Predigten am Sarg wie aber auch eben an diesem Sonntag stehen, ist das Verharren im Rückblick. Ich habe es jetzt gerade wieder bei einer Beerdigung erlebt, wie der Prediger sich mit aller Verve (und großem darstellerischen Geschick!) 90% der Predigt mit der Wiedergabe biographischer Details befaßte - eine Durchdringung im Sinne des Evangeliums fiel ganze Passagen lang aus. Die Alternative - Verzicht auf den biographischen Bezug - ist genauso unmöglich. Es geht um diesen Menschen, um diese Trauernden, um ihre Angst vor dem Abgeschnittensein. Ihnen kommt die tröstliche Wendung zum lebendigen Christus zugute!

So die Grenze unserer menschlichen Existenz zu respektieren, indem wir dieses Leben - das des anderen wie unser eigenes - Gott überlassen, ›anheim geben‹, setzt Gegenwart in ein neues Licht. Wir bleiben nicht ›im Tode‹, sondern in Christus. Die Aufgaben des Alltags, die sich anbahnende Zukunft kommen zu ihrem Recht. Nächstliegendes, und darin Zukünftiges, bahnt sich den Weg. Wir stehen vor Gott - nicht erst am Ende aller Zeiten!

Die Entscheidung zwischen Leben und Tod, durch die der Gefangene muß, fällt zugunsten des Lebens, der Zeit, die Paulus noch für die Seinen arbeiten kann. Das Sein vor Gott wird für ihn sichtbar als Sein für diese Menschen, seine Gemeinde in Philippi. Freude und Förderung der Glaubenden, das ist es, was vor ihm liegt. Darum schreibt, darum lebt er.

Vorschläge zur Liturgie

Wechsellesung Psalm 102 (EG 741) (dazu s.u. Kontexte den 1. Text)

Lieder
EG 152 »Wir warten dein, o Gottes Sohn«
EG 518 »Mitten wir im Leben sind«
EG 530,1-4 »Wer weiß, wie nahe mir mein Ende«
EG 347 »Ach bleib mit deiner Gnade«
EG 516,1-4 »Jesus lebt, mit ihm auch ich«
EG 516 »Christus, der ist mein Leben«
EG 97 »Holz auf Jesu Schulter«

Fürbitten
O Gott,
was uns vorausging und was wir in Händen halten,
bringen wir vor dich und bitten:
Vollende,
was wir zur Vollkommenheit nicht bringen.
Unser Lachen, unser Weinen,
das, was uns gelang, und das, was zerbrach,
wandle in Segen.
Nach dem Krieg gestern schaff heute Frieden,
nach der Schuld vergangener Tage laß uns jetzt frei atmen.
Und dem, der an ein Ende kam, zeig ein neues Licht.
Für uns erbitten wir diese Gnade und für die Menschen um uns,
für die Alten und für die Jugend der Welt,
für deine Kirche in allen Ländern der Erde:
Tu die Türen auf! Sprich: »Kommt her!«

Aus: Michael Meyer, Nachdenkliche Gebete im Gottesdienst, Neue Fassung. Vandenhoeck & Ruprecht, Göttingen 1996, Seite 269

Vorschlag zur Predigt

Daß wir das Ganze nicht zu sehen vermögen, immer wieder nur die Grenzen: unserer Möglichkeiten, der Kräfte des Lebens, das macht es uns schwer, herzugeben und loszulassen; nicht zu verdrängen und zu vergessen, sondern Gott zu überlassen und das Leben von ihm anzunehmen und sich öffnen zu sehen. So sind wir jetzt zusammen, um von dem zu hören, der aus den Grenzen und Bruchstücken unserer Erfahrung das Ganze des Lebens macht, der so gnädig Hoffnung gibt auf das nicht mehr zerstörte Leben.
Mit einem Schritt und einem Satz ist das nicht getan. Der Gefangene, aus dessen Brief wir heute hören, sieht Tod und Leben vor sich, ohne zu wissen, was kommt. Daß Paulus beides, Tod und Leben, aus einer Perspektive sieht, kann uns als erstes aufmerksam werden lassen: Näher, Christus nahe zu kommen und mit anderen Glaubenden bei ihm zu sein, ist das, was ihn leitet und offenbar ganz fröhlich sein läßt. Der Tod brächte ihn aus all den Einschränkungen der Welt in Gottes Nähe - das Leben in und mit der Gemeinde ließe ihn aber noch mehr Menschen in solche fröhliche Erwartung bringen. So redet er vom Tod wie vom Leben und ist ganz von Hoffnung erfüllt.
Oft gehen wir ganz anders um mit dem bedrohlichen Geschehen des Todes. Vor Augen ist mir die alt gewordene Frau, die in ihrem Heim nur still an allem teilnahm; sich zu den andern zu setzen, zu reden und teilzugeben von dem, was sie beschäftigte, vermochte sie nicht. »Herr, sei mir gnädig,

denn ich bin schwach; heile mich, Herr, denn meine Seele ist sehr erschrokken.« (Psalm 6,3 f.) Die sie kannten, denen kam sie vor, als sei sie schon in einer anderen Welt. Der Psalmvers hilft, das Verstummen, die Angst, die sich über uns legen will angesichts des Sterbens, auszusprechen und damit die Hoffnung, die er begründet auf das Leben, das Ganze, das er allein aus alledem zu machen imstande ist.
Wenige Wochen später die junge Frau, deren Mut und Freude wir alle mitgekriegt hatten, die wir ihren Weg von Operation zu Operation begleitet hatten. Welch Lachen, welche Schmerzen, Kraft und Niederlagen, Anteilgeben und -nehmen. Ihr Weg begann doch erst. »Ich aber, Herr, hoffe auf dich und spreche: Du bist mein Gott. Meine Zeit steht in deinen Händen.« (Psalm 31,15 f.) Die Bitte, die Klage erhalten ihren Platz in unserem Leben. Und auf dieser uns an den Lebens- und Todesrändern zuteil werdenden Weisung baut sich die Hoffnung auf - in dem allen läßt Gott uns nicht allein, gibt vielmehr jedem seinen Zugang und Anweg in das Leben.
Mein Leben - das ist Christus. Sterben also Gewinn. Unfaßbar und doch unendlich tröstlich. Wer so Begrenztheit und Tod sieht, der sieht sich an die Menschen mit ihren Ängsten und Unvollkommenheiten gewiesen. Sie, uns mit einander, zu ermutigen, Glauben zu stärken und also den Grund der Hoffnung freizulegen, das ist des Apostels wie unsere Aufgabe.

Im weiteren Verlauf sind die zentrifugalen Kräfte in den Tendenzen der Individualisierung und Anonymisierung im Beerdigungsgeschehen heute einzubeziehen. (s. o. II) Dahinter stehen neben der Angst des einzelnen die Verflüchtigung der bisher bindenden Institutionen und Rituale. Wie sehr stürzt mich die Erfahrung eigener Krankheit in die Krise. Mehr noch bringt uns wohlmöglich das Leiden des Nahestehenden an den Rand dessen, was wir zu tragen vermögen und wohl auch dessen, was wir glauben. Wenn beides zusammenkommt, die individuelle wie die allgemeine Krise, dann reduzieren sich unsere Möglichkeiten mit schrecklicher Geschwindigkeit. Wie gut, wenn dann einer mit uns aushält, einfach erst einmal stille hält! Wie tut es wohl, wenn auf diese Weise sich ein neues Hören Bahn bricht.
Dieses neue Hören auf den, der Leiden und Tod auf sich nahm, damit wir ins Leben finden, wird weder dem Vergessen noch der Überhöhung das Wort reden. Wohl aber wird sie den Menschen in seinen Grenzen und das Ganze für uns in den Blick nehmen. Hoffnung kommt auf, die den Tod in seine Schranken verweist und das Leben in sein von Gott verheißenes Recht setzt.
Die Gemeinde, die sich so auf den Weg gebracht sieht, wird nicht in der Erinnerung verharren. Im Gegenteil, sie sieht mit Paulus, mit seiner Freude auf den Kommenden sich förmlich mitgerissen, nach vorne in die Gegenwart hineingeführt, die zur Erwartung wird.

Ein möglicher Schluß gilt der Freude der gemeinsam den Auferstandenen hörenden Gemeinde. Trauer ist zu tragen, Hoffnung, Leben ans Licht zu bringen. Am Ende wird aus den Bruchstücken unserer Lebenserfahrung ein Ganzes durch den, der uns diesen Weg vorausgegangen ist, damit wir ins Freie finden. Füreinander, vor ihm.

Kontexte

Eine Alternative sehe ich in einer Predigt, die des Paulus Lebensfreude und Christuserwartung in einen Dialog bringt mit (einer Auswahl aus) Psalm 102, dieser eindringlich klingenden Bitte: »Du wollest dich aufmachen und über Zion erbarmen; denn es ist Zeit ...« (Vers 14; der Psalm ist als Lesung vorgeschlagen, vgl. EG 741). Paulus hat aus der Abwägung seiner persönlichen Situation die Zuversicht gewonnen, zur Förderung der Gemeinde da zu sein. Der Beter des Psalms fühlt sich wie der einsame Vogel auf dem Dach - ein Schatten, wie Gras - und gewinnt aus dem Gegenüber des kommenden Herrn Trost und Perspektive für die ›Gefangenen‹, die Kinder des Todes.
Damit ergibt sich Gelegenheit, die (erlebten und die drohenden) Todesängste auszusprechen und zugleich die Zuversicht des Paulus weiterzugeben: Seine Hoffnung gilt den Lebenden wie den ›aus der Welt scheiden‹, da in Christus die Perspektive ist: in Tod und Leben seine Lebendigkeit.

Simon Dach (1605 Memel - 1659 Königsberg) hat in dem »Klaggedicht bei seiner schmerzlichen Krankheit« gegen den von Paulus herkommenden Richtungssinn und doch mit seinen Worten geschrieben:

»Wie, ist es denn nicht g'nug, gern einmal sterben zu wollen?
Natur, Verhängnis, Gott, was haltet ihr mich auf?
Kein Säumnis ist bei mir, vollendet ist mein Lauf,
soll ich die Durchfahrt euch denn tausendmal verzollen?

Was kränkt es, fertig sein und sich verweilen sollen!
Ist Sterben mein Gewinn, o mir ein schwerer Kauf,
mich töten so viele Jahr' und Krankheiten zuhauf,
ich lebe noch und bin wohl zehnmal tot erschollen.

Weib, Kinder, macht ihr es, verlängert ihr mein Licht?
Seht meinen Jammer an, ist dieses Liebespflicht,
zu schlechtem Vorteil euch mein' Vorteil mir nicht gönnen?

Ach, kränket mich nicht mehr durch euer Angesicht!
Die allerletzte Pein ist, glaub ich, ärger nicht
als leben müssen, sterben wollen und nicht können.«

Diese Gegenstimme zeigt, wie Krankheit, Schmerzen und Tod den Menschen auf sich reduzieren - an diesem Sonntag sollte solche Klage auch ihren Raum finden, nicht weniger sollte diese Begrenzung dann aber auch aufgebrochen werden! Ich fand dieses Sonett bei Johannes Bobrowski, Meine liebsten Gedichte. Eine Auswahl deutscher Lyrik von Martin Luther bis Christoph Meckel. Ed. Eberhard Haufe. Berlin 1985, Seite 14f. (Hervorhebung v. St.-B.).

Ewigkeitssonntag

Annäherungen an den Predigttext
Jesaja 65,17-19 (20-22) 23-25

Dagmar Maxin-Schnell

Das Gespräch habe ich mit vier ehrenamtlichen Mitarbeiterinnen des evangelischen Seelsorgedienstes im Krankenhaus (ESDK) geführt. Diese ehrenamtliche Seelsorgerinnen (Alter zwischen 48 und 72 Jahren) besuchen einmal wöchentlich Patientinnen und Patienten auf je einer Station des Kreiskrankenhauses Uelzen.
Ihnen ist bekannt, daß wir über einen Predigttext zum Ewigkeitssonntag sprechen werden.

1. Ich lese den gesamten Text zunächst einmal vor.
a) *An welcher Stelle des Textes bleiben Sie beim Zuhören mit Ihren Gedanken hängen?*
Frau A: Mich stört die negative Bewertung von alten Menschen, besonders aber der Satz: »Wer die hundert Jahre nicht erreicht, gilt als verflucht.« Und warum soll ich des Vorigen nicht mehr gedenken? Und warum sollen andere nicht essen, was ich pflanze?
Frau B: Warum wird die Schlange so negativ bewertet? Ähnlich negativ empfinde ich den Satz: »Als Knabe gilt, wer hundert Jahre alt wird.«
Frau C: Gott will sich freuen und schafft sich den Grund zum Freuen. Mich tröstet das Bild vom Wolf und dem Schaf. Helles und Dunkles steht nebeneinander und ist gleichberechtigt.
Frau D: Mich stimmt es traurig, daß Gott an das Vergangene nicht mehr denken will. Wird die Menschheitsgeschichte etwa ausgelöscht? Und wer gehört zu »meinem Volk« dazu? - Die Schlange soll Erde fressen - wir enden also nicht im Paradies!
b) *Was ist im Moment ihr stärkstes Gefühl?*
Frau A: Ich spüre eine gewisse Erleichterung gemischt mit Skepsis.
Frau B: Ich schwanke zwischen Aggressivität und Ungeduld.
Frau C: Ich fühle mich befreit und erleichtert.
Frau D: Ich spüre Beklemmung.

2. Wir lesen gemeinsam den Text der Luther-Übersetzung. Alle sind sich einig, daß die eingeklammerten Verse auf keinen Fall wegfallen sollten,

weil sie erst den Reiz des Textes ausmachen. Ohne die Verse 20 bis 22 wäre der Text nur »Friede, Freude, Eierkuchen«.
Worüber wünschen Sie Informationen in einer Predigt über diesen Text?
Frau A: Wer sind die Gesegneten des Herrn und ihre Nachkommen? Wer sind die Auserwählten, und wer ist sein bzw. mein Volk?
Frau B: Ich möchte Vers 25 erklärt haben: Warum sollen alle gleich sein, nur die Schlange soll Erde fressen? Ist sie der ewige Sündenbock? Gibt es die Erbsünde auch im neuen Himmel noch? Wofür steht die Schlange eigentlich, und was soll der Zusammenhang von »Schlange, Erde, verflucht« bedeuten?
Frau C: Gibt es den Tod noch?
Frau D: Wer ist »mein ganzer heiliger Berg«? Warum soll ich des Vorigen nicht mehr gedenken, worin liegt da der Sinn? Das kann doch nicht positiv sein! Bedeutet das »keine Kinder für einen frühen Tod zeugen«, daß es keinen Krieg mehr geben soll? Das wäre mir sehr wichtig!

Wir bleiben in der Diskussion besonders an Vers 25 hängen. Daß es weder Bosheit noch Schaden geben soll, aber die Schlange weiterhin verflucht bleibt, empfinden die Frauen als unüberwindlichen Bruch innerhalb des Verses bzw. des gesamten Textes. Eine andere Deutung der Schlange und ihrer Symbolik, die ich aus der Sicht der feministischen Theologie in das Gespräch einbringe, empfinden die Frauen als wohltuende Erleichterung.

3. *Welche Erwartungen und Wünsche haben Sie an eine Predigt am Ewigkeitssonntag?*
Frau A: Daß mein Kummer ernstgenommen wird. Allerdings möchte ich keine Vorstellung von der Ewigkeit hören; das geht mir gegen den Strich! Wer weiß das schon!
Frau B: Ich möchte gestärkt werden, um im Glauben Trost zu finden.
Frau C: Ich wünsche mir, daß meine Leere ausgefüllt wird.
Frau D: Ich möchte Trost erfahren.

4. *Welches ist Ihr Trostwort in diesem Text?*
Frau A: In Vers 24. Daß mein Rufen gehört wird. Gott nimmt mich ernst.
Frau B: In Vers 23 b. Mich beruhigt die Vorstellung, daß die Verstorbenen alle bei Gott geborgen sind.
Frau C: In Vers 22 b. »... wie die Tage eines Baumes« mit allen Jahreszeiten. Darin finde ich Trost und in der Vorstellung des Neuen Testamentes, daß durch die Liebe alle miteinander verbunden sind, die Lebenden und die Toten.
Frau D: In Vers 24. Gott ist mein Nachbar. Für mich ist das ein tröstliches Gottesbild. Außerdem tröstet mich die Vorstellung, daß in Gott alle geborgen sind, die Verstorbenen und die Lebenden. Alle sind beieinander durch die Zusage der Auferstehung, wie immer sie auch sein wird. Der Tod ist nicht das Letzte, er ist nur ein Teil der Wegstrecke zu Gott hin.

Schlußbemerkung: Nach diesem Gespräch kann ich die Predigerin oder den Prediger nur ermutigen, die eingeklammerten Verse nicht auszulassen. Der gesamte Text wurde schon beim Zuhören nicht als Überforderung empfunden, obwohl er zwiespältige Gefühle auslöste. Vielleicht sollte er einmal als Lesung im Gottesdienst und dann noch einmal in der Predigt als Ganzes oder abschnittsweise vorkommen.
Ich kann mir eine Predigt vorstellen, die sich auf die Hoffnungsbilder des Textes konzentriert (z. B. in Vers 22 bis 24) ohne den Schwierigkeiten des Texte (z. B. die Schlange in Vers 25) auszuweichen. Besonders tröstlich wurde der Vers 24 empfunden, weil von ihm eine große Nähe zu Gott ausgeht, die Zuversicht und Vertrauen in das Leben schenkt.
Außerdem sollte die Realität des Todes und das Gefühl der Leere der betroffenen Gottesdienstbesucher nicht übersprungen, sondern ernstgenommen und angesprochen werden.

Zum Gottesdienst

Ulrich Tietze

Exegetisch-homiletische Skizze

»Ein schöner Text!« - so ist meine Reaktion. Ich lese ihn einmal, noch einmal; und bemerke, daß er - wie inzwischen wohl die meisten biblischen Texte, zumindest aber wie viele von ihnen - wohl ein erhebliches Maß an ›Übersetzungsarbeit‹ erfordert, sollen durch ihn meine regelmäßigen Predigthörerinnen und -hörer erreicht werden. Mein nächster Gedanke: Die Fülle der Aussagen und Bilder dieses Textes werde ich in *einer* Predigt nicht vermitteln können und wollen.
Ich lese den Kontext. Die Überschrift von Jes 65,1-6 in der Lutherbibel (»Verstoßung der Abtrünnigen, gnädige Annahme der Getreuen«) stößt mich ab. Der Satz unmittelbar vor der zu bearbeitenden Perikope dagegen berührt mich sehr: »... die früheren Ängste sind vergessen und vor meinen Augen verschwunden.«
Und dann »mein« Text: von großer Bedeutung die Aussagen von Tritojesaja für die Offenbarung. Und vielleicht eine Chance auch heute, Themen wie »Hoffnung« und »über den Horizont hinausblicken« zu vermitteln?
In V. 17 spricht Gott durch den (uns unbekannten) Propheten von Neu-Erschaffung. In der Exegese in GD-Praxis Ergänzungsband Exegesen von 1987 sagt Hans Strauß, dieser Vers sei »keineswegs apokalyptisch zu verstehen«. Er spricht dann schön vom »irdische(n) Spiegel von Gottes Freude« und von den »im Grunde bescheidenen Erwartungen der frühnachexilischen Jerusalemer Gemeinde« sowie von »Jahwes schöpferischer Gegenwart«. Ein gut aufzunehmendes Stichwort für die Predigt?

Den Vorschlag, die Konkretionen in den Versen 20–22 bei Lesung und Auslegung wegzulassen, halte ich für schwierig. Gerade hier könnte es m. E. gelingen, heutige Erfahrungen zu thematisieren. Und es könnte die große Chance geben, auf immer noch aktuelle Fragen tastend und zögernd eine Antwort zu suchen; auf Fragen wie: Ist früher Tod für die Betroffenen ein Entzug von Segen? Und vergebliche Arbeit ebenfalls? Bedeutet Segen Gottes langes Leben und Erfolg?
Vers 24 ist für Hans Strauß »ein erster verheißender Zusatz für die tägliche Praxis der Gemeinschaft mit dem lebendigen, gegenwärtigen Gott«. Auch dies ist eine Formulierung, die ich als wohltuend erlebe, wenngleich ich oft sehr zurückhaltend werde, sobald mit (zu) großer Selbstsicherheit Gemeinschaft mit Gott betont wird. Hier ist von der Zurückhaltung des Judentums hinsichtlich der Rede von Gott nach wie vor zu lernen – es sollte nicht vergessen werden, daß die ersten Hörer(innen) und Leser(innen) dieses Textes aus dem jüdischen Volk kamen und die Verheißung Gottes für das jüdische Volk weiterhin gilt!
In V. 25 wird, fast wörtlich, eine Verheißung aus Jes 11 aufgenommen, um neue Motive und um die Botenformel erweitert. Was in der übrigen Perikope wie auch in ihrem Kontext ausgesagt ist, zeigt sich auch hier: Die Heilszusage gilt nicht uneingeschränkt. Die Schlange (sicher ist in Jes 65 an die alte Tradition aus Gen 3 gedacht) ist von der Lebensqualität der neuen Schöpfung ausgeschlossen und unterliegt auch weiterhin der Strafe.
Ich kann diesen Text und die Chance einer Predigt über ihn selbstverständlich nicht vom Kasus des Tages lösen, für den Jes 65 vorgeschlagen ist. An diesem Tag kommen – in fast allen Gemeinden – auch (und dabei nicht wenige) Menschen zum Gottesdienst, für die er eine eher seltene Erfahrung ist. Sie haben einen nahestehenden Menschen verloren und sind von dieser schmerzhaften Erfahrung geprägt, auch an diesem Sonntag. Von der Situation dieser Menschen her ist sicherlich eine mutmachende und hoffnungsvolle Predigt sinnvoll, die etwa Jes 65,24 in den Mittelpunkt stellt.
Aber ich möchte – gerade als Seelsorger! – auch der Trauer Raum geben an diesem Tag. In meiner Gemeinde arbeiten wir seit bald zwei Jahren unter dem Titel »Trauer (mit)teilen« mit Angehörigen Verstorbener, wegen der großen Nachfrage inzwischen sogar mit zwei Gruppen. Ich erlebe oft, wie sehr Menschen in ihrer Umwelt erfahren, daß ihrer Trauer nach einer gewissen Zeit kein Raum mehr gegeben wird. Ich möchte gern Mut dazu machen, sich der eigenen Trauer zu stellen – auch nach längerer Zeit noch und auch angesichts ablehnender Reaktionen in der Umwelt. Dies gilt auch für die Predigt. Der Ewigkeits- oder auch Totensonntag bietet m. E. die große Chance einer Predigt, die im wesentlichen Kasualcharakter hat. Immer noch (und eher immer stärker) leuchtet mir Ernst Langes Predigttheorie gegenüber den völlig anderen Ansätzen etwa von Karl Barth oder Rudolf Bultmann ein.

Vorschläge zur Liturgie

Lieder

Aus dem EG sind natürlich viele Lieder der dort so genannten Kategorie »Sterben und ewiges Leben« verwendbar. In besonderer Weise geeignet erscheinen mit:

526 Jesus, meine Zuversicht
529 Ich bin ein Gast auf Erden
530 Wer weiß, wie nahe mir mein Ende
531 Noch kann ich es nicht fassen
533 Du kannst nicht tiefer fallen

Aus der erwähnten Arbeit mit den Gruppen »Trauer (mit)teilen« heraus entstanden zwei Kirchenlieder, auf die ich oft eine bemerkenswert gute Resonanz bekam und bekomme und die mir auch für diesen Tag geeignet erscheinen: »Ein Mensch ging fort, ihn nahm der Tod« (siehe Kontexte) sowie »Der Abschied ist gekommen«, dessen Schlußverse ich an das Ende meines Predigtvorschlages setzen möchte.

Biblisches Votum

Römer 8,38 f. in der Übersetzung der »Guten Nachricht«

Ich bin gewiß, daß uns nichts von Gottes Liebe trennen kann: weder Tod noch Leben, weder Engel noch andere Mächte, weder Gegenwärtiges noch Zukünftiges, weder etwas im Himmel noch etwas in der Hölle. Durch Jesus Christus, unseren Herrn, hat Gott uns seine Liebe geschenkt. Darum gibt es in der ganzen Welt nichts, was uns jemals von Gottes Liebe trennen kann.

Wochenspruch

Lukas 12,35: Laßt eure Lenden umgürtet sein und eure Lichter brennen. Zu diesem sicherlich nicht allen Hörenden im Zusammenhang dieses Tages nachvollziehbaren Satz könnte z. B. folgende Kurzerklärung hilfreich sein: »Mit vielen Bildern ruft uns die Bibel zur Wachsamkeit und zum vollständigen Wahrnehmen des Augenblicks, der Gegenwart, auf. Gerade an diesem Sonntag – Totensonntag oder Ewigkeitssonntag genannt – kann das Hören auf Bibelworte uns weiterhelfen. Der Wochenspruch für die vor uns liegende Woche ist solch ein Aufruf zur Wachsamkeit, zum bewußten Leben. Er lautet: …«

Lesungen

Psalm 126 ist in jedem Falle gut verwendbar, ebenso allerdings auch Psalm 130. Nach wie vor scheint es mir sinnvoll zu sein, auch die »klassischen« Texte zum Thema »Tod« aus dem Psalter an diesem Tage zu Gehör zu bringen, beispielsweise Psalm 90, ebenso und vielleicht noch besser Psalm 39. Als Epistel für diesen Tag liegt selbstverständlich Offenbarung 21,1–7 nahe. In der Lesung dieses Textes liegt die Chance, daß die mit Jes 65 übereinstimmenden Motive den Hörerinnen und Hörern noch eindringlicher nahegebracht werden können, als wenn sie nur einen der beiden Texte hören. Ich selbst würde an diesem Tage jedenfalls auf die vorgeschlagenen Lesungen aus den Evangelien verzichten - dies gilt sowohl für Matth 25,1-13 als auch für Lk 12,42-48. In beiden Fällen scheint mir die Aussage der Evangelisten von dem, was möglicherweise an diesem Tage Menschen in die Kirche treibt, sehr weit entfernt zu sein, sodaß hier andere Lesungen vorzuziehen sind.

Zur besonderen Ausgestaltung des Gottesdienstes

Eine schöne Möglichkeit stellt sich durch das Aufstellen von Kerzen für jede(n) Verstorbene(n) des Kirchenjahres dar. Im ersten Teil des Gottesdienstes könnte durch Gemeindeglieder, KirchenvorsteherInnen oder PastorIn während des Vorlesens der Namen für die Verstorbene/den Verstorbenen eine Kerze entzündet werden. Falls jedoch das Abendmahl gefeiert wird - hierfür gibt es m. E. an diesem Sonntag gewichtige Gründe -, wird es zeitlich eng. Es ist natürlich möglich, bei der zusätzlichen Feier in der Friedhofskapelle diese symbolische Handlung des Kerzen-Anzündens »nachzuholen«.

Kollektengebet

Gott des Lebens, der Liebe und des Lichtes,
alles Leben kommt von dir. Mit Liebe füllst du es und schenkst jedem Leben dein Licht. Aber du läßt auch jedes Leben einmal zu Ende gehen. Und wenn uns das zu früh erscheint, fällt es uns schwer, von deiner Liebe zu sprechen und dein Licht zu sehen.
Hilf uns an diesem Tag, der für viele unter uns schwer ist, inmitten der Dunkelheit dein Licht zu erkennen, inmitten unserer Trauer deine Liebe und inmitten der Erfahrung des Todes das Leben, das du schenkst. Amen.

Fürbitten

Gott, Urkraft der Welt und Schöpfer allen Lebens,
wir bitten dich an diesem Tage: Hilf uns, deiner Kraft noch da zu vertrauen, wo sie sich von uns abzuwenden scheint. Hilf uns, auf dich zu bauen, wenn unsere eigenen Möglichkeiten erschöpft sind.
Wir denken an all die Menschen, von denen wir in diesem Jahr Abschied nehmen mußten. Diejenigen, die an Kranken- und Sterbebetten bis zum Schluß Begleitung gaben, bekamen alle Kraft aus deinen Händen. Hab Dank für alle Begleitung, die möglich war an denjenigen, die du dann zu dir gerufen hast.
Hab Dank für alle Momente, in denen wir deine Nähe spürten. Hab Dank dafür, daß wir darauf vertrauen dürfen: Du bist bei uns - mitten im Leid, mitten in der Welt, die auch den zu frühen Tod kennt und doch zugleich deine gute Schöpfung ist und bleibt.

Gib immer wieder Zeichen deiner Liebe und deiner Kraft hinein in diese Welt. Hilf uns, an dir festzuhalten und deine Freundlichkeit zu bezeugen. Schenke uns die Fähigkeit, auf dich zu vertrauen, wenn alles gegen dich zu sprechen scheint.
Wir bitten dich heute, am Toten- oder Ewigkeitssonntag, besonders für die Angehörigen der Verstorbenen des nun zu Ende gehenden Kirchenjahres. Sei bei ihnen, laß sie in jedem Windhauch die Sanftheit deiner Vaterhand spüren.
Laß uns unseren Weg in der Gewißheit weitergehen, daß nichts und niemand uns von deiner Liebe trennen kann. Schenke uns das Vertrauen darauf, daß diejenigen, die vor uns von dir abberufen wurden, in dir Geborgenheit für alle Zeit finden. Schenke es uns, daß wir über aller Trauer die Dankbarkeit für gemeinsame Tage und Jahre, für Begegnungen, Nähe und Liebe nicht vergessen.
Wir wollen in der Stille zu dir sprechen. (Pause)
Und alles, was uns noch bewegt, wollen wir zusammenfassen in dem Gebet, das Jesus diejenigen gelehrt hat, die ihm damals nachfolgten: Vater unser im Himmel ...

Segenswort
Geht nun im Frieden Gottes. Der Schatten seiner Flügel gebe euch Schutz, und sein Licht zeige euch den Weg zu euch selbst und zu anderen Menschen. Gott leite und begleite euch für alle Tage, die euch geschenkt sind. Gott segne dich und behüte dich ...

Vorschlag zur Predigt

Möglicher Anfang
Liebe Gemeinde, wir haben vorhin (Zahl nennen!) Namen gehört. Von denjenigen, die diese Namen trugen, mußten wir uns in diesem Kirchenjahr verabschieden. Bei manchen war das lange schon zu erwarten, weil sie alt waren, zum Teil sehr alt. Bei manchen aber kam der Tod schnell, viel zu schnell sogar und überraschend.
Es macht uns oft ratlos, wenn der Tod in unser Leben tritt. Wir spüren und erleben etwas von der Endgültigkeit des Abschieds. Da bleibt ein Platz leer, den nur dieser eine Mensch hat ausfüllen können. Erinnerungen tauchen in uns auf. Geschehenes und Versäumtes kommt uns in den Sinn, Beglückendes ebenso wie Trauriges.
Abschied nehmen – das gehört nach der Beisetzung, die viele von Ihnen in den letzten Monaten erlebt haben, auch am heutigen Sonntag noch einmal dazu. Ein Gang zum Grab des verstorbenen Menschen ist für viele von Ihnen heute wichtig. Und es mag Ihnen dort im Rückblick auf die Beziehung zu diesem Menschen so oder ähnlich gehen, wie es einmal in einem Gedicht formuliert worden ist: »Auch wenn dich die Erde birgt, die mein

Fuß betritt: Was du mir geschenkt hast, wirkt; und ich trag es mit. Ein paar Schritte fort vom Stein und ›Auf Wiedersehn‹; Alltag holt mich wieder ein. Ich will weitergehn.«

Mögliche Fortsetzung in Stichworten

Vom Stichwort »Weitergehn« her möchte ich nun versuchen, zum Thema »Hoffnung« - oder anders gesagt: zum Thema »Hinter dem Horizont geht's weiter« - zu kommen. Dabei sind mir einige der exegetischen Einsichten mit Blick auf die Perikope wichtig. Dazu gehören auch die zitierten Formulierungen wie die von Strauß, der Text Jes 65,17 ff. sei ein »irdischer Spiegel von Gottes Freude« und von »Jahwes schöpferischer Gegenwart«. Ich möchte versuchen, in dem nun folgenden Predigtteil Aspekte und Beispiele für diese ermutigende und mutige Rede von der Nähe Gottes und der Möglichkeit der Begegnung mit ihm zu finden. Naheliegend sind für mich Beispiele aus der erwähnten Arbeit mit den Gruppen »Trauer (mit)teilen»; hier erlebe ich oft, wie sehr aus der bewußt durchlebten Trauerarbeit auch Hoffnung erwachsen kann. Selbstverständlich muß darauf achtgegeben werden, daß genannte Beispiele, Begegnungen etc. für die Hörenden nicht im Sinne einer Identifikation (»Aha, er meint Frau Sowieso . . .«, »So, so - das hat er also mit Herrn Sowieso erlebt«) erkennbar werden.

Zur Zeit der Abfassung dieses Beitrags erlebe ich die Begleitung eines schwerkranken Kindes, das nach menschlichem Ermessen das Ende dieses Jahres nicht mehr erleben wird, als eine sehr intensive, bereichernde, mich auch verändernde Erfahrung. Ich denke bei den Gesprächen mit diesem Kind und seinen Eltern oft darüber nach, wie sehr es mich selbst trägt, daß ich eine Hoffnung habe, die über meine eigenen Kräfte und Möglichkeiten weit hinausgeht. Zugleich wird mir an diesem Fall deutlich, wie sehr biblische Aussagen wie Jes 65 (siehe V. 20,23!) manchen unserer Erfahrungen widersprechen. Auch für diesen Aspekt könnte an dieser Stelle Platz in der Predigt sein!

Ich möchte in jedem Fall nicht nur am Anfang der Predigt, sondern auch im weiteren Verlauf die befreiende Wirkung der Trauerarbeit ansprechen. Dies erscheint mir eine zentrale Aufgabe an diesem Tag (siehe auch »Kontexte«!).

Die Betonung, daß Jes 65 sich zuerst an das Volk Israel richtet und die christliche Gemeinde keineswegs von den hier vorausgesetzten negativen und bedrückenden Erfahrungen verschont bleiben muß, könnte ebenfalls in der Predigt entfaltet werden. Aber sie wäre, so scheint mir, ein Thema für eine eigene Predigt, die freilich am Ewigkeits-/Totensonntag auch ihren Platz haben könnte.

Möglicher Schluß

Liebe Gemeinde, Gott mutet uns den Abschied zu. Er erspart uns nicht Trennung und Schmerz, Leid und die Erfahrung, daß er, Gott, weit entfernt sein kann. Er kann scheinbar hinter einer Bretterwand verborgen sein. Gut, wenn wir gerade in den schweren Momenten das Vertrauen zu ihm bewahren. Das Volk Israel ist uns diesen Weg vorgegangen. Nicht jeder Schritt ist einfach mit Gott. Aber es gilt nach wie vor, was Paulus einmal sagte: daß nichts uns von der Liebe Gottes trennen kann. Diese Liebe ist uns über dieses Leben hinaus versprochen. Viele von Ihnen haben in diesem Jahr einen lieben Menschen verloren. Unsere Abschiedsfeiern wären arm, unerträglich arm, wenn es in ihnen nur um den Rückblick ginge. Es bleibt wichtig, daß wir – gerade im Leid – auch nach vorn blicken können. Dort, vor uns, ist die Liebe Gottes, die kein Ende haben wird. Mit dieser Zusage, die Gott selbst uns gibt, dürfen wir jeden Tag als ein Geschenk begreifen. Und von ihr aus dürfen wir auch sagen und singen: »Der Tod ist nicht das Ende, / er führt zum Neubeginn. / Gott hält uns seine Hände / im Tod zum Leben hin. / Er bleibt in unsrer Mitte, / verläßt uns Menschen nicht / und leitet unsre Schritte / am Ende in sein Licht.« Amen.

Kontexte

»Trauer hat heilende Kraft.« (Titel eines Buches von Jörg Zink)

»Hoffnung ist das Land hinter dem Horizont.« (afrikanisches Sprichwort)

»Dies ist es, was die Christen mit dem geheimnisvollen Wort Auferstehung meinen: nicht, daß man nicht wirklich sterben muß. Nicht einmal, daß Jesus wirklich gestorben ist. Sondern, daß der Tod kein Argument gegen das Leben ist. Kein Argument gegen den Glauben an den Sinn eines jeden Menschenlebens. Kein Argument gegen die Liebe als die Energie des Lebendigmachens allen Lebens. Kein Argument gegen die Hoffnung auf die Vollendung der Welt. Ganz schlicht, kein Argument gegen Gott, kein Grund, an Gott zu verweifeln. Man stirbt nicht weg von Gott. Man stirbt in Gott hinein, so unbegreiflich das ist und bleibt.«
(Ernst-Lange-Lesebuch, hrsg. von H. Ruppel und G.F. Pfäfflin, Wichern Verlag, Berlin 1999, Seite 232)

Lied »Ein Mensch ging fort, ihn nahm der Tod« (Mel.: Nun danket all und bringet Ehr – EG 322)
1. Ein Mensch ging fort, ihn nahm der Tod / aus meinem Lebensraum. / Ich fühl mich schwach, fühl mich bedroht, / unwirklich, wie im Traum.
2. Ich trage an der Trauer schwer / und spüre den Verlust. / Da bleibt ein Platz für immer leer, / das wird mir nun bewußt.
3. Doch ich verliere nicht die Spur / all der Gemeinsamkeit. / Es bleiben mir auch jetzt nicht nur / der Abschied und das Leid.
4. Denn das, was dieser Mensch mir gab, / nehm ich auch weiter mit. / Es endet nicht durch Tod und Grab, / trägt mich bei jedem Schritt.
5. Und ich vertraue fest darauf, / daß du uns nicht verläßt. / Du, Gott, nimmst uns im Tode auf, / hältst uns für immer fest.
6. Es heißt zu sterben nicht zugleich, / wir gingen ein ins Nichts. / Denn unser Weg führt in dein Reich / der Liebe und des Lichts.
(U. Tietze)

Die Autorinnen und Autoren

Pfarrer Heinz Behrends, Göttingen; Gemeindehelferin Brigitte Berndt, Friedersdorf; Pfarrer Günter Berndt, Friedersdorf; Pfarrer Hans Hermann Blettgen, Essen; Pfarrer Kurt Dohm, Bremen; Pfarrer Heinz Martin Dormann, Mering; Pfarrer i. R. Dr. Wolfgang Gerlach, Essen; Sonderpädagogin Susanne Gröpler, Neuruppin; Pfarrer Ulrich Haag, Aachen; Pfarrer Ralf Handelsmann, Kutenholz; Pfarrerin Susanne Hansen, Eutin; Prof. Dr. Gert Hartmann, Herborn; Pfarrerin Susanne Kahl-Passoth, Berlin; Pfarrer Reinhard Kalker, Jockgrim; Pfarrerin Ingrid Keßler-Woertel, Moormerland-Veenhusen; Pfarrer Dr. Reinhard Kirste, Nachrodt; Pfarrerin Susanne Labsch, Heidelberg; Pfarrerin Dagmar Maxin-Schell, Bad Bevensen; Pfarrer Klaus von Mering, Langeoog; Hans Jürgen Milchner, Hunteburg; Pfarrer Gerhard Monninger, München; Vikar Sebastian Ritter, Karlsruhe; Pfarrer Ernst Walter Rohmann, Stadecken-Elsheim; Pfarrer Reiner Rohrbeck, Rahden; Propst Karl Heinz Ronecker, Jerusalem; Pfarrer i. R. Dr. Jörg Rothermundt, Plüdershausen; Pfarrer Traugott J. Simon, Marburg; Pfarrer Dr. Gunnar Sinn, Nürnberg; Pfarrer Jobst v. Stuckrad-Barre, Hannover; Günter Thomé, Essen; Pfarrer Ulrich Tietze, Neetze; Vikarin Brigitte Weisbrod, Konstanz; Pfarrerin Ute Zöllner, Marburg